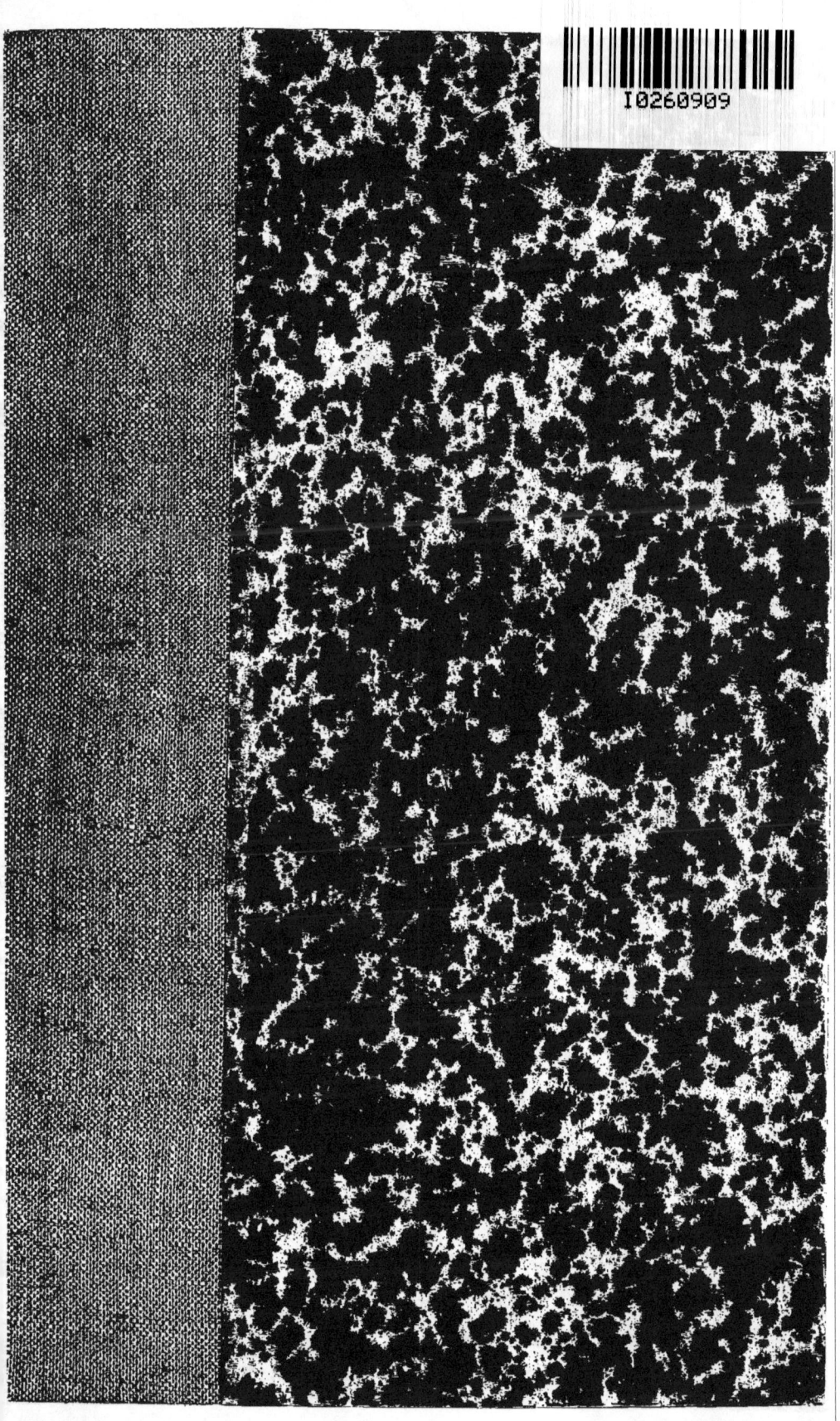

PÉRÉGRINATIONS

EN SUISSE, EN SAVOIE, ETC.

2ᵉ SÉRIE IN-4°.

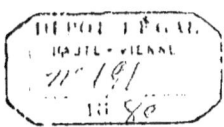

Propriété des Éditeurs.

ALFRED DRIOU

PÉRÉGRINATIONS
EN SUISSE
EN SAVOIE
SUR LES BORDS DU RHIN

EN HOLLANDE ET EN BELGIQUE

TROISIÈME ÉDITION.

LIMOGES
EUGÈNE ARDANT ET Cⁱᵉ, ÉDITEURS.

PÉRÉGRINATIONS
EN SUISSE, EN SAVOIE
ET SUR LES BORDS DU RHIN.

BEAUTÉS DE LA SUISSE ET DE LA SAVOIE.

De toutes les magnificences que l'Europe peut offrir au touriste, c'est sans contredit la Suisse et notre province de France, la Savoie, qui en renferment et le plus grand nombre et les plus splendides.

Il n'est rien au monde qui émeuve le cœur, élève l'âme vers Dieu, agrandisse les idées et mette en éveil toutes les facultés de l'homme, comme ces inimaginables et grandioses spectacles de la nature, semés partout dans ces deux contrées, agglomérés, entassés tels que des œuvres de géant, superposés, comme les montagnes, les glaciers, les précipices, les roches monstrueuses et fantastiques; les pics aériens, les aiguilles élancées, les rutilantes coupoles de neige suspendues dans l'espace et s'estompant sur l'azur du ciel, les terribles et redoutables avalanches, les formidables torrents, les merveilleuses cascades, les effrayantes cataractes; les lacs paisibles ou agités enfermés dans leurs riches bordures de paysages enchanteurs; les vastes forêts de pins, et les plus admirables vallées, toutes choses que l'imagination de la créature est impuissante à se représenter et qui lui révèlent d'une façon si évidente la puissance du Créateur.

Ce sont ces œuvres sorties de la main du Très-Haut que

nous nous proposons de faire passer successivement sous vos yeux, cher lecteur. En lisant ce livre, nous voulons vous faire voir, comme en un album peint et enluminé, des beautés incomparables qui tour à tour feront naître votre admiration, exciteront votre surprise, vous mettront peu à peu en extase ou vous frapperont de terreur.

Les aspects étranges et imprévus de ces colosses du globe que l'on nomme montagnes, en général, mais qui, en particulier, s'appellent Mont-Blanc, Saint-Bernard, Cervin, Mont-Rose, Saint-Gothard, Simplon, Faulhorn, Pic du Midi, Dent de Morcles, Forclaz, Furca et Tête-Noire; les glaciers des Bossons, la poésie du verdoyant Montanvert, la curieuse Mer de Glace, l'étonnant jardin sis au milieu des neiges, les Diablerets; puis les lacs Léman, des Quatre-Cantons, et les splendides cascades de la Staubach, les chutes du Giesbach, Pissevache, et Grindelwald; et le Grimsel, et Meyringen, et Rosenlaur, et la désolée vallée de Goldau; en un mot, les mille formes des phénomènes de la nature vous feront éprouver les impressions les plus vives, les émotions les plus grandes, et vous donneront à tout jamais l'idée du sublime, que nos sites généralement peu accidentés et très monotones, avec lesquels la vue se familiarise si facilement, ne nous permettent certainement pas de concevoir.

Donc, suivez-moi. En blouse et en pantalon de laine grise, le panama sur la tête, de forts souliers aux pieds, au bras l'alpenstock, c'est-à dire un bâton ferré, long comme une crosse d'évêque à laquelle une corne noire de chamois placée à son extrémité supérieure lui donne une certaine ressemblance; au dos un sac de peau contenant quelque peu de linge et des livres, prenons ensemble le chemin de fer de Lyon et arrivons à Genève.

C'est le point de départ pour visiter la Suisse, en pénétrant d'abord par la Savoie.

Maintenant, appuyez-vous sur moi, et, tout en marchant, ouvrez les yeux et contemplez la suite de tableaux pittoresques que je vais faire passer devant vous.

GENÈVE ET LE LAC DE GENÈVE.

Dans un voyage vers l'Océan, lorsque tout-à-coup l'horizon vous présente, dans l'éloignement encore, l'immense nappe des eaux qui se développe à l'infini et se confond avec le ciel en une ligne sombre, le cœur se prend à battre et l'œil scrute avec ivresse les profondeurs incommensurables dans lesquelles il plonge avidement.

Il en est de même pour le voyageur qui, descendant des hauteurs du Mont-Salève, qui domine l'immense bassin de Genève, voit presque subitement à ses pieds et le lac Léman qui dessine et prolonge au loin ses courbes majestueuses et ses anses mélancoliques, sous un soleil rutilant dont la surface reflète les feux, et les bords plantureux, accidentés, magiques, qui l'entourent de leurs innombrables paysages, tous ayant un caractère propre ; et enfin la jolie ville de Genève, endormie dans le nonchaloir, au pied de la montagne qui la porte, et sur les rives occidentales de la vaste nappe du lac.

Mais si le temps est parfaitement pur et que les dispositions atmosphériques indispensables le permettent, ce qui est assez rare, quelle n'est pas sa surprise, lorsque, au fond de l'espace, il voit se dresser, comme un géant fabuleux, la titanique coupole du Mont-Blanc, doré, empourpré par les rayons du soleil à son déclin, et, tout autour de lui, comme des frères rivaux, d'autres colosses, qui semblent se hausser sur leurs pointes et s'élever sur les épaules les uns des autres, afin de voir, eux aussi, ce qui se passe dans le voisinage de leur domaine ?

Toutefois, en pénétrant dans l'enceinte de la ville, Genève perd quelque peu de son prestige, car la masse des maisons, si gracieuses de loin, se transforme en rues, étroites et sombres, dont les demeures sont basses, les façades tristes et pauvres, et la population presque sordide. Mais, un peu de patience ! Voici les faubourgs traversés, et nous entrons maintenant dans la fière et froide cité républicaine. Oh ! toute républicaine qu'elle se glorifie d'être, Genève n'est pas ennemie du confortable et du luxe ! Contemplez à présent ses palais ; regardez ses nombreux monuments, musées, théâtre, hôtel de ville, casinos, édifices grandioses, quais superbes, points élégants, bordant le lac, chevauchant sur le Rhône qui sort du lac en frémissant, et les églises, et les promenades, et les opulents magasins. Certes, Genève mérite bien le nom de somptueuse cité, n'est-ce pas? et on ne croirait pas arriver chez de sévères calvinistes, de sombres luthériens et des réformés taciturnes...

Genève a choisi pour armoiries un aigle et une clef, avec cette devise : *Post tenebras lux!* Lumière après l'obscurite.

Le Rhône, en s'échappant du lac, divise la ville en deux parties. Un nouveau quartier, celui des Bergues, s'est élevé sur la rive droite du fleuve, et présente une belle ligne de hautes maisons, au pied desquelles s'étend un quai superbe. L'esprit d'émulation a gagné la rive opposée, et des maisons ont pris de même un acpect magnifique. Deux points élégants réunissent ces deux rivages, et sont joints ensemble par une petite île, que l'on a décoré de la statue de Jean-Jacques, ouvrage assez médiocre.

La haute-ville se compose des grands et beaux hôtels de l'aristocratie bourgeoise, et la basse-ville est le siége du commerce et de l'industrie.

La cathédrale de Saint-Pierre et le musée Rath, avec le théatre, sont les plus fameux monuments de Genève.

Impossible de vous les faire visiter ; mais, comme débris du vieux temps, je vous ferai remarquer, près de l'entrée du port appelé Molard, deux blocs de granit qui émergent des eaux. On a donné le nom de Pierre-à-Neyton au plus volumineux de ces blocs, parce que, jadis, on en avait fait un autel consacré à Neptune, dieu des eaux. On y voit un trou carré, peu profond, qui fut certainement le récipient de la base de cet autel.

Presque en faux, sur la rive droite, on a crée un jardin anglais, au centre duquel se dresse la statue de la Fédération Suisse. On y trouve aussi un Chalet-kiosque, très intéressant et fort curieux où l'on peut voir et juger tout le relief assez étendu du Mont-Blanc.

C'est près du pont dit du Mont-Blanc, quai du Mont-Blanc, que l'on peut jouir de la plus belle vue de Genève. En face de vous, la chaîne du Mont-Blanc et la montagne du pic de Mole. A gauche, les Voirons, le Rigi genevois, et à droite le grand et le petit Salève, dont les rampes entourent ce côté de la ville. De là aussi, on aperçoit la cathédrale de Saint-Pierre, et l'Eglise russe : on voit aussi l'hôtel de la Métropole, etc.

Mais ne perdons pas de temps en contemplations et en extases : les sites méritent bien notre admiration : mais voici le soleil qui se couche. Hâtons-nous donc de courir aux Pâquis, sur la rive droite du Léman, l'une des plus belles promenades de Genève, avec la Treille, en passant l'esplanade des Tranchées. Ma plume est véritablement impuissante à rendre la magie du spectacle que présentent à pareille heure et le lac ruisselant des derniers feux du jour, et la ville gracieusement disposée en amphithéâtre, sur les rampes du Mont-Salève, et les mornes neigeux des Alpes, et les ondulations boisées des montagnes, nageant à demi dans les teintes empourprées du soir.

J'ai dit que Genève possède un port, le Molard. Dans ce port se balance légèrement un charmant petit bateau à vapeur. C'est de là que nous allons nous élancer, comme des alcyons, pour visiter les magnifiques rivages du Léman.

COPPET, MORGES, OUCHY, LAUSANNE, VEVEY, LE CHATEAU DE CHILLON, ETC.

Le ciel d'août, délicieuse époque des vacances, est d'un éclat merveilleux ; le soleil est brûlant, et la nature sourit en se parant de tous ses prestiges.

Aussi, qu'on se trouve bien, pour la contempler à l'aise, sur le pont du steamer genevois l'*Helvétie !* Un immense velum, tendu sur tout le navire, abrite de la chaleur qui rayonne d'en haut, et des musiciens, harpes et guitares aux mains, accompagnent le mouvement d'ailes de l'embarcation, de leurs barcaroles et de leurs chansons. Que nous importe cette foule d'Anglais, d'Américains, de Russes, d'Italiens, de Français, qui, dans tous les costumes possibles et impossibles, nous environnent et se coudoient : soyons tout entiers aux magiques aspects que nous offrent les rives du lac.

Quelles eaux bleuâtres, transparentes, permettant de plonger le regard jusque dans leurs abîmes, possèdent les lacs de Suisse ! On y découvre, sillonnant leur humide empire, d'innombrables espèces de poissons aux écailles argentées, dont les reflets lancent des éclairs et récréent l'imagination par leurs jeux folâtres et leurs luttes incessantes. Mais, entre toutes ces nappes d'eau qui capitonnent les régions montagneuses, de combien l'emporte sur les autres et le lac des Quatre-Cantons et l'admirable lac Léman !

Il occupe l'immense vallée qui sépare le Jura et le Jorat, son frère, des Alpes dont la chaîne contourne sa rive gauche. La sonde fait trouver jusqu'à neuf cent cinquante pieds de profondeur à sa masse d'eau, qui domine cependant le niveau de la mer de trois cent soixante-huit mètres d'élévation. Ses rives présentent un développement de trente-cinq lieues, dont le parcours présente sans interruption les sites les plus rares. Là, ce sont des mamelons dont le sommet se couronne de châteaux-forts ; là, des anses verdoyantes, qui vont se perdre mystérieusement sous de sombres forêts de pins et de mélèzes. Puis, des collines superposées les unes aux autres, comme d'énormes écailles de mastodontes gigantesques, succèdent à des renflements de sol décorés de chalets, de kiosques et de tours féodales. Partout enfin s'étalent au soleil, sur la rive droite spécialement, de larges vignobles, que dominent de hauts donjons, nichés jusque sur les crêtes les moins accessibles. La rive gauche est infiniment plus sévère, et les sommités des Alpes qui en émergent, laissent tout au plus à leur base l'espace suffisant pour que villes et villages puissent s'y étendre avec commodité, en baignant leurs pieds dans les eaux du Léman. Autant le côté du Jorat est baigné de vive lumière, autant le côté des Alpes demeure dans une douce et calme pénombre, laissant entrevoir dans les teintes d'un demi-jour poétique les habitations noyées dans la verdure et voilées par une brume bleuâtre du plus charmant effet.

Ainsi, pendant que le steamer l'*Helvétie* bat le lac de ses ailes, comme un goëland monstrueux, sur sa gauche le touriste découvre tour à tour Nyon, le Novidunum des Romains, si gracieux, si vert, si fier de son gothique manoir, ancienne résidence des baillis de Berne, que l'on se découvre de loin pour le saluer comme un grand seigneur.

Puis voici venir Cop, et et Rolle, délicieuses bourgades dont les yeux ne peuvent se détacher.

Morges et son beau château, servant d'arsenal pour l'artillerie du canton.

La forteresse de Wuflens, construite en briques, par la célèbre reine Berthe.

Ouchy, port de Lausanne, sentinelle chargée de faire signe aux navigateurs de venir rendre hommage à la reine du canton de Vaud. Aussi, allons-nous y jeter l'ancre, pour gravir la côte jusqu'à Lausanne et visiter cette reine superbe.

Mais auparavant remarquez cette vieille tour carrée, débris d'un vénérable manoir datant de 1170, et, au pied de la tour, regardez une auberge modeste, celle de l'Ancre, afin de vous bien rappeler que ce fut dans une chambre de ce cabaret que le fameux poète anglais, lord Byron, retenu par un mauvais temps, écrivit en deux jours du mois de juin 1816 l'admirable poème du *Prisonnier de Chillon ;* Chillon, forteresse sise en pleine eau du lac, dont nous visiterons bientôt les sombres cachots.

En même temps que le steamer se dirige sur Lausanne, à sa droite le voyageur reste en contemplation muette devant le Mont-Blanc, qui se dresse au-dessus des autres montagnes, pour se mirer dans le lac.

Et il fixe tour à tour ses yeux étonnés sur Evian, la première petite ville de la France savoisienne qu'il lui soit donné de voir, et puis sur la Meilleraie, romantique demeure tapie sous de vieux arbres, et Saint-Gingolphe, et les côtes de la rude Savoie.

Enfin, dans les profondeurs bleuâtres de l'horizon, il voit se dresser, pour monter jusqu'au ciel, la Dent de Morcles d'une part, de l'autre la Dent du Midi, entre les deux pics rocheux le ballon du Mont-Catogne, et les perspectives de l'immense vallée du Rhône, qui commence où finit le lac.

Mais débarquons, nous sommes à Lausanne, ou plutôt à Ouchy, qui en est le port.

Lausanne tire son nom de ceci : Les habitants s'étant réunis dans un champ pour se consulter sur l'appellation que l'on donnerait à leur ville, un pèlerin, les voyant discuter la chose sans pouvoir la décider, se prit à crier :

— Oh ! les ânes !

Des historiens prétendent que les reliques de sainte Anne ayant été transférées à Lausanne, ce nom lui fut donné par suite des éloges appliqués à la sainte, *Laus Annæ*. Ce qu'il y a de bien certain, c'est que Lausanne devint florissante, grâce au pèlerinage qui se fit longtemps à l'église Notre-Dame, en l'honneur des reliques de sainte Anne.

La position de la ville est charmante. Elle couvre de ses gracieuses maisons, de ses églises, de ses édifices publics, les dernières ondulations du Jorat, immédiatement au-dessus du lac, et c'est du plus délicieux effet que de voir ces assises superposées de demeures aériennes d'où l'on jouit du plus beau coup d'œil. Mais dans son intérieur, tout est triste. Les rues sont presque désertes, et rien n'égaie le regard du touriste retenu dans son hôtel.

La promenade de Montbenon, placée entre le lac qu'elle domine à une grande hauteur et une énorme fissure de terrain sur laquelle on a construit un pont immense, composé de trois rangs d'arcades superposées, le dédommage amplement. Et, pour peu qu'il aime à gravir, s'il gagne la forêt antique dont se couronnent les hauteurs de la ville, il atteindra un plateau d'où le plus admirable paysage se développe aux regards. On nomme cette forêt Sauvabelin, mot qui est la corruption de Silva Beli. On prétend que les druides de ces bois offraient des sacrifices au dieu Bal, et que c'est de là que lui est venue sa dénomination actuelle. Quoi qu'il en soit du site que je signale, le pied du Léman se dérobe à l'œil, mais aussi sa tête se montre à découvert et offre des magnificences incomparables. De ce point, les montagnes de la Savoie s'élèvent comme un rempart naturel, et la vallée du Rhône diminue peu à peu dans l'éloignement, jusqu'à ce qu'elle disparaisse complétement. De quelque côté que se promène le regard sur ce vaste assemblage de collines, de villages, de vignobles, de montagnes et d'eau azurée, on ne peut qu'admirer sans se lasser jamais.

De grands évènements s'accomplirent à Lausanne. En 1275, l'empereur Rodolphe de Habsbourg s'y rencontra avec le pape Grégoire X, et après avoir assisté à la consécration de sa belle cathédrale, il éleva son évêque à la dignité de prince de l'empire.

L'antipape Félix V y céda la tiare à Nicolas V et y mourut.

En 1476, Charles-le-Téméraire y réunit une armée de soixante mille hommes, qu'il passa en revue sous ses murs et avec laquelle il alla se faire battre à Moret.

Il va sans dire que la réforme religieuse fut accueillie avec enthousiasme à Lausanne, comme à Genève, et qu'elle se répandit aussitôt dans presque toute la Suisse.

La cathédrale attend notre visite. C'est une des plus belles églises de la Suisse, et je ne vois rien de beau comme sa grande rosace garnie de vitraux peints.

Placée sur une éminence qui domine la ville, cet édifice qui passe pour l'un des plus beaux monuments gothiques de l'Europe, a été fondé vers l'an 1000 par l'évêque Henri, et sacré en 1275 par le pape Grégoire X. Il a la forme d'une croix latine. On le découvre de très-loin. Deux grandes tours le surmontent. L'une sert de clocher, l'autre, construite au-dessus du cœur, présente une flèche élégante qui s'élève à plus de 250 pieds au-dessus du sol. Deux superbes portiques avec de nombreuses statues, servent d'entrée à cette église. Elle a perdu son jubé de marbre noir, mais elle possède encore des tombeaux.

Voici d'abord celui de l'antipape Félix V... On respecte bien peu sa statue pontificale couchée sur le sarcophage, car on lui a brisé le nez, les oreilles et les mains.

Se présente ensuite le cénotaphe du vénérable Bernard de Menthon, fondateur de l'ordre des religieux du grand Saint-Bernard. On peut dire de celui qui repose sous ce marbre, qu'il fut très-utile à l'humanité.

C'est en vain que je contemple ensuite le mausolée de la princesse Orloff, empoisonnée par ordre de Catherine II, la superbe impératrice russe, et que l'on me montre le siège qu'occupa dans l'église, le fougueux Calvin, dans une conférence religieuse; mes regards se portent de préférence sur ce qui rappelle à mon cœur l'homme qui fit du bien aux autres hommes, ses frères, et certes, à ce titre, Bernard de Menthon doit être mis en première ligne...

Il nous faut admirer aussi le tombeau en marbre blanc de Henriette Stafford-Canning, morte à Lausanne en 1817. On l'attribue à Canova. C'est une œuvre magistrale, en effet.

Rien n'égale la splendeur du coup d'œil qui se présente à la sortie de cette cathédrale, au pied de laquelle s'étale la ville, et miroite le Léman. Mais il y a tant de sites merveilleux en Suisse, que nous ne pouvons trop prodiguer l'admiration.

Au-dessus de l'une des éminences qui domine la cité vaudoise, se dresse fièrement le château. C'est une massive et pittoresque construction en pierres de taille, flanquée à chacun de ses quatre angles d'une tourelle en briques, et décorée d'une galerie percée de machicoulis qui règne dans tout son pourtour.

Si jamais vous venez à Lausanne, autrement qu'avec moi, ainsi que nous le faisons en ce moment, rendez-vous à pied de la capitale du canton de Vaud à Vevey, par les jolis villages de Pully, de Lutry et de Cully. C'est une véritable promenade sur les bords du lac, et quels charmes elle vous offrira! Mais alors, à Vevey, dont vous aurez mille jouissances de grâce et de beauté, gardez-vous de descendre à l'hôtel des Trois-Couronnes, non pas qu'on y soit mal, mais parce que la bourse y est prise de telles défaillances, à sa sortie, qu'il ne faudrait pas hanter souvent de telles demeures pour être réduit à ne plus voyager du tout.

L'aristocratie britannique se donne là un rendez-vous général, et pendant que les salons sont livrés aux flegmatiques lords de la grande Albion, le plus beau pays du monde, les terrasses et bosquets, sur le lac, y sont émaillés des plus rouges ladies, en toilettes ébouriffantes. On y fait bonne chère, et vrai, il y a quelque chose de solennel à voir, à l'heure du repas, dans la salle grandiose du festin, dorée par le soleil, rafraîchie par les brises du lac, parfumée par les émanations des fleurs, toute rutilante de mille étoffes, le confort, le respect, le savoir-vivre et les prévenances les plus exquises de ces raides et fort ennuyeux personnages. Mais gare au quart d'heure de Rabelais !

D'autre part, Vevey n'a que deux richesses à exhiber aux regards : sa situation splendide sur le Léman d'abord, et ensuite son église Saint-Martin.

Cette petite ville du canton de Vaud, est bâtie en forme de triangle. Elle a un port sur le lac, de très-beaux quais. Sa propreté est admirable. C'est la ville favorite des étrangers, qui la regardent comme la perle du canton.

Son église de Saint-Martin est placée sur une terrasse élevée au-dessus de la ville.

Le temple de Sainte-Claire, l'hôpital et l'hôtel-de-ville, aussi bien que le Château et le pont en marbre noir, sur la Veveyse, méritent bien la visite du touriste.

Les vins du voisinage de Vevey, surtout ceux de La-Vaux, jouissent d'une grande réputation. On croit que les Romains plantèrent les premières vignes sur cette colline. La découverte d'une pierre, avec cette inscription : *libero patri colliensi !* démontre qu'ils avaient érigé un temple à Bacchus de Collium, Collium qui n'est autre que le village de Cully que j'ai cité plus haut.

Il n'est pas étonnant, du moment qu'il a de fort bons vignobles dans le pays, qu'on ait institué, à Vevey, une fête des vignerons. En ce jour, on couronne le plus habile viticulteur, et des processions, et des danses figurent dans le programme de la journée. Jeunes gens et jeunes filles s'y montrent vêtus en faunes et en nymphes. Bacchus apparaît sur son char, et Cérès s'y montre couronnée d'épis. On voit aussi Silène se prélassant sur un âne. Mais chose bizarre, à la mythologie se joignent certains personnages de la Bible : Noé, les espions de la Terre de Chanaan, portant avec de grands efforts des grappes colossales du vignoble le plus vanté de l'année.

Clarens et Montreux sont deux villages d'une poésie à nulle autre pareille, aussi ont-ils été chantés par Jean-Jacques Rousseau, l'amant de la nature. Mais il faut les voir de loin, du steamer, par exemple, du milieu du lac. Car pour ceux qui les visitent à pied, comme nous, Clarens et Montreux perdent beaucoup à être vus de près. Le premier est un chétif village, près d'un torrent desséché, en face d'une petite baie. Le second, plus heureux que Clarens, possède un climat si doux, si pur, que c'est, dit-on, l'endroit de la terre où, proportion gardée, la mortalité est la moins grande. En effet, une ceinture de montagnes l'entoure et le protège contre les vents du nord. Le figuier, le grenadier, le laurier y prospèrent en pleine terre. L'olivier même y croît avec succès, et la vigne donne du vin généreux.

Mais laissons Clarens et Montreux, et arrivons à Chillon.

Chillon, à mon avis, est la vraie curiosité du lac Léman. Il est vrai que j'aime l'archéologie sur toutes choses. Mais jugez vous-même, et dites-moi si je me fais illusion.

Sur un roc isolé au milieu des eaux, à quelque distance des rives du lac, avec lesquelles il communique par des travaux avancés et un pont-levis, figurez-vous un donjon antique, qu'entoure une grande masse de bâtiments flanqués de tours carrées, et que domine un haut beffroi. Ses lourdes murailles grises, ses toits rouges, ses tourelles gothiques et sa grosse maîtresse tour, produisent un effet magique à l'œil.

Impossible de dire l'époque de sa fondation. On suppose pourtant qu'il date du xiie siècle. Assurément il a dû soutenir plus d'un assaut. En tout cas, son seigneur et maître ne plaisantait pas toujours.

J'en prends à témoin l'une de ses tours pourvue de trois épouvantables cachots, placés l'un au-dessus de l'autre, le dernier étant profondément enfoui en terre, comme la prison mamertine à Rome. Une porte permet de pénétrer dans celui d'en haut. Là, on soulève une dalle, et l'on trouve un étroit escalier qui donne accès à un cachot inférieur. Enfin, on soulève une lourde pierre de celui-ci, et on descend dans le noir cachot souterrain. C'est un véritable puits, un spécimen effrayant des puits de Venise. Quand un malheureux prisonnier était destiné à ce tombeau anticipé, on laissait retomber les dalles de fermeture au-dessus de sa tête, et alors le pauvre captif, trop bien séparé du monde et de la vie, pouvait crier, pleurer, gémir et s'endormir dans la mort sans qu'aucune oreille prît part à son agonie.

Dans les premiers temps que l'on retrouva ces cachots inférieurs, on avisa un lit de paille sur laquelle était empreinte la forme d'un corps, et, à droite et à gauche, des débris de squelettes... On remarque sur leurs murailles d'affreuses peintures faites avec du sang. Les misérables victimes, ne pouvant écrire l'histoire de leur martyre, l'ont dessinée avec le sang de leurs veines. Quel passe-temps !

Dans une autre tour, lorsque le curieux s'avance trop précipitamment, il sent le plancher qui craque et ploie sous lui. Attention, car le bois est vermoulu et la trappe peut s'effondrer... Malheur à lui, alors ! Cette trappe dissimule d'horribles oubliettes, c'est-à-dire un abime creusé dans la profondeur de la tour, à cent pieds dans les entrailles de la terre. Et au fond, le condamné, lancé dans un tel abime, tombait sur des lames de faulx, des pointes de fer, des taillants d'acier... Lorsqu'on visita ce redoutable gouffre, on y trouva un squelette brisé, disloqué, et tout à côté une mauvaise couverture en poil de chèvre, à raies grises et noires, lacérée, pourrie, répandant une odeur infecte.

Mais ce qui attire le plus l'attention du voyageur, c'est la prison dans laquelle un duc de Savoie fit enfermer un de ses ennemis, le prieur de Saint-Victor, aux portes de Genève.

François de Bonnivard, né en 1496, était seigneur de Lunes. Devenu bénéficiaire du prieuré de Saint-Victor, voisin de la ville de Genève, il ne craignit pas de défendre contre le duc les libertés de sa ville natale. Livré au prince par des voleurs qui l'arrêtèrent dans une forêt, Bonnivard fut d'abord enfermé pendant deux ans à Groslée. Mis en liberté en 1521, il fut repris en 1530 et enfermé au château de Chillon. Là, l'infortuné captif fut attaché, par le milieu du corps, à un lourd pilier central d'une prison un peu plus vaste et plus aérée que les cachots, et comme il ne lui était pas possible de se coucher, et qu'il n'avait de libres que les pieds, le malheureux, auquel sa chaîne permettait de tourner autour du pilier, pendant sa captivité, marcha tant et tant sur les dalles de son funèbre promenoir, qu'il y a laissé la trace de ses pas. Ce n'est pas sans attendrissement que l'œil tombe sur ce sillon circulaire creusé par un long martyre.

Pérégrinations.

Or, un beau jour, en 1536, François de Bonnivard fut délivré par les Bernois qui venaient de s'emparer du pays de Vaud, et il eut le bonheur d'apprendre en même temps que Genève était débarrassée du joug du duc de Savoie, par la mort du prince.

On est ému, profondément ému dans cette prison de Chillon, en songeant qu'une créature humaine passa de la sorte six années de sa vie, attachée au bout de chaîne qui pend encore au pilier ! Et pendant que les yeux, par l'examen de la prison en partie taillée dans le rocher, communiquent à l'âme les plus sinistres réflexions, ils sont bientôt frappés d'un nom qui leur apparaît gravé sur la muraille : Byron !

En effet, comme bien d'autres excursionnistes, le poëte anglais a visité cette vaste salle devenue le cachot de Bonnivard, et il a fait du malheureux captif le héros de son *Prisonnier de Chillon*.

C'est, dit-on, dans l'auberge d'Ouchy, que fut composé ce poème, dont la lecture, faite au lieu même où se passa le drame, vous plonge dans la rêverie.

LA VALLÉE DU RHONE. — LAVEY. — CHUTE DU TAURETUNUM. — ABBAYE SAINT-MAURICE. DENT DE MORCLES ET DENT DU MIDI.

Rien n'est gracieux comme l'immense courbe que décrit le Léman, pour atteindre Villeneuve et s'arrêter à l'amphithéâtre de montagnes dominé par la Dent de Morcles, à gauche, et, à droite, par la Dent du Midi, qui le couronnent de leurs crêtes orgueilleuses.

La vaste circonférence de ces montagnes, qui enveloppent le bassin du lac, semble tellement bien fermée, qu'on se demande d'où vient le Rhône qui apporte au lac de Genève le tribut de ses eaux. Mais, peu à peu, dans les masses imposantes de ces colosses granitiques, qui sont alors les Alpes, les Alpes sourcilleuses, on découvre une fissure, étroite et sombre, qui prend bientôt l'aspect d'un vallon solitaire. Mais enfin le vallon se transforme en une vallée et devient en effet la belle Vallée du Rhône.

C'est le curieux chemin, le défilé sauvage, la route pénible, l'avenue d'une exquise beauté, qui conduit au Mont-Blanc, le roi des Alpes, comme jadis les Thermopyles conduisaient des plaines de la Thessalie à travers les monts de l'Etolie et de la Béotie, dans l'Attique, droit à la splendide Athènes.

Dans cette longue et tortueuse coupure faite au sein des montagnes, et constamment bordée des aspects les plus sublimes, pendant l'hiver le Rhône dort sur le sillon qu'il s'est creusé. En effet, c'est l'époque de l'année où les Alpes se couvrent de neige, et où les glaciers prennent une nouvelle consistance marmoréenne. Le fleuve alors est calme et paisible : il roule avec insolence ses eaux grises. Mais, au retour du printemps, et du moment que les premiers rayons brûlants du soleil déterminent la chaleur, le Rhône se réveille. C'est l'heure où les montagnes s'agitent sous leur manteau de neiges et de glaces : et avec quelle impétuosité ne le secouent-elles pas sur ce grand fleuve qui baigne leurs pieds ! Aussi le beau mois de mai venu, ce n'est plus un courant d'eau ordinaire, c'est un large torrent qui bondit, qui écume, qui rugit, un lac qui se précipite, une mer qui court. Né d'un simple glacier, cavalcadant sur deux montagnes dont il occupe le sinus, et que l'on nomme la *Furca*, ce qui signifie la fourche, il descend avec fureur des entrailles des glaciers, et, chemin faisant, se gonfle de la décharge des autres glaciers, à ce point qu'il emplit presque toute la vallée de ses eaux bourbeuses et bruyantes.

Aussi les anciens habitants de la vallée adoraient-ils le Rhône, parce qu'ils en avaient peur.

De nos jours, on a une autre idée. Le paysan du Valais, car la Vallée du Rhône appartient au canton du Valais et fait partie de la Savoie, le paysan du Valais, dis-je, n'en fait plus son Dieu, mais il le regarde comme un démon déchaîné. Maintenant il prie le Seigneur, car il sait que les digues qu'il lui oppose ne sont qu'un jouet pour sa fureur et sa force. Combien de Valaisans ont suivi, en pleurant, leur pauvre champ emporté par les vagues du Rhône !

Engageons-nous de notre pied léger dans ces gorges dites la Vallée du Rhône, et remarquez tout d'abord que les Alpes du

Valais qui bordent notre route semblent, à droite et à gauche, former d'immenses étages.

Chaque gradin est décoré de plantes qui lui sont particulières, d'arbres, de fleurs et de fruits qui lui sont propres. Ici, les noyers et les châtaigniers ; là, le coteau où mûrit la vigne, puis la zône des chênes noueux et les sapins effilés. Plus haut, les plantes granitiques ; et enfin, sur les crêtes et les sommets, les maigres lichens, le saxifrage gercé par la bise, étoilé par la neige.

Nous voici bientôt à l'Aigle, petite bourgade placée sur la Grande-Eau, torrent qui débouche de la Vallée des Ormonts.

Hélas ! voici en même temps que commencent à se montrer ces infortunées créatures, hideuses d'idiotisme, cruellement défigurées par d'horribles goîtres qui leur gonflent la gorge a outrance, et que l'on nomme *crétins !* Pas un reflet de l'âme sur ces tristes physionomies bestiales ! Pas un rayon d'intelligence dans ces pauvres yeux éteints par la stupidité !

Remarquez Saint-Tryphon, sur le penchant d'une colline entre le Rhône et le chemin que nous suivons. Au centre du village émerge une énorme roche isolée qui porte une énorme tour carrée, parfaitement conservée, et débris antique rappelant que les Romains ont été les maîtres puissants de cette contrée.

La Vallée du Rhône était, en effet, le grand chemin qui les faisait communiquer de l'Italie avec notre région occidentale.

Mais nous approchons de Saint-Maurice, et voici en toute vérité une forteresse qui défend le passage de la vallée, devenu un tel défilé des Thermopyles en réalité, qu'elle n'a plus que la largeur du Rhône et celle d'un vieux pont romain qui met en communication la rive gauche avec la rive droite.

Ce pont franchi, la vallée s'élargit tout-à-coup, et à notre droite s'étale Saint-Maurice et son abbaye ; à gauche, les quelques hôtels qui composent les bains de Lavey se développent aux regards, et, en face, sur les bords du fleuve, la petite plaine qui fut le théâtre du massacre de la fameuse légion thébéenne.

Chacune de ces choses demande un détail. Du reste, en parlant de Saint-Maurice nous parlerons de la légion thébéenne.

Saint-Maurice se nommait jadis Tarnada. Mais elle reçut le

nom d'Agaunum, au temps des Romains, par suite de l'événement que je vais dire.

Alors que Dioclétien et Maximien Hercule gouvernaient l'empire du monde, de 285 à 303, ces deux empereurs se rendirent fameux, l'un en se faisant la tête et l'autre le bras de l'autorité suprême, et tous les deux ensemble, et plus encore, par les horribles persécutions qu'ils allumèrent contre les chrétiens. Il advint à cette époque fatale qu'une légion romaine, revenant de la Germanie et des Gaules, s'arrêta sous les murs de Tarnada et y plaça son camp, dans l'espace qui succède au défilé dont je vous ai parlé tout-à-l'heure.

Cette légion portait le nom de thébéenne, *Maximiana Thebanorum*, parce que les soldats qui la composaient étaient presque tous originaires de la Thèbes africaine, la capitale de l'Egypte. D'ordinaire elle formait l'arrière-garde de l'armée romaine. Et, en effet, l'armée la précédait en ce moment même, retournant comme elle en Italie, et elle était campée à Octodure, qui n'est autre que Martigny, à l'autre extrémité de la Vallée du Rhône. La légion thébéenne, qui ne comptait pas moins de six mille six cents hommes, avait pour enseigne un bouclier moitié rouge et moitié jaune, entouré d'un cercle moitié jaune et moitié rouge, le tout ceint d'un autre cercle complètement rouge.

Son chef ou primicier était alors Mauricius ou Maurice, et, après lui, les principaux officiers s'appelaient Candide, Victor, Achille, Octave, Tégule, Exupère, Cyr, Julien, Secondin, Thyrse, etc. Tous ces guerriers, depuis le chef jusqu'au dernier soldat, étaient braves, intrépides, dévoués. Leur dernier triomphe contre les Bagaudes révoltés les avaient fait signaler à l'armée comme les plus vaillants de toutes les légions romaines.

Mais ils étaient aussi chrétiens, tous, sans exception.

Or, c'était l'usage que les armées romaines, avant de remettre le pied en Italie, une fois sur les frontières de l'empire, devaient offrir un sacrifice aux dieux en faveur des empereurs assis sur le trône.

En effet, pendant que la légion thébéenne se reposait dans son campement au pied des murs de Tarnada, avant de franchir les Alpes, voici qu'un courrier apporte à son primicier une lettre close, comme il avait fait pour l'armée campée à Octodure. C'était l'ordre formel de sacrifier aux dieux.

A la lecture de cette lettre, Maurice fait mettre la légion sous les armes, et là, entouré des officiers, il révèle aux soldats la volonté formelle des empereurs. Mais les Thébéens de s'écrier qu'ils mourront plutôt que d'offenser le vrai Dieu par des sacrifices impies.

Hélas! quelques jours après, le 22 septembre 302, une légion détachée de l'armée romaine, cantonnée à Octodure, revenait sur ses pas, s'arrêtait à Tarnada, entourait la légion thébéenne, agenouillée sur les rives du Rhône, et la sommait de sacrifier aux dieux.

— Nous sommes chrétiens, nous ne pouvons adorer de faux dieux : mais notre fidélité aux empereurs est à toute épreuve...

On vit alors le chef de la légion païenne venue d'Octodure faire avancer un soldat par chaque dix soldats, et, sans qu'on entendît une seule plainte, le glaive romain fit tomber les têtes de ces hommes dévoués.

— Voulez-vous sacrifier aux dieux? dit alors de nouveau le primicier païen.

— Plutôt mourir! répondirent les Thébéens.

Alors on décima la légion chrétienne une seconde fois, sans qu'on entendît encore une seule plainte.

Cinq fois, dix fois se renouvela cette boucherie, et pas une le divin courage qui les animait ne faillit à un brave. Le bras des bourreaux se fatigua avant que ce monstrueux égorgement ne fût à sa fin. Les six mille six cents hommes de la légion thébéenne succombèrent tous, et pendant que l'armée des empereurs perdait la plus brave de ses phalanges, la milice céleste s'enrichissait de cohortes glorieuses à jamais en possession des joies du ciel.

Or, ce massacre formidable s'opérait sur une pierre sise au centre de la plaine, rocher sacré qui devint ainsi le piédestal des martyrs pour s'envoler dans les régions de la vie nouvelle qui leur était donnée. Cette pierre, ce rocher, le voici. Il est là debout toujours, comme un monument vénéré, depuis bien des siècles déjà, sur les bords du Rhône. Tout autour sont inhumées, dans la terre rougie de leur sang, les nombreuses victimes de cet affreux supplice. Mais alors pour conserver mieux encore le témoin ou plutôt le théâtre de cet admirable dévouement de tout une légion chrétienne, on a élevé une chapelle sur le rocher teint de son sang, et c'est ce rocher qui tient lieu d'autel. On nomme ce sanctuaire Viroley, ce qui signifie *Virorum luctus,* supplice des soldats.

Un jour saint Martin de Tours vint tout exprès à Tarnada, pour visiter cette plaine du massacre, et à cette occasion le père Bérodi a écrit ces lignes :

« Sainct Martin se fit montrer le lieu où l'on savait que la légion thébéenne avait été décapitée, et s'estant prosterné, ayant fait oraison à Dieu, leva une motte de terre avec un petit cousteau qu'il avait emprunté d'un berger, qui gardait les brebis sur le pré de Viroley, et à l'instant il sortit une fontaine de sang, et en ayant remply deux vases qu'il portait avec soy, le sang sortit toujours. Lors il pria Dieu luy envoyer quelque vase pour le recueillir. Un ange lui en asporta un du ciel qui est d'un prix inestimable. »

Ce vase venu du ciel, nous l'avons vu, ainsi que je dirai tout-à-l'heure.

Alors le nom de Tarnada que portait la ville fut changé en celui d'Agaunum (Agaune), mot venant du grec, et qui signifie lieu d'un grand combat, lieu d'agonie.

Puis, au moyen-âge, la piété des fidèles de la contrée ayant élevé un monastère dans la ville d'Agaune, et les reliques du primicier Maurice y ayant été apportées, ce ne fut plus Agaune que l'on appela la vénérable cité, mais Saint-Maurice. Ce changement se fit par le fait de Théodore, évêque d'Octodure. Ce fut lui qui recueillit les ossements des martyrs dans les cercueils que l'on déposa dans les cryptes de l'église, d'où l'on en adressa à tous les couvents et établissements religieux qui en firent la demande.

Sigismond, roi de Bourgogne, célèbre par ses fautes, plus célèbre par son repentir, y institua cinq cents religieux qui psalmodiaient jour et nuit. Malheureusement les Lombards dévastèrent ce cloître, puis les Sarrasins le brûlèrent. Mais il se releva toujours de ses ruines. En 1188, les Augustins s'y établirent, et aujourd'hui encore ce sont des chanoines de cet ordre, présidés par un évêque, qui l'occupent.

Pénétrons ensemble dans ce sanctuaire. Ce sera le pieux évêque lui-même qui nous en fera les honneurs, et nous lui devrons la jouissance de contempler le trésor de l'abbaye. On appelle trésor, dans les églises et les monastères, les objets précieux qui leur ont été donnés, qu'ils ont acquis, et dont ils font une sorte de musée sacré, où se le disputent l'art, le travail, la matière, l'antiquité, les souvenirs qui s'y rattachent. Le trésor de Saint-Maurice est sans contredit l'un des plus riches que nous verrons jamais.

Voici d'abord le vase que saint Martin reçut de l'ange, pour renfermer le sang des martyrs. C'est tout simplement une admirable agathe plus grosse qu'une œuf d'autruche. Assurément cette petite ampoule est l'un des plus beaux monuments connus de l'art du lapidaire. On ne saurait dire avec quel talent merveilleux, quelle finesse inimaginable, les figurines burinées sur la surface de la pierre en ressortent en relief. Les draperies sont empruntées aux parties les plus noires, et les tons laiteux ont été réservés pour les membres et les visages.

L'orfèvrerie qui décore le pied de ce vase de sardonyx, travaillé en camée, haut d'au moins huit pouces, est d'un goût inappréciable. Le treillage décoratif s'accentue par des lames verticales formant de petites cases remplies par des émaux dont le ton se marie avec l'or. Vingt-huit perles, autant de cabochons, saphirs et émeraudes, alternent sur deux rangées. C'est une magnificence royale que ce vase, dont saint Martin fait un vase céleste.

Puis un buste d'argent, d'un excellent travail fort ancien, nous permet de voir le chef de saint Maurice par une ouverture réservée au sommet et fermée par une pierre précieuse.

Puis encore on nous montre un reliquaire d'or, qui laisse voir, entre deux cristaux, une des épines de la sainte couronne, et la lettre d'envoi qu'en fit Louis IX, roi de France, en février 1261.

Maintenant c'est un éblouissement perpétuel : vase sarrasin des plus curieux, donné par Charlemagne ; autre vase d'argent, splendidement ouvragé, offert également par Charlemagne ;

calice d'or, d'une forme exquise, offert par la reine Berthe; mitre du pape Félix V, capitonnée de pierreries pour une valeur énorme; crosse en or massif, d'un délicieux travail, avec nombre de clochetons en miniature, de statuettes de paladins armés en guerre ; et puis des reliquaires moyen-âge, des objets de toutes formes, etc. J'en passe, et des meilleurs.

Nous sommes à Lavey, à un kilomètre plus loin, dans la Vallée du Rhône, que Saint-Maurice et Viroley.

En février 1831, un amateur de pêche et son valet, afin de mieux réussir dans leurs opérations, étaient descendus en plein Rhône. Tout-à-coup le valet dit à son maître de venir à lui, que l'eau du fleuve, à l'endroit où il se trouve, est douce et tiède. Notre homme d'accourir. En effet, dans le lit même du fleuve, et au sein de sa masse d'eau, arrivait à jet continu et jusqu'à la surface du courant, un gros bouillon d'eau chaude.

Aussitôt les savants de Lausanne sont prévenus, ils arrivent suivis des autorités constituées : on détourne sans retard la partie froide du fleuve, on captive le jet d'eau chaude. Puis, cette eau brûlante, soumise à l'analyse chimique, fait reconnaître la présence de gaz azote, carbonique et sulfurique, de sulfate de soude et de chlorure de sodium ; et voilà la Suisse enrichie de nouveaux bains excellents pour guérir les plus honteuses plaies de l'humanité, les scrofules, etc.

Ces nouveaux bains reçoivent le nom de Bains de Lavey. On construit à l'entour quelques hôtels, et les malades accourent de toutes les parties du monde. Que de richesses enfouies ainsi dans le sein de la terre, et pouvant donner à l'homme la guérison et la santé !

Ne vous attendez pas à vivre en Suisse à la manière de France ! On déjeune, le matin, avec du café, du chocolat, du miel et des petits pains d'une pâte compacte faits tout exprès pour ce repas. A deux heures l'on dîne largement, et le soir venu, on prend le thé en mangeant des viandes froides, des pâtisseries, du fruit. Le vin est rare et généralement mauvais. Si vous vous faites servir des vins de France, on vous les fait payer fort cher, et encore sont-ils frelatés. Pour les fournisseurs, un même vin rouge peut porter vingt noms différents.

Si le repas du matin vous a donné quelques forces, nous

allons ensemble tenter une première ascension. Car en face du spectacle grandiose de ces montagnes rocheuses qui nous entourent, nous, habitués aux plaines immenses, aux taupinières de notre France que nous nommons collines, et à nos vallées microscopiques, au milieu des vives impressions que communiquent les grandioses et sauvages aspects de la Suisse, ne trouvez-vous pas que l'on ressent le besoin de gravir ces pics élancés, ces monts taillés en géants, qui dominent de toutes parts la vallée du Rhône ?

Or, les points culminants les plus remarquables de cette vallée sont la Dent de Morcles et la Dent du Midi.

La Dent de Morcles s'élève à une hauteur de cinq mille pieds. Il faut deux jours pour aller porter à son sommet sa carte de visite; et cependant, à la voir du pied, on se figure qu'il suffit de quelques heures pour atteindre son plateau. Les illusions d'optique sont telles, dans les montagnes, que souvent, en face d'un point quelconque, vous jugez qu'il faut tant de temps pour l'atteindre : vous y courez, vous avancez, vous marchez bien, et plus vous marchez, plus vous avancez, plus vous courez, plus le point désiré semble reculer et s'éloigner. Quelquefois aussi, entre le site convoité et le lieu que vous occupez, s'ouvre tout-à-coup devant vous, à vos pieds, un horrible et infranchissable précipice que rien ne faisait deviner, ou une fraîche et verdoyante vallée, avec chalets, pâtres, troupeaux, torrents et cascades. Ces sortes de surprises ne sont pas rares, et quelquefois elles sont charmantes. Pour peu que vous hésitiez à gravir cette Dent de Morcles, arrêtez : je vous dirai l'ascension que j'en fis, moi, en 1859, et ce sera à peu près la même chose.

D'un même coup vous connaîtrez et cette Dent formidable, et la Dent du Midi, qui lui fait face, qui est excessivement difficile à atteindre, mais que l'on découvre du sommet de la première, absolument comme si on avait réussi à franchir les difficultés et les obstacles qu'elle oppose à la curiosité du touriste.

Donc, un matin, après un repas léger, je me dirigeai vers la Dent de Morcles, dont le sentier qui y conduit commence à Lavey même. Néanmoins je pris un guide pour me diriger et m'assister au besoin. Le chemin, taillé en lacé, montait au grand soleil, et comme ses zig-zag étaient perpétuels, nous en recevions alternativement les rayons au dos et au visage. Rien n'est monotone comme une ascension à son début. Après une heure, deux et trois heures de fatigues, on croit avoir gravi assez déjà pour se donner la jouissance de s'arrêter et de contempler le paysage que l'on a conquis, et on voit avec découragement que l'on a franchi à peine un espace insignifiant, et que l'horizon ne s'est nullement modifié encore. Il en fut ainsi et souvent pour le point culminant auquel je vouais ma première ascension, aussi je lui gardai longtemps une dent... à cette farouche Dent de Morcles. Pour me reconforter, tantôt je puisais quelques forces à la gourde de rhum que je portais en sautoir; tantôt, appuyé sur mon alpenstock, je faisais raconter à mon guide quelqu'une de ces histoires terribles dont ces braves montagnards sont si prodigues.

Enfin, à force de monter, de monter encore, de monter toujours, je commençais à regretter ma plaine, quand un chien des montagnes vint se jeter dans mes jambes, et lorsque j'entendis le charmant carillon de nombreuses clochettes attachées au cou d'un troupeau. Nous passâmes alors sur un pont de bois chevauchant sur un torrent desséché, et nous avançant enfin à plat, nous atteignîmes un délicieux vallon arrosé par l'eau limpide d'une source abondante qui, tombant en cascatelles frémissantes sur des roches sonores, descend dans la Vallée du Rhône et va former un peu plus loin que Lavey la gracieuse cascade de Pissechèvre. Rien n'était frais et riche comme la tendre verdure des prés, de ces prairies aériennes que rien ne fait deviner du fond de la vallée, et aussi des bois de jeunes châtaigniers sous lesquels nous nous trouvâmes parfaitement à l'aise. Mais mon étonnement fut plus grand encore, quand parmi cette verdure j'avisai bientôt les chalets, rouges comme de l'acajou, du village de Morcles. Nous approchâmes. C'était le charmant tableau d'un monde inconnu. Les eaux de la source passaient en murmurant sur leur lit de cailloux devant chaque demeure, et les montagnards, femmes, vieillards et enfants allaient et venaient, nous regardant d'un œil curieux.

Comme j'étais parti de bonne heure, que le soir tombait, et que, par conséquent, nous avions cheminé une grande partie du jour, je me figurais avoir gravi la fameuse Dent de Morcles, et avoir atteint son extrême pointe, lorsque, en portant mes yeux vers le fond du vallon, à droite, je la vois soudain émerger de la verdure, et, comme un obélisque gigantesque, se dresser dans l'espace, à une hauteur prodigieuse.....

Nous avions encore une journée d'ascension, plus périlleuse encore, et plus fatigante, pour obtenir la gloire de fouler aux pieds la surface de sa crête suprême.... Ah ! ce n'est pas une dent creuse, celle-là !

Je décidai cependant de mener à fin l'œuvre entreprise, mais le lendemain seulement, au point du jour. En conséquence, nous passâmes le reste du jour dans ce village isolé, à deux mille cinq cents pieds au-dessus des autres habitations du globe, et nous demandâmes l'hospitalité dans le chalet qui me parut de plus belle apparence. Jugez des ressources de ses habitants : ce fut à grand'peine que l'on put nous accorder un morceau de pain cuit depuis six mois et que l'on dut couper à l'aide de la hache. On y joignit quelque peu de laitage. Quant à notre lit, ce fut un foin parfumé qui nous reçut et nous donna un sommeil bien gagné par la fatigue.

Figurez-vous vingt cathédrales superposées... Telle était la seconde portion de la Dent qui nous restait à escalader, et que nous escaladâmes, en effet, alors que le crépuscule régnait encore.

Je ne vais pas vous dire ici toutes les péripéties d'un pareil travail d'Hercule. Qu'il vous suffise de savoir qu'en certains moments de ces huit dernières heures d'ascension, lorsqu'on se trouve suspendu entre le ciel et la terre, ne tenant plus au sol que par une aspérité de rocher, si le simple caillou qui vous appuie le pied vient à manquer, ou si la plante alpestre cède sous l'effort de votre main, vous vous sentez alors emporté vers l'abîme, roulant avec l'avalanche de pierres que vous entraînez avec vous. Mais aussitôt votre guide vous arrête au passage et vous soutient. Quelquefois même, dans les pentes trop rapides, il vous attache une corde au milieu du corps et vous met en laisse, ce qui ne laisse pas d'être assez pittoresque. Mais au moins il ne vous abandonne pas dans une chute, dans une glissade, et son bras vigoureux ne permet pas que vous succombiez au danger. Vous vous meurtrissez bien quelque peu les pieds, les genoux, les mains, les épaules, surtout dans les descentes. Mais qu'importe? vous atteignez enfin le point désiré, le sommet culminant, et alors l'objet de votre conquête devient le piédestal de votre gloire.

Il est surtout votre récompense et le digne prix de votre vaillance.

Quand nous arrivâmes ainsi à la partie la plus élevée de la Dent de Morcles, vous dire les magnificences de nature que nous avions déjà contemplées une à une, mais que nous découvrimes alors toutes ensembles, dans un immense et même coup d'œil, serait impossible.

Nous avions à nos pieds toute la longue et sinueuse Vallée du Rhône, depuis le lac Léman jusqu'au coude que fait le fleuve, en face de Martigny. Pas une courbe, pas un angle, pas un vallon, pas un défilé ne nous échappaient. A notre droite le lac étincelait de tous les feux du soleil, comme un miroir gigantesque dont les plus gracieuses collines verdoyantes et les plus âpres montagnes formaient la bordure. Lausanne, Vevey, le château de Chillon, Villeneuve, l'Aigle, se montraient à nous dans leurs moindres détails. A gauche, nous dominions le Mont-Catogne et le Combin; puis la charmante cascade de Pissevache, développant son écharpe d'argent dans une hauteur de six cents pieds; le glacier de Trient, dont les pics étincelaient au soleil de tout l'éclat du diamant; les montagnes hérissées de pins, de nombreux torrents venant mêler leurs eaux à celles du Rhône, et des coupoles de neige se superposant en des massifs monstrueux sur l'azur du ciel, de manière à faire regarder comme véritables les entassements de montagnes par les Titans. Mais surtout nous admirions avec une sorte de terreur, en face de nous, et de telle sorte qu'avec ma lunette je pouvais compter les moindres aspérités des rochers, la terrible Dent du Midi, inimaginable colosse décharné, dont ne nous échappaient ni les précipices, ni les angles, ni les pics, ni les plus légers détails de sa construction géologique.

Quelle grande page dans le livre de Dieu! Et comme elle me faisait lire parfaitement le drame cruel auquel ce pic donna lieu et dont je vais vous mettre sous les yeux l'incomparable et sinistre tableau.

Cette grande Vallée du Rhône qui s'ouvre entre ces énormes montagnes, comme une crevasse immense qui se serait produite dans le massif le plus élevé des Alpes, avait été nommée par les Romains Vallis, c'est-à-dire la vallée par excellence. De là est dérivé le nom de Valais donné au canton.

On est stupéfait en regard de ces deux chaînes de montagnes, de dix à douze cents pieds d'altitude, qui bordent le Rhône, et se font face l'une à l'autre, appuyées sur des ramifications colossales, chargées de glaciers.

Nulle part on ne peut contempler de plus étonnants contrastes entre la nature riante et la nature sauvage, entre les scènes les plus effrayantes et les tableaux les plus gracieux. Mais, à côté du bien, Dieu a toujours mis le mal, afin de tenir l'homme constamment en vigilance et de lui rappeler que la terre n'est pas le lieu de son repos.

En effet, du haut de mon observatoire, mes yeux s'arrêtent au milieu de la vallée du Rhône, sur un renflement du sol chargé de détritus, de roches brisées, de fragments étranges, de terre rendue stérile. Cet accident du sol fait tache avec l'harmonie générale, et comme il occupe une largeur notable, ce doit être le résultat de quelque cataclysme. On dirait une portion de montagne violemment détachée de la masse principale.

Alors, en portant l'attention sur les hauteurs qui font face à ce renflement du sol, on est frappé en remarquant que la Dent du Midi n'est plus qu'un squelette gigantesque dénudé, un cadavre décharné...

Or, en 563 de notre ère, cette Dent du Midi, qui se nommait alors le *Tauretunum*, fit entendre dans la vallée, à une grande distance, de lourds craquements, des explosions mystérieuses, des bruits sinistres qui répandirent l'épouvante dans la contrée. Puis, tout-à-coup, un jour, voici qu'une énorme portion du Tauretunum se détache, ébranle les monts dans sa chute, mugit comme des éclats de tonnerre, et tombe dans la vallée du Rhône...

Hélas! à cette époque, à l'endroit même où se montre l'exhaussement du sol, s'élevait une ville qui comptait bien cinq mille habitants.

Cette ville avait nom Epaunum, *Epaunum Agaunorum*, Epaune du pays d'Agaune ou Saint-Maurice.

L'éboulement de la montagne la couvrit de décombres, elle l'engloutit tout entière sous la boue de terre et la masse de rochers qui, détachés de la Dent du Midi, en remplit les rues et les places, pénétra dans les maisons, étouffa, noya les pauvres habitants, et couvrit les maisons de son inondation, tellement imprévue que personne n'échappa.

La chronique raconte que trente religieux d'un monastère voisin, celui de Saint-Maurice certainement, vinrent en hâte travailler à ouvrir et déblayer les décombres afin de sauver les victimes qu'ils pourraient trouver. Hélas ! ce sauvetage devint impossible, dangereux même. En effet, les bons moines travaillaient avec une ardeur sans égale, lorsque de nouveaux murmures de la montagne annoncèrent une nouvelle chute. Elle eut lieu, et se fit avec une telle rapidité, que les trente infortunés religieux furent engloutis à leur tour.

Ce ne fut pas le seul désastre. Les parties du Tauretunum qui se détachèrent étaient en telle quantité et composaient une masse si considérable, qu'elles fermèrent la vallée dans toute sa largeur, qui, en cet endroit est d'une demi-lieue, et contraignirent le Rhône à refluer vers sa source. Alors, par l'effet de cette digue puissante, le fleuve s'exhaussa de manière à couvrir la vallée haute et forma un lac immense. La vallée basse, demeurée sans eau, fut menacée d'un engloutissement quand la digue viendrait à se rompre. En effet, lorsque les eaux atteignirent le sommet de cette digue, elles le firent tomber subitement, et s'élancèrent alors comme un déluge, se précipitant avec furie vers le Léman. Villes et villages furent dévastés. Puis, quand ce torrent grandiose se précipita dans le lac, il lui imprima un mouvement si violent qu'il déborda sur la rive opposée, détruisit les habitations, reflua jusqu'à Genève, culbuta les moulins, nombre de maisons, et répandit partout le désordre, la terreur et la mort.

Le lit du Rhône fut changé par ce fait. Jadis, il coulait d'un côté de la vallée; il se creusa une voie nouvelle de l'autre côté.

Un historien d'Avranches, Marius, vint tout exprès visiter

ces lieux, après l'évènement, et il en parle dans ses mémoires.

Grégoire de Tours, s'il ne les a pas visités, a été informé du fait, car on lit dans ses œuvres le récit le plus frappant de ce drame cruel.

Quelques chaumières se sont élevées depuis sur le sol exhaussé qui sert de tombeau à Epaunum, dont le nom se trouve conservé dans celui d'Eppenasex donné à cette réunion de misérables maisons.

C'était chose bien imprudente que de s'installer au lieu même déjà témoin d'un pareil malheur, et au pied du dangereux Tauretunum. Il advint en effet que, le 4 octobre 1635, puis le 12 mai 1636, la même Dent du Midi s'ébranla de nouveau sur sa base et fit glisser encore dans la vallée une autre portion de sa structure.

Cela s'explique. La Dent du Midi est composée, depuis sa base jusqu'à son sommet, d'un calcaire appartenant à la formation de la craie. Cette roche déposée par couches et par bancs de différente épaisseur, traversée par une multitude de petites fissures, est tantôt compacte et dure, formant pierre à chaux, tantôt schisteuse et tendre, devenant marne. Une telle constitution physique, combinée avec l'action des causes atmosphériques, entraîne nécessairement des éboulements plus ou moins considérables, plus ou moins dangereux.

Or, en cette année de 1635, à la chaleur et à la sécheresse qui avaient régné au printemps et dans l'été, succédèrent, en août, des pluies longues et abondantes. Alors, le 26 de ce mois d'août, à onze heures et demie du matin, les habitants de la vallée furent effrayés par un bruit épouvantable, semblable au roulement de la foudre, qui se fit entendre du côté de la Dent du Midi, et qui semblait s'approcher d'eux. Tout-à-coup on vit sortir un nuage de poussière suivi d'une masse noire et épaisse d'une hauteur considérable, roulant sur elle-même si rapidement, que les curieux eurent à peine le temps de s'enfuir sur la pente de la montagne voisine. Cette masse était un mélange de terre, de gravier, de blocs de rochers, de fragments de neiges et de glaces. En approchant de la vallée, elle se partagea en trois parts, à cause de l'inégalité du terrain. Celle de droite alla vers le midi et s'arrêta bientôt. Les deux autres suivirent heureusement le cours du torrent de Saint-Barthélemy, qui vient tomber dans le Rhône, à travers une forêt que l'on nomme le Bois-Noir, et couvrant la vallée jusqu'à Evionnax, sur une largeur de neuf cents pieds, inonda les champs, les vergers et les maisons.

Je vous laisse à comprendre l'impression douloureuse que l'on ressent du haut de la Dent de Morcles, quand, en face de cette Dent du Midi, on la voit complètement décharnée, réduite à l'état de squelette, qu'on suit du regard les envahissements de ses formidables éboulements, là, à ses pieds, dans la Vallée du Rhône, que l'on contemple ce tombeau gigantesque sous lequel est engloutie la pauvre cité d'Epaunum, et que cependant cette arrogante Dent du Midi est toujours debout, à une élévation prodigieuse, aussi fièrement campée sur sa base que la Dent de Morcles elle-même, et semblant crier encore à la vallée :

— Prends garde! je veille encore et te menace toujours!

Je donnai le signal de partir à mon guide, qui, me voyant sombre et triste, respectait mon silence, et nous descendîmes sans mot dire. Bientôt nous atteignîmes le village de Morcles, car on descend bien autrement vite que l'on ne monte. Puis nous nous dirigeâmes vers Saint-Maurice. Et, comme le soir se faisait, et que, dans la longue vallée, dans le Bois-Noir, devant les chalets qui capitonnent les pentes des montagnes, parmi les pâturages aériens, un peu partout, on allumait des feux, la magie du spectacle, à la nuit tombante, avait quelque chose d'enivrant. J'omets de vous parler du coucher du soleil vu du sommet de la Dent de Morcles. Rien de magique comme le soir, du haut des montagnes ; jamais je n'oublierai les impressions de cette journée...

BEX ET SES MINES. — LES DIABLERETS. — LA CASCADE DE PISSEVACHE OU CHUTE DE LA SALENCE. — LE TRIENT. — MARTIGNY.

En Suisse et en Savoie, on ne fait pas une station sur un point quelconque, que l'on ne soit convié à une excursion plus ou moins intéressante, afin de visiter des curiosités de nature qui doivent instruire, effrayer ou charmer.

Pérégrinations.

C'est ainsi que l'on ne peut s'éloigner de Saint-Maurice, cœur de la Vallée du Rhône, sans faire une descente dans les mines de Bex, à quelque chose comme huit cents pieds dans les entrailles de la terre.

Bex est située sur la rive droite du fleuve, dont elle est éloignée de quelques kilomètres. C'est une assez jolie petite ville, qui a des hôtels fort confortables. Mais ses salines, but de l'excursion, se trouvent à près d'une lieue de la bourgade.

On y arrive par la vallée de la Gryonne, qui roule tumultueusement ses eaux sur un lit de rochers qu'elle entraîne dans son cours, à ses jours de fureur. Vue de cette vallée, la Dent de Morcles, qui la domine, n'a plus la forme d'un donjon comme lorsqu'on la voit du Rhône, mais elle devient une immense et formidable citadelle entourée de remparts.

Une petite porte, ouverte sur le flanc d'une montagne, telle est l'entrée des mines de Bex. Le bon moment pour les visiter est onze heures du matin, car à midi on met le feu aux poudres, qui font sauter d'énormes quartiers de rochers de sel gemme, et c'est là l'opération la plus curieuse à cause des détonations successives qui se font entendre dans les immenses cavités des galeries de ce monde souterrain.

Voici comment on procède pour descendre dans les mines de Bex :

Le touriste, qui se présente à l'heure voulue, est invité à endosser des habits de mineur, consistant en un caban à capuchon, et on lui met une lampe à la main. Alors, par une pente fort douce d'abord, les visiteurs descendent à la queue du loup. Tantôt on rencontre de très grands lacs souterrains qui ne sont autres que des réservoirs d'eaux salées, et alors les feux des lampes sur ces eaux noires produisent des effets effrayants qui glacent le sang dans les veines ; tantôt on s'arrête sur l'ouverture béante de puits carrés, taillés dans le rocher, à une profondeur de mille à mille deux cents pieds. Les guides prennent plaisir à mouiller d'huile une large feuille de papier, et, l'allumant, ils la laissent tomber dans l'abîme. La feuille légère, soutenue davantage par sa flamme, tourbillonne dans sa chute, et c'est curieux en vérité de la voir éclairer ainsi les parois du gouffre et arriver enfin au fond des entrailles du puits où elle achève de se consumer sur l'un des lacs dont j'ai parlé. Jadis, au temps du premier empire, les mineurs offrirent une fête à Napoléon Ier et à l'impératrice Joséphine. Quelques débris de décorations attestent encore l'originalité de cette fête souterraine, dont tout le prestige dut consister dans les effets de lumière.

Enfin on atteint les mines en exploitation. Pour intéresser davantage les amateurs, et surtout pour savoir de quelle couleur est la monnaie de leurs escarcelles, les habitués du lieu chargent les trous qu'ils ont creusés de quelques livres de poudre, puis ils y mettent le feu à l'aide de longues mèches soufrées... Cinq, huit, quinze explosions formidables se font entendre bientôt dans toutes les directions... L'écho des galeries les répète à l'infini ; les bruits les plus étranges se prolongent en tout sens : on dirait une bataille qui se livre, dominée par la grande et terrible voix d'une imposante artillerie. C'est d'un effet magique, et l'oreille conserve longtemps le tapage effrayant de ces explosions souterraines, qui, parfois, ne sont pas sans danger.

On retourne volontiers à la lumière du ciel, après quelques heures ainsi passées dans les ténèbres du sein de la terre, à une profondeur qui varie, mais qui est sur certains points de près de mille pieds. Mais pour sortir des mines, on suit une autre route. C'est un immense chemin tortueux, de plus de huit cents marches taillées dans le rocher. On ne sent plus ses jambes quand on arrive à la fameuse petite porte de cet Érèbe.

En regagnant le Rhône, le touriste intelligent prend la vallée de l'Avençon, étroite mais charmante. Elle est séparée de celle de la Gryonne par une montagne de neuf cent dix-neuf mètres, sur le talus de laquelle les guides vous font remarquer un rocher qui porte l'empreinte d'un homme couché. La Pierre du Sauvage, tel est son nom.

Mais, avant de rejoindre la Vallée du Rhône, il est bon de visiter l'aride et sinistre vallée des Diablerets, dont des montagnes voisines enferment les affreux tableaux dans leurs premières assises.

Ces Diablerets furent souvent exorcisés, au moyen-âge, parce que les paysans du Valais regardaient cette vallée comme un des vestibules de l'enfer. Ils se composent de plusieurs pics qui s'élèvent à trois mille cent quarante-cinq mètres. Quelques cascades, tombant le long de leurs énormes murailles à pic, donnent naissance au torrent de la Grande-Eau. La vallée, qui commence près des mines de Bex, conduit jusqu'à Sion, dans l'autre partie de la vallée du Rhône qui vient de la Furca.

Les montagnes dites Diablerets s'éboulèrent en grande partie, en 1714. Quinze personnes perdirent la vie dans cette avalanche de pierres. Cent têtes de bétail furent ensevelies vivantes, et cinquante-cinq chalets furent engloutis. Pendant les jours qui précédèrent cette débâcle, des bruits souterrains tout-à-fait extraordinaires s'étaient fait entendre au sein de la montagne. C'était comme un avertissement du sinistre qui menaçait. Bien des habitants de la vallée s'enfuirent : mais un paysan du village d'Avers, qui ne profita pas de l'avis donné par la Providence, ne reparut pas après l'éboulement. On le crut perdu, sa famille le pleura, et ses enfants prirent le deuil. Mais voici que, trois mois après, la veille de Noël, à la tombée de la nuit, alors que ces braves gens préparaient leur réveillon, le malheureux paysan d'Avers se montra à l'entrée du village. Il était pâle, hagard, à peine vêtu, un vrai spectre. Tout chacun de s'enfuir en criant : Au revenant ! Oh ! c'était bien un revenant, en effet. Partout on lui ferma la porte au nez. Sa femme ne voulut pas l'entendre, ses enfants s'armèrent de fourches pour le poursuivre. Il fut même question d'appeler un prêtre pour conjurer l'esprit. Et pourtant c'était bien le misérable habitant du village qui, au jour de la catastrophe, ne s'était pas sauvé, comme les autres. Il vint enfin à bout de persuader aux siens que c'était bien lui, et qu'il était encore du nombre des vivants. Il s'était trouvé englouti avec son chalet, sous une masse énorme de rochers divisés par feuilles. Il devait périr ; mais le chalet ne fut pas écrasé. Deux rochers solides s'arcboutèrent au-dessus de la pauvre maisonnette et la préservèrent. Mais de partout ailleurs le chalet était emprisonné. Notre homme eut alors l'heureuse chance de trouver du fromage mis en réserve pour l'hiver. Il s'en nourrit pendant longtemps et but l'eau d'un courant qui s'était frayé un passage parmi les ruines. Puis, après trois mois passés dans l'obscurité de son tombeau, il parvint, en rampant sous les roches et les débris, à se glisser au-dehors de l'éboulement, et, enfin, un beau jour, il vit briller un rayon de soleil... Il était sauvé !

Après Saint-Maurice et Lavey, quand on remonte la vallée du Rhône, pour se rapprocher de Martigny, après quelques kilomètres de marche, on arrive à la célèbre et magnifique cascade de Pissevache. Cette chute de toute une rivière, la Sallenche ou Salence, alors que tout-à-coup son lit lui fait défaut, et qu'elle se précipite d'une hauteur de deux cent cinquante pieds dans la vallée, est d'une admirable splendeur, surtout lorsque le soleil la dore de ses rayons, et qu'elle est irrisée de ses feux.

Mais les curiosités et les merveilles de la nature sont tellement voisines les unes des autres dans ces admirables contrées, que rien n'est plus ordinaire. A peine a-t-on dépassé le petit village de Vernoya, que, du même côté que la chute d'eau de la Sallenche, s'ouvre dans une montagne de granit, comme si le bras d'un géant haut de mille pieds l'avait pourfendue avec effort, une crevasse gigantesque en hauteur et en profondeur ; et, dans cette fissure gigantesque, bouillonne avec fracas tout un torrent énorme, qui arrive furieux et grondant du glacier de Trient, par la Tête-Noire. Ce torrent, qui a le même nom que le glacier, Trient, se brise en écumant contre les deux murailles à pic, sombres et escarpées, qui encaissent son cours, en le surmontant de huit cents pieds.

Enfin, on arrive au pied du Mont-Catogne, qui clôt la vallée basse du Rhône, car la vallée haute du même fleuve fait soudain un angle droit et se dirige, par Sion, vers la Furca, où il prend sa source. Mais le moment n'est pas venu de remonter cette seconde partie de la vallée. Au contraire, il faut lui tourner le dos, gravir la Forclaz, et aller droit au Mont-Blanc !...

Arrêtons-nous toutefois à Martigny, qui apparaît divisé en deux parts, Martigny-le-Bourg, dans lequel on entre par un pont couvert qui passe sur la Dranse, et Martigny-la-Ville, à un kilomètre plus loin. Ces deux Martignys mériteraient peu qu'on les mentionnât, s'ils n'étaient surmontés des ruines du château de la Bastie, d'un aspect fort pittoresque, dû spécialement à la haute tour ronde qui les domine. Ces ruines assez imposantes font d'autant mieux dans le paysage, qu'elles sont assises sur un rocher élevé de deux mille cent vingt pieds au-dessus du niveau de la mer.

Du reste, je dois rappeler ici que Martigny est l'antique Octodurum des Romains, dont nous avons parlé à l'occasion de la légion thébéenne. On y voit en effet quelques antiquités assez intéressantes, par exemple un abreuvoir pour la cavalerie, qui est évidemment de construction latine. Ajoutons que cette bourgade sans apparence, entourée de montagnes d'un aspect sévère, excepté du côté de la vallée, et située au confluent de la Dranse et du Rhône qui fait un coude subit pour remonter vers Sion, comme nous l'avons dit, est un grand centre de voyageurs, car ils y arrivent du Simplon, du Saint-Bernard et de Chamouny.

On prend gîte d'ordinaire à l'hôtel de la Poste, recommandé aux amateurs par les délicieuses grives que l'on y sert en rôti, et aussi par les *Impressions de Voyage* d'A. Dumas, qui nous raconte y avoir mangé péniblement un certain beefsteack d'ours. Mais nous n'avons pas de temps à perdre à Martigny.

Le Mont-Blanc et les merveilles de la vallée de Chamouny nous réclament.

ASCENSION DE LA FORCLAZ. — LE COL DE BALME. — VALLÉE DE CHAMOUNY. — ASPECTS FÉERIQUES. — MONT-BLANC. — MONTANVERT. — LA MER DE GLACE. — LES SÉRACS. — GLACIERS.

En disant adieu à Martigny, on laisse à gauche la vallée de la Dranse et la route étroite qui conduit au grand Saint-Bernard.

Alors on commence à gravir lentement la montagne de la Forclaz. Du courage! Si le soleil envoie des rayons par trop chauds, nous nous trouverons presque constamment à l'ombre sous des sapins, des châtaigniers de la plus belle venue, et des arbres de toute sorte. A droite comme à gauche, la verdure est si belle et la végétation si puissante, que l'œil est constamment charmé par les plus riches tons de l'émeraude. Et puis quel calme et quel silence! Voici de distance en distance de petites chapelles qui nous révèlent la piété des montagnards. Faisons comme eux, saluons l'image de la Vierge-Mère, et puisse cette étoile de la mer nous être propice, à nous voyageurs que le désir de connaître porte quelquefois à nous exposer au danger.

Après deux heures de pénible ascension, nous voici au sommet de la Forclaz. C'est le moment de se retourner pour jouir du coup d'œil que doit donner un point culminant de cette sorte.

Quel admirable paysage en effet! Martigny, avec sa haute tour de la Bastie, ancienne forteresse des évêques de Sion, ses deux clochers, ses deux bourgades, s'étale à vos pieds, à une profondeur immense. En face de vous la Vallée du Rhône, réduite à des proportions microscopiques, et allant se perdre, vers Sion, dans des abîmes incommensurables. A droite, les hautes cimes sourcilleuses du Simplon, du Mont-Rose, du Mont-Cervin, des deux Saint-Bernard. A gauche, les rampes dénudées de la Dent du Midi et les contreforts de la Dent de Morcles. Et puis, dans les horizons les plus éloignés, confondues avec l'azur du ciel dont elles émaillent les splendeurs de leurs sommets neigeux, les Alpes bernoises, les Alpes de l'Oberland, etc. C'est un tableau magnifique, et d'autant plus grandiose que, partout, il est semé de chalets, couvert de pins, émaillé de troupeaux, ponctué de villages.

C'est assurément l'une des plus admirables vues des Alpes.

Hélas! à tout tableau, vous le savez, il faut ses ombres. Aussi, voyez ces pauvres femmes aux goîtres immondes, ces jeunes filles en haillons qui, pour quelques sous qu'elles implorent, vous offrent des fruits, du lait. Et puis, ces arbres brisés par les avalanches, ces roches entassées par l'effet de la fonte des neiges, ces affreuses moraines qui annoncent la désolation des longs hivers!

Dans les Alpes, comme aux Pyrénées, on appelle moraines ces amas de roches, de cailloux, de sable et de détritus de toute nature que les avalanches balaient dans leur descente vertigineuse et qu'elles entassent au pied des montagnes ou sur les bords des glaciers. Ces moraines, l'un des phénomènes les plus importants des glaciers, sont produites par les éboulements des montagnes. Leur grandeur varie suivant la fréquence des avalanches dans les diverses vallées, selon l'espèce des rochers dont ces avalanches sont formées, et d'après la forme du glacier. Mais, en général, elles augmentent à mesure qu'elles avancent vers l'extrémité inférieure du glacier.

Le sommet de la Forclaz est gardé par une sentinelle suisse. En effet, à partir de ce point élevé, nous pénétrons dans la Savoie.

Mais avant de quitter le col supérieur, remarquez, à gauche, le glacier du Trient. C'est le premier des glaciers que nous allons voir de près. En face de nous se dresse aussi une sombre forêt. D'un côté de cette forêt, se dessine le chemin du col de Balme, et de l'autre, dans des profondeurs ténébreuses, apparaît par moments le sentier de la Tête-Noire. L'un et l'autre conduisent à la vallée de Chamouny. Prenons de préférence le premier : nous aurons plus de jouissance à voir la vallée des hauteurs de Balme, que d'y arriver de plain-pied par la Tête-Noire.

Donc, droit au glacier du Trient d'abord, par cette descente qui passe à sa base.

Un glacier, vous le voyez, est un vaste amas de glace qui se fait dans les sillons profonds qui descendent des montagnes. Ils ont pour origine des masses de neiges que des dégels et des regels successifs transforment en glaces. Ils sont tantôt unis comme des lacs gelés, mais ce sont les plus rares, tantôt coupés par de larges et profondes crevasses, ce sont les plus communs. Ils commencent au-dessous de la limite inférieure des neiges et se terminent en pente jusqu'au fond des vallées. Les uns se forment sur les hautes sommités et sur leurs pentes ; les autres occupent de larges ravins qui s'étendent avec une déclivité plus ou moins rapide depuis les hautes sommités jusque dans les vallées. Les premiers sont rarement de très grande étendue ; les seconds présentent toujours une longueur plus ou moins considérable. Il en est un, dans la vallée de Chamouny, que nous verrons bientôt, qui a une longueur de près de soixante kilomètres. Leur épaisseur varie suivant leur étendue. Elle descend fréquemment à trente mètres et plus. En certains endroits de la Mer de Glace, que nous visiterons, elle atteint de deux cents à deux cent soixante-six mètres. L'aspect des glaciers change souvent. Entre autres causes de ces variations est le phénomène dit *crue des glaciers*. Au printemps, il est assez ordinaire qu'une partie du glacier glisse sur la masse, et descend un peu plus bas. On a calculé que, en Suisse, les glaciers gagnaient ainsi de quatre à huit mètres par an.

Tel est le glacier du Trient, au pied duquel dort très paisiblement le village de ce nom. Mais comme le glacier du Trient n'est qu'un joujou relativement à ceux de Chamouny et du Grindelwald, qui aura notre examen, laissons-le dans son écrin de montagnes et de sapins échevelés, gravissons le col de Balme, en jetant un regard rapide sur ce monticule isolé, à notre droite, qui nous fait voir une longue arête bordée de précipices, et qui se termine au nord par une courte pyramide appelée *Croix de Fer*.

Cette aiguille de la Croix de Fer a été le théâtre d'un de ces accidents si fréquents dans les Alpes. M. Escher, de Zurich, en 1791, ayant réussi à gravir la montagne jusqu'à cette pyramide, voulut ensuite descendre le long des pentes gazonnées qui se réunissent pour former la crête de cette même montagne. Un faux pas le fit glisser d'abord, puis il roula jusqu'au bord d'un mur de rochers à pic. Mais, hélas! il n'arriva là que le corps en lambeaux et privé de vie..... C'est dire combien la prudence est nécessaire!

Aussitôt que le touriste parvient à la sommité du col de Balme, il demeure immobile, muet, rêveur... il est en extase. Il n'est pas de mots, en effet, qui puissent traduire l'impression que l'on subit en un tel moment.

Devant lui, à ses pieds, mais à une immense profondeur, se montre à perte de vue, délicate, fine, effilée comme en une miniature, la longue vallée de Chamouny d'abord, ensuite apparaît de même, tout-à-coup, le géant de notre Europe, l'imposant et majestueux colosse du Mont-Blanc, élevant sa masse gigantesque au plus haut des cieux. Et enfin, comme un monarque ne paraît jamais sans avoir à l'entour de lui le plus splendide cortége, c'est comme une immense avenue d'aiguilles aériennes, d'obélisques élancés, de pyramides fantastiques, de masses grandioses de roches entassées, qui, commençant à émerger des neiges, à droite et à gauche, au-dessus de la vallée, s'avancent processionnellement vers la perspective la plus reculée, capitonnent les montagnes, et vont se perdre dans les profondeurs d'horizons infinis. D'un côté ce sont les Aiguilles-Rouges, la Flégère, le Buet, Brevent, etc.; de l'autre, les Aiguilles-Vertes, l'aiguille du Dru, Léchaud, Charmoz, les Grandes-Joralles, le Moine, aiguille solitaire et cependant formidable, les pics de Blatière, du Plan, du Midi, de Tacul, qui précèdent le Mont-Blanc lui-même, au centre de sa merveilleuse phalange, et les Petits et Grands-Mulets, le dôme du Goûté, le Rocher-Rouge, la Pierre-Ronde, le mont Lacha, en un mot tout un monde de sublimes monuments élevés par la nature à la gloire de son auteur.

Notez que je ne désigne pas les glaciers du Tour, de l'Argentière, des Bois, des Favrans, des Pélerins, des Bossons, le plus remarquable de tous, la Mer de Glace, autre glacier curieux et digne de toute l'attention du voyageur et du savant...

Et si vous ajoutez à ce tableau les ondoyants rubans de l'Arve et de l'Arveyron, qui sillonnent la vallée de leurs ondes bruyantes et tumultueuses, et les charmants villages portant les noms de leurs glaciers, qui la ponctuent ici et là de leurs hôtels, de leurs clochers aigus et de leurs chaumières, vous aurez alors une idée complète du prestigieux spectacle qui frappe d'une admiration subite le promeneur pédestre arrivant sans s'y attendre sur les hauteurs du col de Balme, et se trouvant ainsi soudain en présence des plus belles magnificences de la création.

Etendez sur de telles splendeurs le riche pavillon d'un ciel bleu, allumez un soleil d'or dans l'éther, et observez ensuite.....

Bientôt, cependant, la voix de votre guide vous arrache à votre contemplation, car le vent qui souffle sur le col de Balme est mortel. Si on entre donc dans la petite hôtellerie qui couronne la hauteur, on y trouve des tranches de lard, de la poitrine de mouton grillé et du vin de Saint-Georges, qui n'est certes pas à dédaigner.

— A quoi bon manger? direz-vous : n'est-on pas au moment d'arriver à Chamouny, et de se reposer, en examinant les richesses de la vallée ?

Pas le moins du monde, ami lecteur : vous avez encore

quatre heures de route, et pour peu que votre enthousiasme vous arrête en face d'un glacier ou au pied d'une aiguille, comptez bien que vous ne serez à Chamouny que vers ce soir, à la tombée de la nuit.

Donc, ne vous amusez pas trop à lire les réflexions plus ou moins baroques, les calembredaines ébouriffantes et les cocasseries superlatives des voyageurs qui ont passé avant vous dans l'auberge, consignées dans le livre des touristes que vous soumet le tavernier, dans chaque hôtel de la Suisse, et partout.

C'est un plaisir, que dis-je? un bonheur de voyager avec d'aussi belles pages ouvertes sous les yeux! Quel beau livre que celui de la nature!

D'abord on laisse à sa droite les écuries des pâturages de Balme, qui, à distance, semblent de nombreuses ruches à miel.

Puis, voici le village et le glacier du Tour, qui touche presque à notre chemin. Un premier glacier serait une illusion si l'on ne se donnait la jouissance de le toucher de ses mains, d'en manipuler les blocs, d'en pétrir la neige, d'en admirer de près les nuances vertes et les teintes bleuâtres qui dominent, et enfin de fouler aux pieds ses moraines.

Halte-là! Voici les douaniers de France et de Navarre qui vont nous arrêter au passage, car la Savoie est Française, à cette heure. Donc, en avant les passeports....

Maintenant saluons le joli hameau et le superbe glacier de l'Argentière à notre gauche, et, sur la droite, remarquez le chemin qui conduit à la Tête-Noire, par le Buet, lequel chemin sera le nôtre, quand, repus des beautés du Mont-Blanc, nous retournerons à Martigny.

Cependant la vallée de Chamouny se rétrécit peu à peu, et voici qu'elle nous laisse à peine, pour passage, une rampe verdoyante à côté du torrent de l'Arve qui mugit.

Hélas! je vous signale ici les traces d'une terrible avalanche, celle de 1847; elle ne fit pas moins de sept victimes, toutes ensevelies subitement sous les ruines pendant les horreurs d'une nuit tempétueuse.

Pour vous distraire, comme le soir commence avant que nous n'ayons atteint Chamouny, selon ma prévision, voyez tous ces feux qui s'allument dans les pacages des hauteurs.

Enfin nous sommes au Prieuré, c'est-à-dire à Chamouny, qui eut jadis un monastère alors que saint François de Sales, évêque d'Annecy, le visita. Adoptons l'hôtel du Mont-Blanc, et reposons-nous afin de commencer de bonne heure, demain, la longue série de nos excursions.

La plus intéressante, la plus curieuse de toutes est celle du Montanvert. C'est une montagne entièrement couverte de bois et de pâturages. Elle est assise au pied des aiguilles de Charmoz. Pour en jouir à notre aise, traversons l'Arve, qui sillonne la vallée, suivons pendant quelque temps la couche de sable blanc qui a couvert la prairie de l'Arve, dans une inondation furieuse de 1851, et montons, par ce sentier en pente douce, sous l'ombrage d'une forêt de pins et de mélèzes, qui ne cache pas tout-à-fait l'aspect de la vallée.

Ce poétique Montanvert se trouve au pied du Mont-Blanc, qu'on ne peut voir d'aussi près. Notre première station doit se faire au pied d'une fontaine d'où coule à peine un filet d'eau. Mais il est d'obligation de boire de cette eau, attendu que ce fut là, sous la ramure d'arbres enlevés par la folie de ses admirateurs, que notre fabuliste Florian composa la pastorale qui a nom *Claudine*.

Le bois s'éclaircit peu à peu ; le sentier devient plus rapide. Franchissons cette dernière pente abrupte, et admirez : nous sommes au-dessus de la Mer de Glace, et en face de la rangée de hautes aiguilles qui en bordent la rive opposée. Là encore, votre premier cri est empreint d'admiration. Cela ne peut être autrement, car on demeure ébahi en se trouvant ainsi placé subitement au-dessus d'une large vallée de plusieurs lieues, complètement envahie par des glaces monstrueuses. C'est le glacier des Bois, plus communément appelé Mer de Glace. En effet, l'aspect de cette immense plage de glace ressemble à un océan enfermé en de hautes falaises rocheuses, dont les vagues se seraient cristallisées par un refroidissement subit. Comme un torrent, celui de l'Arveyron coule sous ces masses de glaçons, la mer s'agite et paraît dans une oscillation perpétuelle.

Quel tableau! mais aussi quel encadrement! Le Dru, merveilleuse aiguille de pur granit, se dresse perpendiculairement en face du touriste ; puis, à côté, s'élancent les obélisques du

Moine et du Léchaud, dont on admire la teinte couleur de rose et les élégantes dentelures des pics.

Cette Mer de Glace descend dans la vallée d'un côté ; mais de l'autre, elle monte et se prolonge à plusieurs lieues de là. Or, si on s'aventure à gravir vers les hauteurs, on arrive à un autre glacier, qui a nom le Talèfre, et on arrive à une plate-forme de rochers affectant la forme d'un trèfle de trois cents pieds de développement à sa base. Comme il est couvert de terre végétale et abrité par un amphithéâtre de montagnes qui le préserve du froid, aux jours de l'été on le trouve tapissé d'un gazon d'une rare fraîcheur et enrichi d'une exquise variété de toutes les plus jolies fleurs des Alpes. Aussi l'appelle-t-on le Courtil ou Jardin. C'est une île enchantée au milieu des glaces et des neiges.

Les scènes les plus sublimes l'entourent de leurs décorations féeriques. On y voit les pyramides colossales dites les Blétières. Mais son ornement principal est le Mont-Blanc, qui le domine de sa masse formidable.

Il s'agit à cette heure de descendre sur la Mer de Glace et de traverser d'un pied ferme, sans souci des énormes crevasses béantes qui menacent de vous engloutir, sans souci du balancement perpétuel des glaçons sur lesquels vous placeriez votre alpenstock. Du courage !

A vaincre sans péril, on triomphe sans gloire !

D'ailleurs notre guide aura l'œil sur vous. Au besoin, avec sa hache il taillera l'escalier sur lequel vous devrez monter. Et puis ces fissures bleuâtres, qu'il faut enjamber avec précaution, ne sont pas si terribles qu'elles ne rendent leur proie, quand on glisse dans leur gouffre bruyant. Hardi ! Encore un effort, et nous aurons franchi le bras de mer, et vous pourrez faire graver le titre de votre prouesse sur votre bâton, à l'aide du fer chaud, que l'on tient tout prêt sur le rivage.

Nous y voilà, sur ce rivage ! Est-il encombré de moraines, de mille détritus hétérogènes ! Mais aussi que de fleurs, rhododendrons, myrtes, azalées, flore alpestre dont on peut faire un bouquet qui sera le souvenir du passage de cette Mer de Glace.

Ce n'est pas tout; il faut aller visiter le Chapeau, et cela par une corniche qui a nom Murrais ou Mauvais-Pas, car le rocher, large d'un demi-pied, domine la Mer de Glace de plus de mille pieds, et le trajet périlleux ne dure pas moins de vingt minutes. Elançons-nous donc, avec prudence toutefois, sur cette légère saillie du rocher. Afin de ne pas voir l'abime, tournons-lui le dos et avançons de côté. Entre les jambes, apparait bien le précipice béant; mais on peut fermer les yeux, et, s'attachant des mains aux aspérités du roc, on va toujours, on va si bien qu'on arrive au terme et qu'enfin on remet le pied sur la terre ferme.

Et l'on est au Chapeau. C'est un rocher situé au pied de l'aiguille du Bochard, où l'on trouve un misérable cabaret en planches. Mais de la plate-forme du cabaret on a une vue ravissante sur le Montanvert, la Mer de Glace et le Mont-Blanc; et n'ont cette exquise jouissance que ceux qui ont eu l'honneur et la vaillance de passer par le Mauvais-Pas!

En quittant le Chapeau, on se rend d'ordinaire à la source de l'Arveyron, torrent considérable qui sort de la Mer de Glace en bouillonnant, de manière à former un jet d'eau décrivant un arc de cercle de cinquante à soixante pieds. C'est depuis fort peu de temps qu'il a choisi ce mode d'éruption. Autrefois il passait sous une large et curieuse voûte de glace, qu'il s'était faite à l'extrémité inférieure du glacier. La profonde obscurité de cette voûte et le brillant azur que produisait la glace, chaque fois qu'un rayon de lumière y pénétrait ; puis, les rochers énormes que le torrent entrainait des parties supérieures du glacier; enfin le bruit épouvantable du torrent se frayant un chemin sous les masses de glaces qui le couvraient, tout frappait l'imagination. Ajoutez à cela les sombres forêts et les aiguilles de granit qui entouraient ce sauvage panorama, et vous jugerez combien était grandiose cette scène de nature.

Ce fut sous cette grotte, que l'on pourrait dire de cristal, que, un jour, des touristes ne furent pas peu effrayés d'entrevoir un bras humain sortant des fissures des glaces et à demi plongé dans l'eau. Quand le bruit de cette découverte se répandit dans la vallée, nombre de curieux arrivèrent. Hélas ! c'était bien un bras d'homme, le bras d'un malheureux guide, tombé dans une des fissures gigantesques des glaciers du voisinage, il y avait de cela quinze ans peut-être, et dont jamais on n'avait pu retrouver le cadavre. Mais vous savez que la glace a la propriété de conserver les corps. Celui de l'infortuné guide avait été conservé, en effet ; mais il avait dû être dépecé et divisé par le frottement continu des glaçons toujours mis en mouvement par les eaux souterraines qui les supportent, et alors un bras de ce corps, un seul, après maintes années d'ensevelissement, était rendu à la lumière du jour.

Le glacier spécial du Mont-Blanc, celui qui en descend le plus particulièrement, est le glacier des Bossons. On est terrifié quand on se trouve en présence de ses crevasses formidables, de ses effrayants abîmes, de ses pyramides de glace, des roches qui en émergent, Petits et Grands-Mulets, c'est le nom qu'on leur donné, et des moraines qu'il pousse sans fin vers sa base.

C'est par ce glacier des Bossons que l'on fait le plus souvent l'ascension du Mont-Blanc. Mais pour se permettre cette excursion, il faut un courage bien résolu d'abord, une excellente santé ensuite, puis au moins cinq guides, que naturellement on paie fort cher, puisqu'ils exposent leur vie pour assurer la vôtre, et enfin une tente, des couvertures, des cordages, de la paille, des provisions, des cordiaux, car on campe au pied des Grands-Mulets, et il faut trois jours pour mener à fin cette aventureuse expédition. Donc, nous ne sommes pas gens à nous donner la licence de gravir les Bossons, d'enjamber ses précipices et d'escalader le Mont-Blanc. Mais, au moins nous pouvons visiter assez ces terribles Bossons, pour avoir une idée de leur physionomie : elle ne sera que très imparfaite, mais encore on pourra juger de leur nature dans leurs parties supérieures.

Les crevasses des Bossons, comme celles de tous les glaciers, sont d'énormes fissures qui tantôt traversent la masse de glace de part en part, et tantôt descendent à des profondeurs incommensurables. La cause de ces abîmes béants qui se présentent à vous soudainement et vous font reculer d'effroi, provient de ce que les glaçons, énormes comme des églises, étant toujours flottants, s'entr'ouvrent inopinément, soulevés par la violence des eaux souterraines. Il advient que, vigoureusement ballottés, les glaçons s'agitent sans fin, et leurs crevasses changent constamment de place. Elles sont soumises à des variations extraordinaires. Quelquefois elles se forment si rapidement qu'en une seule seconde elles parcourent des distances de cinq à six mètres.

On raconte une foule d'histoires plus ou moins dramatiques de touristes, de chasseurs, de guides disparus dans ces horribles gouffres. Elles ne sont que trop réelles, hélas!

Voici ce qui advient, trop souvent.

Il y a des moments où, par suite de modifications atmosphériques, les eaux des glaciers sont moins abondantes. Les glaçons sont alors moins agités. Qu'il tombe de la neige, ce qui a lieu très fréquemment, cette neige se consolide et prend corps. Elle remplit peu à peu les crevasses, les dissimule, les cache aux yeux et forme comme un pont d'un glaçon colossal à un autre glaçon. Mais on peut encore deviner, à l'affaissement de la neige, qu'elle voile un danger. Alors, qu'il tombe une neige fraîche, et que l'on nomme névé, ce qui veut dire nouvelle neige, toute trace de la crevasse disparaît. Des guides, des touristes, des chasseurs s'avancent; ils ne voient point de différence entre le glaçon et la crevasse, et tout en sondant avec leur alpenstock, ils rencontrent de la résistance, celle de la neige ancienne et conglutinée, que recouvre le névé. Ils posent le pied, avancent de quelques pas... Tout-à-coup le poids de leur corps fait fléchir le pont artificiel et sans consistance réelle de la neige.... Ils tombent et sont engloutis......

Comme le dit brièvement, mais éloquemment la Sainte-Ecriture : *Montes sicut cera fluxerunt à facie Domini*, les montagnes fondront comme la cire sous le regard de Dieu.... N'est-ce pas là un texte de méditation, et des plus graves? Ah! depuis que la terre existe, de combien de cataclysmes n'a-t-elle pas été le témoin? Et que de drames terribles et sanglants ne pourrait-elle pas raconter! Tremblements de terre, éboulements de montagnes, éruptions de volcans, débordements de rivières, envahissements d'océans, comblements de vallées, chutes de maisons, incendies, pestes, guerres, désastres de toutes sortes, quels avis, quelles leçons ne nous donne donc pas le ciel, pour nous faire comprendre l'autre parole de la divine Ecriture :

Soyez toujours prêts à paraître devant le Juge suprême ; *estote semper parati*

ASCENSIONS DU MONT-BLANC. — LA CROIX DE FLÉ ÈRE. — LA NEIGE ROUGE DU BRÉVENT, LE BUET. — TÊTE-NOIRE.

C'était par une fraîche matinée de septembre 1854. Tout semblait dormir le long des rives de l'Arve et de l'Arveyron. J'étais sorti de bonne heure de l'hôtel du Mont-Blanc, accompagné de deux de ces amis que l'on se fait si facilement en voyage, parmi les touristes avec lesquels on s'asseoit à une table d'hôte.

Nous avions pour but de visiter la Croix de Flégère, l'une des montagnes les plus élevées de la vallée de Chamouny, après le Mont-Blanc, auquel elle fait complètement face, et du sommet de laquelle il semble qu'on le domine. Au moins, à l'aide d'une lunette de théâtre, on peut en découvrir toutes les parties, suivre la ligne du glacier des Bossons, en voir parfaitement les crevasses, en sonder l'horripilante profondeur, examiner à merveille les Petits et Grands-Mulets, en observer le plateau, enfin l'étudier et le connaître aussi bien que possible, sans y mettre le pied et sans s'exposer à aucune des épouvantables catastrophes qui menacent tout voyageur qui l'escalade.

Notre ascension dura trois heures.

Bientôt nous atteignîmes une altitude de deux mille cent trente-sept mètres. C'est déjà quelque chose que d'arriver à une élévation au-dessus du niveau de la mer de deux mille cent trente-sept mètres !

L'horizon était sans rival au monde. Le soleil, qui venait de se lever, rendait éblouissants les dômes, les aiguilles, les glaciers, le Mont-Blanc surtout.

Le tableau que me présentèrent ces sublimes aspects de cette immense chaîne d'argent qui, du col de Balme au plateau du Brévent, se développait devant moi, capitonnée de toutes les aiguilles que vous savez, zébrée de tous les glaciers que j'ai nommés, émergeant de cette charmante et profonde vallée de Chamouny qui, seule, nous séparait de sa masse gigantesque,

Pérégrinations.

encore noyée dans l'ombre du matin : cet admirable spectacle ne sortira jamais de mon imagination.

Un silence absolu régnait sur cette nature incomparable. Tout au plus la brise nous apportait-elle les sons adoucis de la corne de bouquetin dans laquelle soufflait quelque touriste perdu dans une gorge.

Nous restâmes plus de deux heures en contemplation devant cette page sublime écrite par la main de Dieu. Nous étions assis au pied de la croix qui donne son nom à la Croix de Flégère.

Soudain je sentis peser une main sur mon épaule. C'était un touriste que j'avais eu la veille pour voisin de gauche à la table du souper, et qui me dit alors :

— Voulez-vous faire l'ascension du Mont-Blanc ?

— Dieu m'en garde ! répondis-je. Je ne veux ni exposer ma vie pour avoir la satisfaction de crier : J'ai gravi le Mont-Blanc ! ni dépenser mille à douze cents francs pour acheter cette gloire stérile. Verrai-je, du Mont-Blanc, plus beau spectacle que celui que voici ?

— Alors, me dit l'interlocuteur en question, sans quitter le moelleux gazon qui vous tient lieu de tribune de philosophe, mettez votre œil à l'extrémité de votre lunette, suivez bien la direction que je vais vous indiquer, et vous aurez le spectacle d'une ascension faite selon toutes les règles. Seulement, pour le quart d'heure, mes hardis voyageurs sont encore invisibles... mais un peu de patience, nous les verrons bientôt.

Sur ce, la conversation s'établit entre nous tous, et notre guide, Florentin Paccard, se prit à nous conter l'histoire de Chamouny, son cher pays, et celle de son bien-aimé Mont-Blanc, qu'il a déjà gravi sept fois.

Il nous dit comme quoi Chamouny, Chamonix, ou bien encore Chamouni, dérive de *campus munitus,* champ ou vallée fortifiée, et certes jamais vallée, plaine ou champ n'a eu en effet fortification pareille à la chaine du Mont-Blanc. Il prétendit, d'après mistriss Marianna Starke, Reichard et d'autres, que cette vallée de Chamouny était demeurée complètement inconnue jusqu'en 1741. Et pourtant il est prouvé, par des documents trouvés dans les archives de la paroisse, que la donation des terres de la vallée de Chamouny et la fondation du Prieuré attenant au couvent des Bénédictins, eurent lieu en l'an 1090, que, en 1330, le prieur rendait des ordonnances contre les étrangers, et que, en 1442, les évêques de Genève vinrent souvent visiter le Prieuré. Il est de même au su de tous que, le 30 juillet 1606, saint François de Salles y arriva de son évêché d'Annecy et y passa plusieurs jours, et que, enfin, en 1634, le sénat de Savoie promulgua une loi relative à l'abolition des redevances pour les bêtes à cornes qui entraient dans la vallée.

D'ailleurs, il est prouvé que les habitants de Chamouny avaient, depuis longtemps, des relations avec Genève et l'Allemagne, et leurs foires tenues au Prieuré attiraient une foule d'étrangers.

Mais de ces étrangers et des gens du pays, aucun n'avait souci de ces magnificences de nature, et nul ne songeait à en faire l'examen, lorsqu'un être faible, une femme de la contrée, se leva en disant :

— Eh bien ! mon Dieu vienne à mon aide ! mais je veux aller voir ce qui se passe là-haut...

Elle désignait le Mont-Blanc.

En effet, Marie Paradis, tel est le nom de cette courageuse femme, gravit le Mont-Blanc, et, la première, eut la gloire d'imprimer sur la neige immaculée de sa cime les traces d'une créature humaine.

Ce fut une Française ensuite, mademoiselle d'Angeville, qui, en 1738, entreprit pour la seconde fois cette ascension périlleuse. Quelques années plus tard, ayant renouvelé cette entreprise hardie, lorsqu'elle atteignit le point culminant, mademoiselle d'Angeville se fit soulever par ses guides aussi haut que possible, afin, dit-elle, de pouvoir se vanter d'avoir été plus élevée qu'aucun des personnages de l'Europe.

— Après Marie Paradis, et après mademoiselle d'Angeville, dit alors Florentin Paccard, qui nous entend faire la monographie du Mont-Blanc, ce fut Jacques Balmat, dit *Mont-Blanc*, à cause de son audacieuse ascension, qui, avec le docteur Paccard, le 8 août 1786, eut la gloire de fouler aux pieds les sommités du géant alpestre.

Le succès couronna leur entreprise, et Jacques Balmat devint si familier avec ces sortes d'excursions, qu'il s'y aventura trop facilement. Ainsi, le bon vieillard avait soixante-dix ans lorsqu'il partit, un jour, avec un chasseur de Valorsine pour suivre le chamois dans la montagne. Malheureusement il se sépara de son compagnon près du pic du Midi, afin de tenter l'ascension d'un point que son compagnon jugeait inaccessible. Hélas! son envie lui coûta cher, car il la paya de sa vie. On connaît le point d'où il disparut dans les précipices du Mortine, mais on ne retrouva jamais son cadavre.

Après l'ascension de Balmat, ce fut M. de Saussure, de Genève, qui atteignit le Mont-Blanc, dans le but d'y faire des expériences utiles...

Puis vint le tour du colonel anglais Beaufroy, en 1787.

Je ne vous donnerai pas la liste de tous ceux qui gravirent ensuite le Mont-Blanc : des amateurs de toutes les régions se présentent, des Anglais surtout.

Mais voici que, en 1820, un de ces Anglais, le colonel Anderson, arrive dans notre vallée de Chamouny, avec le projet bien arrêté d'escalader le Mont-Blanc, et précisément il y rencontre le docteur Hamel, envoyé par l'empereur de Russie pour faire des expériences météorologiques sur les sommets les plus élevés du globe. Ces deux étrangers s'entendent bientôt pour faire en commun leur expédition, et ils prennent à leur service des guides. Marie Coutet était à la tête de ces derniers, parmi lesquels on comptait Julien Devoisson, David Folliguet, les deux frères Pierre et Mathieu Balmat, parents de Balmat-Mont-Blanc, Pierre Carriez, Auguste Terre, David Coutet, Joseph Folliguet, Jacques Coutet et Pierre Favret.

La caravane partit à huit heures du matin, avec apparence de beau temps. Arrivés aux Grands-Mulets à trois heures de l'après-midi, les voyageurs s'y arrêtèrent, ne sachant pas s'il leur restait assez de jour pour arriver au sommet du Mont-Blanc, et assurés que, plus haut, ils ne trouveraient aucun endroit favorable pour passer la nuit. En conséquence, ils s'assirent sur une sorte de plateau où se voyaient encore les débris de la cabane qu'y avait fait élever M. de Saussure. On procéda au dîner, en s'engageant mutuellement à faire en un seul repas leurs provisions de vivres pour vingt-quatre heures, attendu qu'au fur et à mesure qu'on monterait, non-seulement tout appétit serait perdu, mais aussi toute possibilité de manger. Après le repas, les ascensions précédentes furent mises sur le tapis, et on s'entretint des difficultés heureusement vaincues. Désormais, on n'avait plus à craindre de dangers : espoir et courage! telle était la devise de la société. Le soir vint ; on rit, on continua à causer, on prit le thé ; puis quand le froid commença à se faire sentir, on sema la paille, on plaça dessus des couvertures, on fit une tente avec des draps, on se coucha en se pressant les uns contre les autres, et tout chacun passa une nuit plus ou moins bonne.

Le lendemain, Marie Coutet se réveilla le premier, et se levant aussitôt, il fit quelques pas hors de l'abri. Un rapide coup d'œil lui suffit pour juger que le temps était perdu pour tout le jour. Aussi rentra-t-il en secouant la tête.

En effet, le vent, qui venait du midi, chassait devant lui la neige comme une poussière. Alors les guides se regardant mutuellement avec découragement, résolurent d'un commun accord de ne pas aller plus loin. Vainement le docteur Hamel protesta et voulut continuer l'ascension ; tout ce qu'il put obtenir fut que les guides attendraient jusqu'au lendemain pour redescendre au village. D'ici-là, peut-être le beau temps viendrait-il. Mais la journée se passa tristement. Et puis, la neige, qui ne tombait d'abord que sur la cime de la terrible montagne, descendit peu à peu jusqu'aux Petits et aux Grands-Mulets. Enfin la nuit arriva. On la passa comme la première, en s'entourant de toutes les précautions possibles.

Le jour reparut et se montra d'aussi mauvaise apparence que la veille. On se réunit en conseil, et après quelques minutes de délibération, il fut décidé qu'on devait retourner à Chamouny.

A l'audition de cette détermination, le docteur Hamel se montra très contrarié et voulut s'opposer au départ. Alors, comme les guides lui avaient loué leurs services, ils tirèrent au sort pour savoir quels seraient ceux d'entre eux qui retourneraient à Chamouny pour y chercher des vivres. Joseph Folliguet, Jacques Coutet et Pierre Favret furent désignés par le sort. Ils partirent aussitôt.

Lorsqu'il fut huit heures, le docteur Hamel, excité par l'obstination que mettait le temps à rester mauvais, ne voulut plus rester aux Grands-Mulets, il prétendit continuer à escalader la montagne. On lui répondit que c'était défier la Providence et tenter Dieu que de vouloir faire l'ascension malgré les avertissements de périls insurmontables ; et, se retournant vers le colonel anglais, et montrant les guides du doigt, il prononça le mot : Lâches !

Les guides n'hésitèrent plus, dès-lors. Ils firent tous, en silence, leurs préparatifs de départ, et, après quelques minutes, ils dirent aux voyageurs que leur ayant donné leur temps et leur vie en échange de leur or, ils étaient prêts à partir. Le docteur fit : Oui ! de la tête, car il en voulait encore aux guides ; puis la caravane se mit en marche sans attendre ceux de ses membres qui étaient descendus dans la vallée.

Le commencement de la montée se fit sans accident. On atteignit bientôt le petit plateau que vous pouvez voir d'ici, et, après avoir gravi le dôme à droite, qui s'appelle le dôme du Gouté, les ascensionnistes atteignirent le grand plateau, que vous voyez de même.

Là, nos hommes avaient à leur gauche une affreuse grande crevasse, qui n'a pas moins de soixante pieds de large et cent vingt de long. A leur droite, la côte du Mont-Blanc s'élevait en talus rapide à la hauteur de mille pieds au-dessus de leurs têtes. Ils avaient sous leurs pas douze à quinze pouces de névé, tombée pendant la nuit et dans laquelle ils enfonçaient jusqu'aux genoux. Joignez à cela qu'ils venaient d'entrer dans le vent, qui menaçait d'être toujours plus violent au fur et à mesure qu'ils monteraient. Leur marche se faisait sur une seule ligne, comme il suit : Auguste Terre avançait le premier en tête, puis Pierre Carriez allait le second, et Pierre Balmat le troisième. Marchaient ensuite Mathieu Balmat, Julien Devoisson et Marie Coutet ; enfin, à six pas de ces derniers, David Coutet et David Folliguet précédaient le docteur Hamel et le colonel Anderson, qui suivaient alors le chemin tracé. C'est l'ordinaire que les ascensions se fassent avec un pareil ordre de marche : il est adopté pour préserver le plus possible les touristes de tout danger. On conçoit bien que si une crevasse cachée s'ouvre sur la route, que si une couche de glace trop faible se brise sous les pieds, l'accident arrivera plutôt à l'un des guides qui précèdent les voyageurs, qu'à ceux-ci, qui, venant à leur suite, ne marchent que sur un terrain éprouvé.

Eh bien ! cette précaution prise pour sauver la caravane fut probablement celle qui la perdit. En marchant sur une seule ligne, les guides traçaient, comme avec une charrue, un long sillon sur cette neige molle et nouvelle qui n'avait pas encore de consistance. Aussi, le talus sur lequel gisait la névé étant trop rapide pour la retenir en équilibre, elle dut glisser et glissa en effet.

Tout-à-coup nos infortunés entendirent comme le bruissement sourd d'un torrent caché. Au même instant, depuis le haut de la côte jusqu'à l'endroit où les pas des voyageurs avaient creusé un sillon de dix à douze pouces de profondeur, la neige fit un mouvement... Alors les quatre ou cinq hommes qui précédaient Marie Coutet furent renversés les pieds en l'air : il sentit lui-même que les jambes lui manquaient, et il tomba en criant de toutes ses forces :

— L'avalanche ! l'avalanche ! Nous sommes perdus !...

Alors il se sentit entraîné avec une telle rapidité que, roulant comme un boulet, il dut parcourir l'espace de quatre cents pieds dans l'intervalle d'une minute. Enfin il sentit que le terrain lui faisait défaut, et que sa chute devenait perpendiculaire. Il se rappelle même qu'il dit en ce moment :

— Oh ! mon Dieu, ayez pitié de moi !

Puis il se trouva au même instant au fond de la crevasse, couché sur un lit de neige où, sans le reconnaître, il entendit presque aussitôt se précipiter un autre de ses compagnons. Il resta un instant étourdi de sa chute, mais il fut rappelé à lui parce qu'il entendit au-dessus de sa tête une voix qui se lamentait. C'était celle de David Coutet.

— O mon frère, mon pauvre frère est perdu !... disait celui-ci.

— Non, lui cria aussitôt Marie Coutet, me voilà, David, et un autre avec moi... Mathieu Balmat est-il mort ?

— Non, mon brave, non, répondit Mathieu lui-même : je suis vivant, et me voilà pour t'aider à sortir...

Aussitôt le bon guide, joignant le fait aux paroles, se laissa glisser le long des parois de la crevasse et tomba près de Marie Coutet.

— Combien de perdus ? lui demanda ce dernier.
— Trois : Pierre Carriez, Auguste Terre et Pierre Balmat.
— Et nos étrangers ?
— Sauvés, sans péril aucun.
— Alors, grâce à Dieu ! essayons de tirer d'ici celui que j'y ai vu tomber avec moi... fit Marie Coutet, qui m'a conté bien des fois cette catastrophe.

En effet, un bras d'homme passait là, sous leurs yeux, hors de la neige. Ils dégagèrent sa tête déjà bleue comme celle d'un asphyxié. C'était Julien Devoisson... Il revint à lui, une fois au grand air.

David Coutet ayant bientôt jeté une petite hache à son frère, ils taillèrent des escaliers sur la terrible crevasse, et remontèrent.

Le docteur Hamel et le colonel Anderson leur prirent les mains, et dirent bien tristement :

— Allons, courage ! En voilà déjà deux de sauvés : nous sauverons les autres de même...
— Oh ! les autres sont à tout jamais perdus... répondit Mathieu Balmat, car c'est ici que je les ai vus disparaître.

En parlant ainsi, Mathieu conduisit les guides vers le milieu de la crevasse, et ils virent bien qu'il n'y avait aucun espoir de les sauver : les infortunés devaient avoir plus de deux cents pieds de neige par-dessus la tête. Pendant qu'ils fouillaient avec leurs bâtons, chacun raconta ce qu'il avait éprouvé. Dans la chute commune, Mathieu Balmat, seul, était resté debout. C'était un homme d'une force herculéenne : de sorte que, au moment où il sentit la neige nouvelle glisser sous lui, il enfonça son alpenstock dans la vieille neige, et, s'enlevant à la force des poignets, il laissa passer sous ses pieds, en moins de deux minutes, cette avalanche d'une demi-lieue qui entraînait son frère et ses amis avec un bruit de tonnerre. Un moment, il se crut seul sauvé, car, de dix qu'ils étaient, seul il resta ainsi debout.

Ceux qui se relevèrent les premiers étaient les deux voyageurs.

David Coutet se remit aussi sur pieds.

Mais alors Mathieu Balmat demandant les autres guides :

— Les autres? fit David Coutet, hélas! je les ai vus rouler dans la crevasse.

Et aussitôt, courant de ce côté, il heurta le pied de David Folliguet, qui se relevait alors, encore tout étourdi de sa chute.

Cependant toutes les recherches étaient inutiles : les guides le comprenaient bien, et néanmoins ils ne pouvaient se déterminer à abandonner leurs pauvres camarades, quoiqu'il y eût déjà deux heures qu'ils les cherchaient. A mesure que la journée s'avançait, le vent devenait plus glacial : les bâtons qui servaient à sonder étaient couverts de glace, et les souliers plus durs que du bois.

En ce moment, Balmat se sentant désespéré de voir que tous leurs efforts n'aboutissaient à rien, se tourna vers le docteur Hamel et lui dit :

— Maintenant que vous comprenez l'imprudence commise, Monsieur, direz-vous que nous sommes des lâches? Voulez-vous aller plus loin, nous sommes prêts à vous suivre?...

Le docteur ne répondit pas, mais il donna l'ordre de descendre vers Chamouny. Plus sensible à la mort des malheureux guides, le colonel Anderson se tordait les bras et pleurait comme un enfant.

— J'étais à Waterloo, disait-il ; j'ai fait la guerre, j'ai vu des boulets enlever des files entières de soldats : mais ces hommes étaient là pour mourir, tandis que... ces infortunés guides...

Et les larmes lui coupaient la parole. En outre, il ne voulait s'éloigner qu'après avoir retrouvé les cadavres des victimes. Mais les guides l'entraînèrent de force, car la nuit s'approchait, et il était temps de descendre.

En arrivant aux Grands-Mulets, la caravane rencontra les autres guides, qui apportaient des provisions. Ils amenaient aussi avec eux deux voyageurs qui comptaient se réunir au docteur Hamel et au colonel Anderson. On leur raconta l'accident qui était arrivé, puis on reprit tristement la descente pour retourner à Chamouny.

Les trois hommes qui avaient péri n'étaient pas mariés, heureusement. Mais Carriez soutenait toute une famille par son travail. Quant à Pierre Balmat, il avait une mère. La pauvre femme ne put survivre à son fils, elle mourut peu après.

Ainsi parla Florentin Paccard, et nous de rester fort tristes, les yeux fixés sur divers points du Mont-Blanc, dont il venait d'être question dans son récit.

Tout-à-coup ce brave garçon, dans le but de nous distraire de nos sinistres pensées, reprit la parole et dit :

— Voici que l'on commence à voir se produire sur la blanche nappe du Mont-Blanc de petits points noirs, microscopiques comme des fourmis.... Ce sont nos voyageurs partis d'hier de Chamouny, avec six guides, et qui, après avoir passé la nuit aux Grands-Mulets, vont achever, ce matin, leur ascension. Au moins ceux-là auront-ils un ciel magnifique. Voyez-les, en suivant la direction que je vous indique, là, sur ce point.

Ecoutez ce détail de leur ascension. Ce qu'ils ont fait hier, ce qu'ils font à cette heure, et ce qu'ils feront au retour, tout voyageur l'exécute. On ne peut pas suivre ses caprices, quand il s'agit de visiter le farouche Mont-Blanc.

Donc, hier, ils ont traversé l'Arve au Prieuré, comme pour aller au Montanvert. Au-delà du pont un joli sentier, sur la droite, les a dirigés vers un groupe de maisons qui porte le nom de village des Favrans. Deux ou trois torrents coupent bien le chemin ; mais à cette époque, il est facile de les passer à pied sec. Puis, au sortir d'un bois d'aulnes, ils ont rencontré le hameau des Pèlerins, qu'habitait jadis Jacques Balmat, et que protège une forêt de pins contre les avalanches. Au-delà, ils ont monté par des pâturages escarpés.

Alors, à leur droite, nos voyageurs ont trouvé le glacier des Bossons, dont ils ont été séparés seulement par un grand couloir, au fond duquel s'entassent les neiges et les glaces. Continuant ensuite de s'élever le long des moraines, ils sont arrivés au chalet de la Para, où on a dû leur offrir d'excellent lait.

De ce chalet on gravit toujours, par une pente assez rapide, jusqu'aux pierres pointues. Là cesse le sentier praticable aux mulets. La vue que l'on découvre de cette hauteur est déjà fort belle : mais le sentier devient de plus en plus dificile, jusqu'à la Pierre de l'Echelle, bloc de granit de quinze mètres de haut qui forme une caverne sous laquelle on abrite l'échelle qui sert pour le voyage, et qu'on emporte avec soi. C'est là que l'on fait d'ordinaire un petit repas. Un coup de pistolet tiré de cet endroit est répété par un écho fort singulier.

On tourne ensuite par la droite et on se trouve définitivement sur la marge du glacier des Bossons. Pendant vingt minutes on ne peut avancer qu'en marchant sur des blocs de glace inclinés dans tous les sens et disposés en dos d'âne, bordés de crevasses peu rassurantes. Alors on atteint le couloir des avalanches de l'aiguille du Midi. Il faut se hâter de le traverser, tant les chutes de neige y sont fréquentes. Quelquefois, au retour, on rencontre les traces toutes fraîches d'une avalanche qui vient de tomber.

C'est là le point le plus périlleux jusqu'aux Grands-Mulets, ces deux roches aiguës que vous voyez émerger de la couche de neige. En effet, après le couloir des avalanches, on est obligé de s'attacher à une corde, et on commence à franchir une vaste plaine de neige légèrement ondulée, et sous laquelle s'étendent en tout sens d'immenses crevasses. Par moments, les ponts que forment les neiges se déforment subitement, et l'on serait englouti dans ces horribles abîmes, si la corde qui vous tient et dont les guides portent les extrémités ne vous supportait au-dessus du gouffre. Aussi le guide qui marche le premier sonde-t-il ces neiges en avant et de chaque côté. C'est lui qui dirige ainsi lentement la marche, afin d'atteindre enfin la région des séracs.

Les séracs sont d'énormes blocs de glace d'une forme à peu près cubique, et qui ont quelquefois une longueur de dix mètres. Deux filets d'eau glissent de leurs flancs et forment des cascades qui s'épanchent sur le glacier aux reflets d'un beau vert, faisant contraste avec le blanc mat de la neige, de sorte que cette plaine de neige est interrompue çà et là par de petits lacs du plus riche azur.

A l'occasion de cette nuance des glaciers, je vous dirai qu'aucun glacier n'est en effet parfaitement blanc : ils ont généralement cette teinte d'azur ou de vert. Mais lorsqu'on remonte les plans inclinés et que la glace devient moins compacte, ces teintes perdent de leur intensité, et le bleu des crevasses se transforme en un vert d'une rare beauté.

Quelles sont les causes de ces couleurs ?

La science n'a pas encore résolu ce problème. Ce n'est pas l'azur du ciel qui se reflète sur eux, certainement, car les glaciers conservent leurs couleurs, même par les temps les plus couverts.

Après avoir dépassé les séracs, on monte encore, on monte toujours : mais la pente devient bientôt tellement rapide, que c'est une escalade que l'on opère. On escalade donc l'un des grands degrés du glacier, puis l'on s'avance en faisant des zigzags, en évitant les crevasses, en enfonçant trop souvent des ponts de neige qui, en laissant passer un premier ascensionniste, s'effondrent sous le second. Parfois, on est obligé de tailler avec la hache des gradins dans le glacier.

C'est alors qu'on atteint les Grands-Mulets.

Afin d'atteindre une petite plate-forme de deux à trois mètres qui compose le sommet de l'un de ces rochers, il est indispensable de gravir une pente de neige très raide qui le partage.

Nos touristes ont dû y passer la nuit dernière. M. de Saussure y avait construit une petite hutte, mais elle est tombée en ruines. Il est question d'en bâtir une autre plus solide. En attendant, tout voyageur qui arrive là pour la nuit, dresse une petite tente. Il y allume du feu, avec le bois que portent ses guides tout exprès ; on étend de la paille, apportée de même ; on s'enveloppe dans des couvertures ; on mange, on boit, on dort, si l'on peut.

Des Grands-Mulets la vue s'étend sur toute la vallée de Chamouny. La chaîne des Aiguilles-Rouges, la Flégère où nous sommes, le Brévent, que voici sur notre droite, et qui, comme la Flégère, fait face au Mont-Blanc ; le Buet, derrière nous ; le lac de Genève et le Jura : enfin, sur un autre point, le dôme de Gouté, le Mont-Maudit, et l'aiguille du Midi, tel est leur horizon.

Ce matin, les ascensionnistes, en quittant les Grands-Mulets, dans la direction de ces renflements de neige que l'on nomme le dôme du Gouté, ont traversé le glacier du Taconnay, moins difficile que les Bossons, et ils ont pu atteindre de bonne heure une masse de neige qui s'appelle les Petites-Montées. Leur sommet se désigne sous la dénomination de Petit-Plateau.

Une seconde rampe de neige durcie aboutit ensuite à un second plateau, où Saussure passa la seconde nuit de son ascension.

Enfin, au-delà d'une troisième montée en zigzag, on arrive au Grand-Plateau, vaste plaine de glace terminée par une masse de rochers appelés Rochers-Rouges, et souvent balayée par d'épouvantables avalanches.

Là s'ouvre une formidable crevasse, et c'est dans cette crevasse que périrent les trois guides du docteur Hamel.

On gagne ensuite une petit vallée qui conduit aux derniers rochers que l'on rencontre avant de parvenir au sommet du Mont-Blanc. Ces rochers, vous les voyez d'ici, au-dessus des Grands-Mulets. Ce sont les Petits-Mulets

Peu après on atteint le plateau du Mont-Blanc.

C'est un grand bonheur, et quand le ciel est beau, comme aujourd'hui, ce spectacle est admirable.

Ce plateau est disposé en dos d'âne. Il compte à peu près deux cents pas de longueur, et présente une arête tellement étroite que deux personnes ne peuvent s'y promener de front. Mais il s'élargit et s'arrondit vers l'est.

Le bleu du ciel, du sommet du Mont-Blanc, prend une teinte sombre fort étrange. L'air y est tellement raréfié, que l'on y respire difficilement : aussi ne peut-on y faire un séjour de plus d'un quart d'heure à vingt minutes. On y a froid ; il est impossible d'y manger ; l'estomac se refuse à toute nourriture, et on prend en dégoût la plus succulente des friandises....

Mais quelle jouissance pour la vue !

En ce moment, notre causeur fut interrompu par l'explosion d'un coup de canon qui se fit entendre dans la vallée, et que mille échos répétèrent avec un bruit formidable. En même temps les joyeuses fanfares de la musique des guides arrivèrent jusqu'à nos oreilles, charmées par leurs accords harmonieux.

— Voici qui nous apprend que les ascensionnistes ont atteint le sommet du Mont-Blanc.... s'écria Florentin Paccard. En effet, braquez bien vos lunettes, Messieurs, et regardez sur le plateau de neige qui couronne le géant : ces noires statues qui le mesurent à pas comptés, ce sont nos touristes.....

Et comme on les voit de Chamouny, le canon et la musique célèbrent leur triomphe...

A mon tour, chers lecteurs, à vous raconter un drame du Mont-Blanc, le plus récent de tous : sa date est du 27 août 1866.

Le mardi 25 août donc, partait de l'Hôtel Royal de Chamouny, pour le Mont-Blanc, un jeune Anglais de 17 ans, nouvellement arrivé dans la vallée, et que l'aspect des Alpes électrisait. La pluie qui tombait à torrents, la neige qui couvrait les hautes régions alpestres, rien ne l'arrêta. Heureusement le lendemain, dès la pointe du jour, un ciel serein permit d'apercevoir le jeune Arthur Strong, qui avait couché dans la cabane des Grands-Mulets, gravissant avec entrain les premières pentes. Comme la neige fraîche avait trois pieds de profondeur, ses guides crurent devoir choisir les talus les plus rapides. En conséquence, la petite caravane passa par les Bosses du Dromadaire, chemin rarement suivi, mais plus convenable dans la circonstance. M. Arthur Strong atteignit le sommet du Mont-Blanc sans encombre, et revint le soir sans trop de peine au gîte aérien des Grands-Mulets.

Là, il rencontra trois autres jeunes Anglais, les frères Young, avec lesquels il lia naturellement connaissance. Ces messieurs, habitués aux grandes excursions, lui apprirent qu'eux aussi allaient faire l'ascension du Mont-Blanc.

Seulement, ils prétendaient la faire seuls !

Et, en effet, ils refusèrent les vivres et les guides que leur offrit obligeamment M. Strong.

Messieurs Young suivirent donc dès le matin, lendemain 27 août, les traces de M. Strong, et passant également par les Bosses du Dromadaire, ils parvinrent au plateau du Mont-Blanc, où tous les télescopes de Chamouny purent les considérer à leur aise. Le temps le permettait ; il était magnifique.

Vers onze heures et demie, après un séjour assez prolongé sur la cime, les trois frères Young se décidèrent à descendre.

C'est à ce moment que commencent les véritables dangers.

L'un d'eux se mit à tailler dans la glace quelques marches pour voir si le passage pourrait être raccourci, en prenant un peu du côté du nord. Il s'avança donc de quelques pas, et annonça à ses compagnons que la pente étant trop rapide, il fallait renoncer à leur projet.

Mais, en se retournant, le pied lui manque, et il glisse sur la glace, entraînant avec lui ses deux frères, auxquels il est attaché par la corde de sûreté.

« Pendant quelque temps, a-t-il dit lui-même, la descente fut une partie de plaisir.... »

Bientôt cependant, un précipice, profond à cet endroit d'une quarantaine de pieds, les lança en l'air pour les faire glisser de nouveau sur la pente où la neige fraîche, accumulée, finit par les arrêter.

Mais alors se produisit un événement terrible.

L'un des frères Young ne savait plus où il se trouvait, et il ne sortit de son engourdissement qu'au moment où son frère lui apprit que leur cadet ne répondait pas à son appel.

Tous deux revinrent alors vers leur jeune frère. Ils essaient aussitôt de le soulever, de le ranimer. Hélas! tout est inutile.... Ils n'ont plus devant eux qu'un cadavre!.....

Pendant de longues heures, les deux frères cherchent à s'éloigner de ce lieu de douleur : mais ils y sont toujours rappelés par la crainte de n'avoir pas assez fait pour ranimer quelque étincelle de vie dans ce corps étendu sur la neige. Et cependant le soir arrive! la nuit s'annonce glaciale! Pauvres jeunes imprudents! ils se trouvent perdus sur les Petits-Mulets.... l'un d'eux presque aveugle, car il a laissé tomber dans sa chute les lunettes dont sont pourvus ceux qui font l'ascension du Mont-Blanc, à cause de la réverbération des neiges, et ne pouvant plus se diriger, il se fait conduire par son frère. C'est un drame navrant.

Ce drame, on le voit de Chamouny, à l'aide de longues-vues; on le voit, mais on se lamente, on les croit à tout jamais perdus, car on ne peut plus leur porter secours.

Enfin, vers six heures du soir, les deux frères se décident à quitter le rocher, auquel ils confient le cadavre, et à tenter la retraite.

Chose inouïe, et au sujet de laquelle personne ne connaîtra ce qui s'est passé, puisque les deux jeunes Young n'ont pu s'en rendre compte eux-mêmes, ils arrivent aux Grands-Mulets à sept heures et demie. Pour cela, ils ont dû se laisser glisser par-dessus rochers et crevasses, et un miracle seul a pu les sauver d'une perte certaine.

A leur arrivée aux Grands-Mulets, ils rencontrent une caravane de secours qui, partie vers une heure de l'après-midi de Chamouny, est parvenue à sept heures à la cabane, et allait se mettre en marche, munie de lanternes, pour courir à leur recherche.

Grande fut la surprise, grande fut la joie de retrouver en vie du moins deux des voyageurs......

Mais détournons nos regards de ces sinistres tableaux, et si vous me suivez sur le Brévent, dont la cime, inférieure à celle du Mont-Blanc, permet cependant d'observer ce dernier, comme la Flégère, nous y verrons de la neige rouge.

— La neige rouge? allez-vous me demander.

— Oui ; mais cette neige rouge est un corps étranger aux glaciers. Il résulte en effet, des études faites à ce sujet, que cette couleur donnée à la neige provient de corps organisés microscopiques appartenant au règne végétal, mais surtout au règne animal. Que de mystères pour la science !

Les débris de roches qui couvrent les sommets du Brévent, sommet arrondi de tous les côtés, font supposer que cette montagne a dû être anciennement terminée par une haute aiguille dont elle n'offre plus aujourd'hui que les décombres.

Avant de quitter notre Savoie, si fière d'être réunie à la France, disons que la corporation des guides y forme une société très recommandable et composée d'hommes très capables, s'exprimant en plusieurs langues, confortablement équipés, et pleins d'égards et de prévenances.

Le tarif de cette société des guides est invariable et on doit s'y conformer. Est-il gens plus utiles aux touristes? Ils les dirigent dans leurs excursions, ils leur servent d'interprètes, ils portent leurs bagages. Ils sont à même de donner les indications les plus précieuses et les plus savantes ; et puis, n'exposent-ils pas vingt fois leur vie pour celui auquel ils prêtent leur appui? Faut-il traverser un glacier, franchir un mauvais pas ? Est-il tombé de la neige fraîche, le temps menace-t-il ? le guide cesse d'être utile ; il devient nécessaire.

Aussi les guides de Chamouny, et surtout les Balmat, les Coutet, les Paccard, etc., ont acquis une réputation européenne. Il suit de ce dévoûment et de cette intelligence des guides, qu'après plusieurs jours passés avec eux dans les montagnes, au milieu des dangers, on s'attache à eux et on ne les quitte plus qu'à regret.

Enfin, une après-midi, après un dernier coup d'œil général promené lentement sur toutes les féeries de la vallée de Chamouny, reprenant nos alpenstocks, mes amis, remontons l'Arve, arrivons à l'Argentière, qui nous est déjà connue, et au lieu de gravir le Col de Balme, tournons à gauche, pour prendre le chemin de la Tête-Noire.

Voici d'abord

> Un chemin montant, sablonneux, malaisé,
> Et de tous les côtés au soleil exposé,

qui porte à bon droit le nom de Montets et nous conduit au petit hameau de Trelechant. Nous rencontrerons des caravanes de Français, et surtout d'Anglais, qui arrivent joyeux. Il est facile de reconnaître ces derniers aux monceaux de bagages dont ils sont chargés. Le bel accompagnement dans les montagnes !

Près du village de la Poya, s'ouvre subitement la vallée de Bérard, d'où sort un torrent appelé l'Eau-Noire, qui mérite bien sa dénomination.

A gauche, au fond de la vallée, se montre la lourde base du terrible Buet, dont la cime neigeuse rutile sous les feux du soleil. Tout ce qui l'entoure est empreint d'une excessive humidité : l'eau suinte de tous les rochers ; en outre, tout y est noir, l'eau, les sapins, les rochers, les chalets. On dirait qu'un deuil général couvre tout ce paysage.

Nous arrivons à Valorsine, dernière paroisse savoyarde, du côté du Valais. L'église est protégée contre les avalanches par un rempart solide.

Puis nous longeons les formidables assises de la montagne du Gros-Perron, et nous traversons l'infernale Eau-Noire, à peu de distance de la jonction avec la Barberine, torrent impétueux qui forme une splendide cascade de cinquante mètres.

La vallée se rétrécit beaucoup alors, et à peine laisse-t-elle un défilé fermé par une porte que commandent une redoute et une citadelle, mais un coup de pistolet aurait bien vite raison de la citadelle et de la redoute. Telle est la fermeture de la Suisse, dans laquelle nous remettons un pied triomphant.

Une fois en Suisse par cette porte d'Erèbe, et après avoir trouvé quelques petites chapelles grillées, mais permettant d'inspecter de pauvres statues ornées de fleurs et de rubans, symboles de la piété la plus sincère et la plus vénérable, nous atteignons le Maupas ou Mauvais-Pas. C'est un passage creusé par la mine, dans le flanc de la montagne de la Tête-Noire, car le défilé est clos par la nature. Mais pour atteindre cette galerie, il est indispensable de côtoyer un affreux précipice, rendu plus effrayant par les horribles beuglements de l'Eau-Noire.

A peine quitte-t-on la galerie qu'on se trouve en face d'un tableau pastoral des plus charmants. Des cultures très soignées, de délicieux villages décorent les revers des collines qui occupent le fond de l'horizon, très rapproché. Ce contraste avec la nature sauvage que l'on quitte produit un effet dont le saisissement est ineffable.

Bientôt un bloc de rocher, gros et rond comme le ballon de Nadar, complètement isolé sur la corniche que forme le chemin, et affectant quelque peu l'aspect d'une colossale tête noire, nous annonce que nous sommes à la Tête-Noire en effet, dont voici l'hôtel qui se fait souriant et coquet pour nous recevoir.

Après un repas qui calme l'estomac, rend aux jambes leur élasticité et au cœur de joyeux accents, revoyons le glacier du Trient, et descendons de Forclaz, pour atteindre le Martigny, toutes choses qui nous sont déjà familières.

ENCORE LA VALLÉE DU RHONE. — LA VILLE DE SION. — EXCURSION AU MONT-ROSE. — LE VAL DE SAAS. — CHALETS DE DESTAL. — PHYSIONOMIE DU MONT-ROSE.

En quittant Martigny pour remonter la Vallée du Rhône et aller visiter le Mont-Rose et le Cervin, on laisse à sa gauche le village de Fully, au pied des rochers de la Folaterra, qui s'appuient à la Dent de Morcles, dont ils sont les contreforts. Puis on salue Saillon, hameau fort curieusement enveloppé de murs et de tours, comme une cité moyen-âge; Saxon, à droite, au pied d'une colline dominée par l'église et les ruines d'un manoir.

Après avoir traversé la ville de Riddes, on traverse le Rhône sur un pont de pierres, dont une portion a été détruite dans les dernières guerres de la Suisse et remplacée par des bois, et bientôt on aperçoit à l'horizon la charmante petite ville de Sion.

Sion, fort importante cité au point de vue de l'histoire, est encore plus curieuse au point de vue pittoresque. Figurez-vous une ville hissée sur deux mamelons voisins l'un de l'autre, et entourée de remparts, ceinte de tours, hérissée de rochers d'une forme bizarre, et couronnée des vieilles ruines fort intéressantes de châteaux gothiques qui portent les noms de Tourbillon, de Valéria et de Majoria.

Le premier, le farouche Tourbillon, à moitié détruit par un incendie, est à cheval sur l'extrême cime rocheuse du mamelon de gauche, au pied duquel dorment les maisons de la ville. Un sentier taillé dans le roc conduit au manoir, fort curieux à visiter, et du milieu des ruines et de leur vaste enceinte, on a la vue de la vallée la plus admirable, en amont et en aval.

Le second, le bravache Valéria, œuvre de Valérius, général romain, qui lui a donné son nom, est d'autant plus intéressant qu'au moyen-âge les chrétiens de la contrée ont dressé sur l'un de ses flancs une église dédiée à la sainte Vierge. On y trouve un tableau des plus rares; il remonte certainement à la naissance de la pénitence. Il montre l'adoration des Mages. Mais ce qui en fait le charme naïf, c'est que le peintre a groupé autour de la crèche du divin Enfant tout un immense cortège : Dieu, les anges, beautés du ciel, nature terrestre, villes, brebis, oiseaux, bois, prairies, fleuves, etc. Les stalles du chœur sont d'un travail admirable, et le jubé mérite qu'on en fasse l'examen. Il n'est pas jusqu'à des fresques fort anciennes représentant, l'une sainte Catherine sur son lit de mort; l'autre, je ne saurais trop dire quelle composition hybride que je ne puis définir. Je signale aussi un coffre et un lutrin qui feraient le bonheur d'un antiquaire. Les ruines romaines de Valéria ont aussi leur prix, et ce n'est pas sans un certain plaisir qu'on les voit se dresser encore d'une façon menaçante au-dessus de l'autre partie de la ville qui a pris gîte à leur base.

Enfin, le troisième manoir, Majoria, dont il reste aussi de vastes débris, mérite également l'examen des touristes.

Pendant que les évêques de Sion habitaient Tourbillon, les gouverneurs du Valais avaient fait leur résidence de Majoria. Mais un incendie, en 1788, a ruiné ce dernier, comme antérieurement un autre incendie avait détruit le premier.

Je signale l'hôtel de la Croix-Blanche, parce que les amateurs de chamois peuvent y savourer de délicieux rôts de ce gibier, dont il est toujours bien approvisionné.

De la ville, peu de chose à dire, si ce n'est qu'elle conserve dans ses vieilles rues cette physionomie triste et quinteuse des cités du vieux temps.

Après Sion, la Vallée du Rhône et la route du Simplon s'offrent aux regards en une longue ligne blanche, toujours encadrée de formidables montagnes. Mais ce n'est pas le Simplon que je prétends vous montrer dans ces parages alpestres.

Le Mont-Rose, après le Mont-Blanc, telle est la grande curiosité que je vous réserve et vers laquelle je vous conduis, chers lecteurs.

Donc, traversons Sierre, puis Leuk ; acheminons-nous vers Tourtemagne, *Turris magna* sans doute, et allons prendre notre couchée à Visp, misérable petit village assis au confluent de la Visp et du Rhône : c'est de là que nous allons entreprendre notre ascension du Mont-Rose.

A la Vallée du Rhône, qui remonte toujours vers la Furca, dont le glacier lui donne naissance, aboutissent, en face de Visp, deux vallées qui conduisent à la grande chaîne des Alpes-Italiques.

La première de ces vallées, par la plaine d'Aballa et le val de Saas, se dirige vers le Mont-Moro, l'un des plus beaux de tous les sites alpestres. La seconde, remontant le val Saint-Nicolas, s'achemine vers le Mont-Cervin.

Du Mont-Cervin nous parlerons tout-à-l'heure.

Dans ce moment, marchons vers le Mont-Moro, qui nous servira de piédestal pour contempler le Mont-Rose.

Donc, en avant par la plaine d'Aballa, aussitôt que l'aube

paraît aux cieux. A cette heure matinale, la nature offre au touriste un charme à nul autre pareil. Tout s'éveille peu à peu sous les feux de l'aurore. Le soleil, à son tour, s'élance dans l'espace et allume de ses rayons d'or les glaciers et les montagnes, les rochers et les bois, les cascades et les torrents. Les oiseaux chantent, l'aigle des pics plane dans l'immensité des airs et cherche curée; les chalets s'ouvrent, l'homme se montre partout, et, fort au loin, à des hauteurs vertigineuses, au bord d'effrayants précipices, on voit la fumée de pauvres chaumières révéler sa présence, et se mouvoir des troupeaux de génisses, grosses comme des fourmis, sur le velours vert des prairies aériennes. Quand on plonge le regard en arrière sur le Rhône, les villages de sa vallée ne semblent plus à l'œil que de petits hameaux semblables à ces maisonnettes de bois peint dont les enfants s'amusent le soir, à la veillée ; le fleuve lui-même ne représente plus qu'un mince filet blanchâtre, et ses affluents de légers fils d'argent qui s'y rattachent.

A gauche et à droite de l'étroit sentier que l'on suit, escarpements abruptes, ici : là, clairières délicieusement dessinées sur les flancs de forêts de sapins, avec rochers, mamelons sauvages, anfractuosités à pic, pelouses suspendues sur des abimes, etc. Rien de frais, d'élégant, de svelte, comme les pins de ces clairières. Ils ont un port majestueux et fier que l'on admire.

Voici d'abord le village de Stalden. Changement à vue : les aspects poétiques s'effacent et commencent les scènes de dévastation. Le sentier gravit une gorge du caractère le plus âpre. Chaos, affreux abîmes, précipices indescriptibles, masses de rochers détachées des murailles à pic, nulle végétation. Tout devient sinistre, effrayant à voir. On rencontre ici et là, un peu partout, quelquefois plusieurs ensemble, des croix peintes en noir, plantées dans les endroits les plus périlleux, et révélant combien le sentier qui longe ces précipices a été fatal à d'infortunés voyageurs écrasés par des roches détachées des hauteurs. On compte plus de 150 de ces croix entre Stalden, Aballa et Saas. Aussi, à la vue de ces pieux insignes marqués des lettres P. P. N.. c'est-à-dire *priez pour nous,* les guides se signent, les voyageurs se découvrent, et la gaité du départ s'envole.

A Stalden succède Aballa, qui donne son nom à la plaine. C'est un pauvre village qui possède une église cependant, car le montagnard, placé entre le ciel et la terre, croit en Dieu qu'il voit mieux dans ses œuvres, et il l'aime et l'invoque. Aballa est situé au milieu de jardins et de prairies qui annoncent un sol un peu moins ingrat.

Commence alors le val de Saas. C'est une longue suite de ravins et de petites plaines : il est fort étroit, et rien n'est plus accidenté, rien n'est plus escarpé que ses montagnes déchirées, pourfendues, lézardées, crevassées, prêtes à l'éboulement, qui forment sa ceinture. Le torrent de Saas, resserré dans un lit très profond qu'il a creusé avec fureur, se fraie difficilement son cours fougueux à travers les quartiers de rocs qui tombent sans fin des montagnes. Bientôt le val devient un étrange défilé, dans lequel on est dédommagé des plus terribles aspects par l'aspect charmant de magnifiques cascades.

Enfin le sentier s'élargit, devient moins raboteux, et on se trouve bientôt en face du pittoresque village de Saas. Un village et des hommes, une église encore et un prêtre dans ces montagnes, là où l'on croirait ne plus rencontrer que des chamois et des vautours ! Cela est pourtant. Et voici même des femmes et des jeunes filles qui mettent en bottes le plus beau foin du monde.

Pour arriver à Saas, il faut tout un jour. Aussi couche-t-on au village. N'a-t-on pas à sa disposition le presbytère du bon curé et sa très modeste table ? Mais il en fait dignement les honneurs, et certes la gaîté ne lui fait pas défaut. Que de curieux et terribles récits on entend de sa bouche ! Comment ne serait-on pas émerveillé quand on voit Dieu et la nature se révéler à ces braves gens, séparés du reste du monde, et leur apprendre de ces secrets que nous ne soupçonnons pas, nous, dans nos humbles basses terres !

On vit de fromage, dans ces hautes régions, et ceux que fournit le plateau de Destal, couvert de chalets, méritent qu'on en fasse mention.

Le second jour, l'ascension continue au point du jour. Ce n'est pas la toilette qui retarde le touriste. On est promptement prêt au départ, quand a dormi dans le foin, tout habillé, presque debout. En un clin d'œil on est en mesure de gravir le sentier de la montagne qu'éclairent encore les splendides constellations des cieux. Il s'agit cette fois d'arriver au sommet du Moro avant six heures, alors que le brouillard des vallées ne s'élève pas encore et n'enveloppe pas le Mont-Rose de ses voiles impénétrables. On gravit donc les talus avec une ardeur fébrile, en s'appuyant d'un côté sur l'alpenstock et de l'autre sur le bras de son guide. Alors, haletant, frémissant d'impatience, on traverse les dernières habitations endormies dans les ténèbres; puis on franchit des glaciers, des glaciers encore, des glaciers toujours, et enfin avant l'heure, sans trop savoir où on a passé, on atteint le plateau supérieur du passage du Moro, alors que le soleil s'élance radieux de son lit de nuages et vient éclairer tout exprès le plus admirable, le plus merveilleux, le plus extraordinaire des panoramas que le bras de Dieu ait peut-être produit à la surface de notre monde sublunaire.

La crête du Mont-Moro est à neuf mille cent pieds au-dessus du niveau de la mer. De cette élévation on a sous les yeux, se dressant à des hauteurs incomparables, érigeant de toutes parts ses coupoles, ses pointes, ses aiguilles et ses contreforts, enfonçant en terre ses formidables assises, dirigeant en tout sens ses nombreux glaciers rigides, crevassés, profonds, incommensurables, sillonné par des vallées torrentueuses, le Mont-Rose, blanc malgré son nom, mais cependant d'une blancheur légèrement rosée, taché ici et là de laquets brillant de tons plus ternes, luciolant de toutes parts sous les feux du soleil, ombreux et verdâtre dans les larges lézardes de ses abîmes que ne pénètrent jamais les rayons du jour.

L'œil est frappé surtout des énormes déchirures de ses flancs, que signalent des lignes de neige plus pure et plus mate. On les voit descendre en zigzags des sommets les plus élevés, jusqu'aux voûtes de glace d'où s'écoulent les torrents auxquels ses glaciers dominent naissance. Les bases colossales du géant sont couvertes de sombres forêts de pins et de mélèzes. Et comme le firmament est bleu, que le soleil rutile dans l'espace, que la verdure de la base étant bronzée, sert de repoussoir aux neiges et aux glaces du sommet, le Mont-Rose devient une apparition sublime, magique, étrange, à laquelle on ne peut rien comparer.

L'ensemble de cette scène grandiose, infinie comme son auteur, incommensurable quant à l'espace qu'elle occupe, donne une idée de l'immensité et fait naître dans l'esprit du touriste d'ineffables émotions.

On voit beaucoup moins d'excursionnistes faire l'ascension du Mont-Rose, parce qu'il est beaucoup moins connu, exploré et apprécié que le Mont-Blanc. Il offre en outre plus de dangers que son frère. Toutefois, depuis quelques années il a fixé d'avantage l'attention des curieux, et on commence à voir des caravanes de voyageurs s'empresser de l'escalader et de l'étudier.

Il ne m'est pas possible de chercher à vous peindre les merveilleux horizons qui se déploient sur la Suisse, l'Italie et la Savoie, des cimes du Mont-Moro, par conséquent du Mont-Rose.

Quant au Mont-Cervin, placé sur la même ligne que les précédents et bornant la Suisse au sud, comme ses deux frères, il est aussi fort intéressant, très curieux à connaître, et on ne peut plus dangereux. Je ne vous dirai pas de me suivre pour le voir de près, mais je vous raconterai les accidents horribles dont il a été le théâtre, car lui aussi, le Cervin, est peu connu, et les guides qui en font faire l'ascension, ne sont pas encore très familiers avec cette montagne rébarbative.

LE MONT-CERVIN. — SES GLACIERS. — LA CATASTROPHE DONT IL FUT LE TÉMOIN LE 12 JUILLET 1865.

Sachez d'abord que le susdit Mont-Cervin appartient aux Alpes-Pennines. Il est situé sur les confins des Etats sardes et du Valais, entre le Mont-Blanc et le Mont-Rose. Sa hauteur est de quatre mille quatre cent cinquante mètres.

Il est impossible de se figurer la magnificence de ses glaciers. Mais c'est dire aussi combien ils sont dangereux.

Rien ne fera mieux connaître le Mont-Cervin que le récit de la terrible catastrophe dont il fut le témoin en 1865.

Quatre voyageurs anglais périrent dans l'un de ces horribles abîmes qui s'ouvrent si fréquemment sous les pieds des touristes, même les plus prudents. C'est de M. Edouard Wymper, le seul de ces Anglais qui ait survécu à ce drame, que nous allons redire ici les paroles.

— Ce fut le mercredi matin, 12 juillet, que, accompagné de lord Francis Douglas, je franchis le col de Saint-Théodule, dans le but de me procurer des guides à Zermatt. Après être sorti des neiges du côté du nord, nous contournâmes les bases du grand glacier ; puis le glacier de Furge passé, je laissai ma tente, des cordes et autres objets dans la petite chapelle qui se trouve auprès du lac Noir. De là, nous descendîmes au village susdit, et j'y engageai les services de Pierre Tanggwald, en l'autorisant à s'adjoindre un deuxième guide.

Dans la soirée, arriva à notre hôtel le révérend Charles Hudson et son ami, M. Hadow. Tous deux me firent part de leur intention de chercher à gravir le Mont-Cervin, le lendemain au matin. Lord Douglas tomba d'accord avec moi sur la convenance de nous réunir à nos compatriotes.

Nous parlâmes dans ce sens à M. Hudson, qui accepta immédiatement cette proposition. Mais avant d'admettre M. Hadow parmi nous, j'eus soin de m'informer de ses capacités comme marcheur, et, autant que je puis m'en souvenir, M. Hudson me répondit que son jeune compagnon avait gravi le sommet du Mont-Blanc en moins de temps que la plupart des touristes. Il ajouta que M. Hadow s'était déjà distingué plusieurs fois dans des expéditions analogues, et qu'il le considérait comme parfaitement à même de tenter l'aventure avec nous. M. Hadow fut donc définitivement admis.

Nous nous mîmes en quête d'autres guides. Michel Croz était au service de M. Hadow et de M. Hudson. Ce dernier, estimant que si Pierre Tanggwald consentait à nous accompagner, le nombre des guides serait suffisant, je communiquai cette pensée à nos hommes, qui l'approuvèrent.

Nous quittâmes Zermatt le jeudi, à cinq heures trente-cinq minutes du matin. Sur le désir exprimé par leur père, les deux fils Tanggwald vinrent avec nous. Ils portaient des provisions pour trois jours. Nous ne prîmes point de cordes au village : il s'en trouvait de reste dans la chapelle du lac Noir.

Mais on ne cesse de me demander pourquoi nous n'emportâmes point le cordon en fil de fer inventé par M. Hudson, et qui faisait partie de son bagage. Je ne sais que répondre. Ledit cordon ne fut pas même mentionné par M. Hudson, et je ne l'ai vu qu'après la catastrophe. C'est de ma corde seule dont nous nous sommes servis. Elle se composait d'abord de deux cents pieds de la corde adoptée par le club Alpin, puis de cent cinquante pieds d'une autre espèce de corde que j'estime être plus forte que la précédente; et enfin de deux cents pieds d'une corde plus mince et plus faible que la première. Celle-ci avait été adoptée par moi jusqu'à l'époque où on avait accepté généralement la corde du club Alpin.

En quittant le village, notre intention était d'attaquer la montagne d'une façon sérieuse, et nous étions abondamment pourvus de tout l'attirail dont une longue expérience nous avait démontré la nécessité. Cependant, le premier jour, nous ne nous proposions pas de monter à une très grande altitude, mais seulement de nous arrêter lorsque nous trouverions un lieu favorable à l'érection de la tente.

Nous montâmes en conséquence très lentement. A huit heures vingt minutes, nous passions le lac Noir et nous suivions l'arête qui relie le Hornli au pic du Mont-Cervin proprement dit. Ici, nous arrivâmes à onze heures vingt, après des haltes nombreuses. Reposés, nous nous remîmes en marche, en nous dirigeant à gauche, sur le côté nord de la montagne. Avant midi, la tente était fixée. Nous étions à onze mille pieds (trois mille sept cents mètres) de hauteur. Mais Croz et l'aîné des fils Tanggwald poursuivirent en éclaireurs, afin de gagner du temps pour le lendemain.

Ils nous revinrent tout heureux de nous informer qu'ils n'avaient point trouvé de difficultés insurmontables, et que, si nous les eussions accompagnés, nous aurions pu gravir au sommet et redescendre à la tente pour le soir. Le reste de la journée se passa à considérer la vue, à nous chauffer au soleil et à converser. Le couchant fut magnifique et tout nous promettait un lendemain splendide.

Avant la nuit tombée, Hudson prépara le thé; je fis le café, et chacun de nous se revêtit du sac qui, dans les excursions alpestres, remplace le lit. Ainsi que les Tanggwald et lord Douglas, j'occupai la tente; les autres préférèrent rester dehors.

Il était nuit close que les précipices et les rochers répercutaient nos rires et les chants de nos guides. Nous étions heureux, et nul de nous n'appréhendait le moindre péril.

Avant l'aurore, nous étions debout et en marche. Le cadet des fils Tauggwald ne vint pas plus loin. A six heures vingt, nous avions atteint une hauteur de douze mille huit cents pieds (quatre mille deux cent soixante mètres); nous décidâmes d'y faire une halte d'une demi-heure. Puis l'ascension continua sans la moindre interruption jusqu'à neuf heures cinquante-cinq minutes. Ici, nous étions à quatorze mille pieds (soit quatre mille six cents mètres). L'arrêt que nous y fîmes dura cinquante minutes. Jusqu'à ce point, nous avions gravi du côté nord et sans nous servir de la corde.

Tantôt je tenais la tête, quelquefois c'était Hudson. Nous étions arrivés au pied de cette partie du pic qui, considérée de Zermatt, semble perpendiculaire. Impossible de poursuivre. D'un commun accord, nous gravîmes pendant un certain temps par l'arête, dont une des extrémités se dirige vers le village; puis il fallut tourner à droite, au nord-ouest.

Nous avions changé notre ordre de marche : Croz s'avançait le premier; je le suivais, puis Hudson, Hadow, Douglas, enfin Tauggwald et son fils. Ici la prudence et la lenteur devenaient indispensables. En certains endroits, nous ne savions guère à quoi nous accrocher. Dans les fissures et les rugosités de la roche était incrustée une neige durcie, et le roc lui-même était revêtu d'une mince couche de glace. Néanmoins, un montagnard pouvait encore y passer.

Toutefois, nous découvrîmes que M. Hadow n'était pas suffisamment familiarisé avec ce genre de labeur : à chaque instant il fallait venir à son secours. Nul de nous, cependant, ne proposa de le laisser en arrière. Pour rendre hommage à la vérité, je dois ajouter que la peine qu'il avait à avancer ne provenait ni de la fatigue ni de la faiblesse; l'expérience seule lui faisait défaut.

M. Hudson, qui me suivait, escalada la montagne tout entière, sans qu'on dût, une seule fois, venir à son aide. Quelquefois, après que Croz m'avait tendu la main pour m'attirer à lui, je me suis tourné pour offrir la main à Hudson. Il la refusa toujours, comme n'en éprouvant aucun besoin.

Cette difficile partie de notre tâche ne fut pas de longue durée. L'espace parcouru n'avait guère plus de trois cents pieds de hauteur (cent mètres). A son extrémité, l'inclinaison diminue peu à peu ; et, pour arriver à la cime même, je me détachai de la caravane ainsi que Croz, et c'est en courant que nous arrivâmes au sommet du Mont-Cervin.

Il était une heure quarante minutes. Nos amis nous rejoignirent dix minutes plus tard.

On m'a prié de décrire l'état personnel de chacun, lors de son arrivée à la cime. Je puis le faire en deux mots : Aucun ne semblait fatigué, et je suis convaincu qu'aucun ne l'était. Croz se mit à rire, quand je l'interrogeai à cet égard. Au fait, nous n'avions été en route que dix heures, et je fis remarquer à Croz que notre marche s'était accomplie avec lenteur.

— Oui, me répondit-il, nous avons eu raison de ne pas nous presser ; mais j'avoue que pour descendre, je préférerais être seul avec vous et un guide... J'ai peur !...

Mes compatriotes et moi, nous discutions déjà l'emploi de notre soirée, à notre retour au village.

La halte au sommet fut d'une heure.

Je me concertai avec Hudson sur ce qu'il y avait à faire pour la descente. Nous tombâmes d'accord qu'il convenait de faire marcher Croz en tête, comme étant le plus fort. Hadow le suivrait. Hudson, qui, pour la sûreté du pied valait un guide, voulut être le troisième. Lord Douglas venait ensuite, et le vieux Tanggwald était derrière lui.

Je suggérai à Hudson la pensée qu'il ne serait pas mal d'attacher une corde au rocher, lorsque nous arriverions à l'endroit difficile ; que nous la saisirions des deux mains, et que nous y trouverions un supplément fort efficace de sécurité. Il approuva ce projet ; mais nous ne décidâmes point positivement de le mettre à exécution. Tous s'attachèrent les uns aux autres, tandis que je terminais un croquis du sommet. Ils m'attendirent. Pour moi, je me reliai seulement au fils Tanggwald, et nous allions nous remettre en route, lorsqu'on fit la remarque que nous n'avions pas laissé nos noms dans une bouteille.

On me pria de les écrire. Pendant que je m'y prêtais, commença la marche. Quelques minutes après, je les rejoignis : ils se dévalaient dans l'endroit le plus difficile. On prit les soins les plus minutieux. Un seul homme bougeait à la fois : lorsqu'il avait pris son aplomb, le suivant s'avançait en silence. La distance moyenne existant entre nous était d'à peu près vingt pieds. On n'avait point, cependant, attaché au roc la corde supplémentaire ; on n'en parla point, et je ne crois pas même y avoir pensé dans ce moment.

Comme je l'ai expliqué, j'étais détaché des autres et je les suivais. Mais, au bout d'un quart d'heure, lord Douglas me pria de me rattacher au père Tanggwald, craignant, me dit-il, que s'il venait à glisser, ce dernier ne suffit pas pour le maintenir. Je le fis immédiatement : c'était dix minutes avant la catastrophe, et c'est à cette précaution, prise pour un autre, que Tanggwald doit la vie.

Au moment de l'accident, tous étaient immobiles, je le crois du moins : mais je ne puis le dire avec certitude, et les deux Tanggwald ne le peuvent pas davantage, parce que les deux hommes marchant en tête étaient à demi cachés par un épaulement du roc. Le pauvre Croz avait jeté sa hache, et pour donner à Hadow plus de sécurité, il lui prenait les jambes et lui mettait les pieds, l'un après l'autre, dans les positions qu'il devait occuper. Et, à en juger par les mouvements de leurs épaules, je pense que Croz se tournait pour descendre d'un pas ou deux...

C'est dans cet instant-là que Hadow doit avoir trébuché, puis être tombé sur lui...

Croz poussa un cri... je le vis alors glisser avec la rapidité de la flèche, suivi par Hadow. Une seconde après, Hudson fut arraché de sa place et lord Douglas avec lui... Ce fut l'affaire de deux secondes. Mais à l'instant même que nous entendîmes l'exclamation de Croz, ainsi que Tanggwald, je me cramponnai et me renversai en arrière, aussi ferme que le permettait l'effroyable inclinaison du rocher.

La corde qui nous reliait était tendue, et le choc nous atteignit comme un seul homme. Nous nous maintînmes... la corde alors se rompit à égale distance de Tanggwald et de Douglas !...

Pendant deux ou trois secondes, tout au plus, nous vîmes nos infortunés compagnons glisser sur le dos, en étendant les mains ; puis... ils disparurent l'un après l'autre, et tombèrent de précipice en précipice sur le glacier, à quatre mille pieds plus bas !...

Pendant une demi-heure, le saisissement nous rendit immobiles. Paralysés par la terreur, les deux Tanggwald pleuraient comme des enfants et tremblaient comme la feuille. Descendu un peu plus bas, je demandai à voir la corde qui s'était rompue. Hélas ! à ma consternation, à mon horreur, je constatai que c'était la plus faible des trois. Nos malheureux amis s'attachant les uns aux autres, tandis que je dessinais, je n'avais pas pris garde à la corde choisie par eux. On a prétendu que la corde s'est cassée par suite de son frottement sur le roc ; il n'en est rien, et l'extrémité restée en ma possession ne justifie point cette manière de voir.

Pendant les deux heures qui suivirent, chaque moment me sembla être le dernier de mon existence. Non-seulement les Tanggwald étaient complètement énervés et hors d'état de m'être utiles, mais ils chancelaient à chaque pas. Je dois cependant ajouter qu'à peine arrivés dans une partie plus facile à la descente, le jeune homme se mit à rire, à fumer et à manger, comme si rien de funeste ne fût survenu.

Je n'ai plus rien à dire de cette fatale expédition.

Sans cesse, mais toujours en vain, je m'arrêtais pour chercher à découvrir les traces du passage de mes infortunés compagnons. En conséquence, la nuit nous surprit que nous nous trouvions encore à treize mille pieds de haut. Nous ne rentrâmes à Zermatt que le samedi, à dix heures et demie du matin.

Dès mon arrivée, je fis appeler le maire et le requis d'envoyer autant de monde que possible sur les hauteurs dominant l'endroit où j'étais certain que nos amis étaient tombés. Plusieurs hommes partirent et revinrent au bout de six heures. Ils avaient vu les victimes, mais sans pouvoir les atteindre ce jour-là. Ils se proposaient de retourner le dimanche soir, de manière à arriver auprès des cadavres le lundi au point du jour.

Dans mon angoisse, je me décidai à remonter, dès le dimanche matin, accompagné du révérend Mac-Cormick.

Obligés d'assister à la première messe, les guides de Zermatt ne purent nous suivre.

MM. Robertson, Phillpols, leur guide Frantz Andermatt, M. Puller et les frères Lochmatter, E. Payot et J. Tairraz, de Chamouny, nous escortaient. Nous nous mîmes en route, en suivant la direction que nous avions prise quatre jours auparavant. Du Hornli, nous descendîmes à droite de l'arête, et les moraines du glacier du Mont-Cervin escaladées, nous arrivâmes sur le plateau qui termine ce dernier, en vue de l'angle où nous savions que les corps reposaient.

En voyant chacun de nos guides au visage hâlé pointer successivement le télescope sur un certain endroit, pâlir, puis remettre en silence l'instrument à son voisin, nous comprîmes qu'il n'y avait plus rien à espérer...

Nous approchâmes donc...

Les malheureux gisaient dans l'ordre où ils s'étaient trouvés sur le pic : Croz, un peu en avant; Hadow, près de lui, et Hudson à quelque distance en arrière.

Quant à lord Douglas, impossible de le retrouver...

A mon grand étonnement, je constatai qu'ils étaient attachés avec la corde du club ou avec la seconde corde forte. Par conséquent, un seul fragment, celui qui existait entre Taugewald et Douglas, était le moins solide de tous.

Par ordre du conseil d'état du Valais, quatre jours après l'événement, vingt-un guides durent aller chercher et ramener au village les corps de nos amis. Ces braves gens accomplirent cette tâche dangereuse avec une intrépidité qui leur fait honneur.

Ils ne virent non plus aucune trace du corps de lord Douglas, vraisemblablement arrêté dans sa chute par quelque pointe de rocher. Personne ne déplore sa perte plus profondément que moi; car, quoique jeune, c'était un montagnard accompli. Pour lui, le danger n'existait pas.

Je dus rester à Zermatt jusqu'au 22 juillet, pour assister à l'enquête instituée par le gouvernement...

ALBINEN ET SES ÉCHELLES. — LE PASSAGE DE LA GEMMI. — L'AUBERGE DE SCHWAREMBACH. — VALLÉE DE KANDERSTEG. — LA KANDER ET LE NIESEN. — FRUTIGERN. — VILLE DE THUNN. — LE LAC ET SES BORDS.

Descendu à Visp, après avoir vu le Mont-Rose, le touriste doit quitter définitivement la Vallée du Rhône, pour tourner à gauche, s'enfoncer dans les gorges des montagnes arrosées par la Dala, et se rendre aux bains de Louesche.

Au XIIe siècle, des pâtres venus dans une prairie au pied d'une montagne à pic, tout en granit, appelée la Gemmi (prononcez Guemmi), trouvèrent des eaux chaudes, et plus près de la base granitique de la montagne, une source d'eau bouillante.

Il s'y forma bien vite un village que l'on appela Louesche. Une tour y fut élevée pour le protéger contre les ours et les loups ; puis des seigneurs valaisans y construisirent une chapelle dédiée à sainte Barbe. Enfin, en 1501, le fameux cardinal Schinner y établit des bains. Mais on comptait sans la nature sauvage du lieu, car une avalanche détruisit Louesche et fit soixante victimes.

Mais les bains furent bientôt relevés de leurs ruines, et c'est bonheur, car il est peu d'eaux qui guérissent aussi radicalement de nombre de maladies. Ces bains sont divisés en Bains des Gentilshommes ; — Bains des Messieurs ; — et Bains des Pauvres.

Néanmoins, ils reçoivent en commun ces différents malades, vêtus de longues chemises. Voici comment on procède :

A l'entour de chacune des salles communes, se trouvent de petits cabinets où l'on se déshabille et d'où l'on descend dans l'eau. Là, on s'assied sur des sièges mobiles ou sur des bancs placés tout autour de l'immense baignoire taillée dans le rocher. On peut même s'y promener. On peut aussi faire flotter devant soi une petite table sur laquelle sont placés des livres, des journaux, tout un déjeuner, si l'on veut manger au bain. Les dames ornent même ces petites tables de fleurs des Alpes qui, alors qu'elles sont déjà flétries, sont rappelées à leur fraîcheur première par la vapeur de l'eau thermale. L'eau de la grande source de Saint-Laurent, à l'endroit où elle sort de terre, au milieu même de la place de Louesche, est douée d'une température de 134° Fareinhet. On reste ainsi dans cet aquarium cinq et six heures. En quinze jours on est guéri.

Une des curiosités du voisinage de Louesche que nous ne pouvons manquer de visiter, chers lecteurs, c'est le village des Echelles, autrement dit *Albinen*.

Ce village est situé sur le sommet d'une montagne qui, d'un côté, celui de Louesche, est complètement à pic. On dirait une muraille lisse de marbre, s'élevant à une hauteur prodigieuse. Ce village serait privé de toute communication avec Louesche, peuplé de nombreux étrangers, pendant la belle saison, si ses habitants n'avaient imaginé un système de route aérienne des plus étranges. Ils ont appliqué, en zigzag, sur cette muraille perpendiculaire, une douzaine d'échelles qui, s'appuyant sur de minces aspérités de roc, permettent de monter et de descendre de Louesche à Albinen, *et vice versâ*. Cette façon de communiquer n'est pas sans péril pour les touristes, et je vous avoue que j'y ai gagné un vertige dont j'ai failli devenir la victime. Mais il n'est rien de curieux comme de voir les gens du pays user lestement et sans souci de cette voie périlleuse. A peine regardent-ils où ils posent leurs pieds. Hommes et femmes, jeunes ou vieux, presque toujours avec un énorme fardeau sur la tête, de nuit comme de jour, par la pluie, la neige, le vent ou le soleil, ils gravissent ou descendent ces mauvaises échelles, qui craquent sous le poids, mais jamais ne tombent. Et tout en cheminant ainsi, leurs voix font entendre les chants les plus joyeux.

On vient à Louesche pour prendre les bains, quand on est malade; mais le touriste qui se porte bien n'y passe que pour franchir le passage de la Gemmi. Quand vous demandez où se trouve ce passage, on vous montre une autre paroi de rocher, beaucoup plus élevée et tout aussi à pic que celle d'Albinen. Elle est lisse comme du marbre. Mais d'échelles, **point**. Alors vous insistez pour savoir comment, sans ailes et sans aérostat, il vous sera possible de sauter par-dessus cette montagne à pic, haute de plus de cinq cents mètres.

Voici comment la chose se fait :

Pérégrinations.

Sur cette immense roche à surface verticale, des Tyroliens, à l'aide de la mine, ont taillé en zigzag une rainure, une sorte de corniche, si vous aimez mieux, qui monte en lacets, monte encore, monte toujours, et enfin, après six ou sept heures de route, pendant lesquelles vous avez toujours Louesche à vos pieds, la gorge de la Dala dans sa vallée, et les sites les plus bizarres, vous atteignez le sommet de la Gemmi. Notez que cette corniche taillée ainsi dans le roc perpendiculaire n'a de largeur que pour le passage de deux hommes de front ou d'un seul mulet. Ajoutons qu'il n'y a pas de garde-fous. Il advient de là que quand on arrive au coude de chaque zigzag, on se trouve suspendu au-dessus d'un abîme horrible, qu'il est préférable de ne pas regarder, pour ne pas être saisi par le vertige et attiré dans le vide.

Pour mon compte, j'ai préféré passer la Gemmi à pied, en rasant la muraille le plus près possible, contemplant la nature de loin et ses merveilleux spectacles en m'appuyant sur mon alpenstock, et me gardant bien de plonger les yeux sur l'effroyable abîme prêt à m'engloutir. Vu du haut d'un mulet que vous enfourcheriez sur cet étroit passage, le gouffre a des horreurs dont le souvenir me fait encore frémir, car j'avais commencé le passage hissé sur un quadrupède de cette sorte : mais j'y ai renoncé bien vite.

Hélas ! dans la même année que je traversais ainsi la Gemmi, et quelques jours après mon passage, une belle jeune femme de la brillante société de Paris périssait à l'un des angles de la corniche, entraînée dans le précipice, et tombant dans l'abîme, où on la trouva si cruellement déchirée par les rochers, qu'elle n'était plus reconnaissable. Mais détournons nos pensées de cet affreux souvenir, et portons-les sur un tout autre tableau.

Il faut dire qu'après avoir prudemment escaladé le passage de la Gemmi, on est bien récompensé de ses peines. On a devant soi l'Italie ! Oui, l'Italie, avec son Mont-Rose aux cent pointes blanches de neige, le Simplon, la Dent-Blanche de Saas, l'Angsthorn, la Cima di Jazzi, la Dent-Noire et des horizons infinis. Mais on est dominé, tout autour du plateau dont on occupe le centre, par le Cherbenon, le Lammernhorn, le Wildstrubel, le Steghorn, l'Altes, le Dantelenberg, etc.

On s'avance alors en tournant le dos à l'Italie, au travers d'affreux rochers nus et stériles. On ne voit plus que la lugubre image d'une sinistre désolation. De tous les sommets qui vous entourent sont tombés des quartiers de roches, des fragments de granits, et pour les franchir sans encombre on est obligé d'user de toutes les précautions possibles.

Bientôt, sur la gauche, on voit briller le petit lac de Danben, formé par les eaux des glaciers du Lammernhorn. Ses rives sont désolées et ses eaux ternes.

On atteint ensuite une misérable auberge qui a nom Schwarembach. Impossible de comprendre une demeure humaine en un tel lieu. Il n'est pas de site où se montre davantage l'horreur d'une nature désolée, pleurant sur ses ruines, sanglotant avec le vent du désert, noire et frappée de malédiction, comme si la verge de l'ange du jugement l'avait touchée.

C'est dans cette auberge que le poète allemand Werner place la scène d'un horrible drame auquel il a donné le nom de *la Malédiction paternelle* ou *le 24 février*. Je ne vous en servirai pas le menu : le poignard et le poison y jouent un trop grand rôle.

Mais ce que je puis vous dire, c'est que nous dînons fort mal à Schwarembach et que nous sommes obligés de quitter à jeun la pauvre auberge. Nous nous éloignons en suivant de loin de maigres troupeaux dont les clochettes vibrantes nous guident et nous font descendre des hauteurs dans la plaine.

En effet, on traverse d'affreux éboulements, des scènes horribles de sinistres dévastations causées par les avalanches. Puis, une pierre debout vous prévient que vous quittez le Valais, et que vous entrez dans le canton de Berne.

Mais en même temps que l'on pénètre dans le canton de Berne, on s'enfonce dans une gorge resserrée entre une chaîne de débris de rochers qu'ombragent quelques sapins, et les parois verticales du Geltihorn. Puis, tout-à-coup, au sortir de ce défilé où l'on respire mal à l'aise, on domine une charmante vallée, dont la poésie vous ravit et vous enchante.

C'est la vallée de la Kander, dont Kandersteg est le point vivant et animé.

Une descente fort rapide, à travers une belle forêt, conduit d'abord à l'entrée du vallon sauvage d'Uschinen, où le torrent de ce nom produit de superbes cascades; puis on met enfin le pied dans la vallée, en ayant à droite la Kander, rivière tapageuse, tout autour de soi l'émeraude d'admirables prairies, et en face les beaux chalets du village de Kandersteg. On trouve là, dans un espace assez rétréci cependant, le contraste des paysages les plus riants et des aspects les plus sauvages.

Au loin d'abord, on entrevoit le lac de Thunn, à travers des rideaux verdoyants; puis ici, puis là, la belle montagne verte du Niésen, le château de Wimmès, celui de Spielz, Mulhisïen, et les dentelures du Stockhorn. C'est à être ravi. Mais l'enchantement prend de nouvelles proportions quand, en regardant en arrière, on voit le profond encaissement de la Gemmi que l'on quitte, si bien verdoyant, si gracieusement zébré par les nappes d'argent de hautes cascades, tandis que dans le pourtour, à droite et à gauche, se dressent de sourcilleuses montagnes couvertes de neiges éternelles rutilant comme des diamants gigantesques sur les profondeurs azurées du firmament.

Bientôt nous traversons le beau village de Frutigern; nous contournons la base du Niésen, parfumée de plantes alpestres, et enfin nous foulons aux pieds le pavé de la jolie ville de Thunn, après avoir traversé l'Aare sur un pont de bois.

Il est presque nuit quand on fait son entrée dans le plus bel hôtel de la ville, celui de Bellevue, où se fait entendre une excellente musique cachée dans les bosquets d'immenses jardins.

Il n'existe pas, en Suisse, une ville plus pittoresque que Thunn, ou Thoune. Elle est placidement assise sur l'Aare, et elle dresse ses maisons en amphithéâtre sur une large colline que décore à son sommet un vieux château féodal à tourelles que les comtes de Thunn y édifièrent, il y a quelque chose comme sept cents ans. Ses rues sont étroites, mais très animées, et le commerce y étale de beaux produits. Les boutiques y sont parfaitement assorties, et les boutiquiers tout particulièrement affables.

C'est triste, mais c'est un fait réel, attesté par Byron, et que j'ai l'honneur d'attester après lui : c'est qu'une des curiosités de Thunn est le cimetière, non pas à cause des tombes ni de l'architecture de certains monuments; mais uniquement à cause du point de vue magique dont on jouit du plateau qu'il occupe.

Si vous m'en croyez, ne prenez pas gîte à l'hôtel de Bellevue. Certes, tout s'y fait en grand et d'une façon noble et digne, au moins en apparence. Mais, en réalité, le quart d'heure de Rabelais vous met par trop en émoi, surtout quand on vous fait payer, et payer fort cher, une musique que vous n'avez point commandée, et l'office du culte évangélique auquel il peut se faire que vous n'ayez pris aucune part.

A Thunn, pour se rendre dans l'Oberland, le bijou de la Suisse, on prend un charmant steamer qui sillonne gracieusement les eaux du lac. Rien n'est délicieux comme ce lac de Thunn reproduisant l'image de la ville dans le miroir de ses eaux, bordé à profusion de maisons de plaisance, de castels et de jardins féeriques. On admire spécialement un splendide château, assis à la pointe d'un promontoire verdoyant, et qui produit dans ce paysage l'effet le plus pittoresque.

On remarque également que peu de villages capitonnent les paysages des rives du lac. Tout au plus vous signalerai-je Oberhoffen, dont le manoir possède une tour carrée fort curieuse.

En échange, le Stockhorn nous montre son pic aigu qui menace le ciel ; le Niésen nous fait revoir dans le lointain sa masse pyramidale, qu'on ne se lasse pas de contempler ; et on peut juger alors que les deux montagnes forment les avant-postes du Simmenthal et du Kanderthal, dont ils sont les gardiens vigilants.

Voici venir ensuite une roche escarpée, dominant la surface du lac, véritable cap microscopique que l'on nomme le Nawe.

Au-dessus, s'élancent dans les airs, à l'horizon, l'Eigher et le Moine, deux colosses de l'Oberland, qui couronnent les extrémités du lac de leur masse imposante et de leurs cimes neigeuses.

Mais quelle est cette splendide et pure montagne blanche de frimats immaculés, qui se dresse à la droite de l'Eigher et du Moine ?

C'est la belle Jung-Frau, nom allemand qui signifie jeune fille, ou vierge. Cette magnifique et hardie coupole de neige mérite bien ce nom, qu'elle doit, paraît-il, à cette circonstance que, pendant bien des siècles, aucun pied humain ne l'a foulée. Mais toute chose a une fin, et, en 1812, le pic le plus élevé de la Jung-Frau a été escaladé par les frères Meyer, d'Aarau, et, en 1828, par six paysans du Grindelwald, et enfin, postérieurement, par des Français et des Anglais. Aussi la nomme-t-on maintenant madame Bayer. Elle n'en porte pas moins à bon droit son antique appellation de vierge, car il n'est rien de plus pur que la blancheur immuable de son charmant voile de neiges.

Enfin, laissez-moi vous montrer en dernier lieu, sur le bord septentrional du lac que nous sillonnons, la caverne de Saint-Béat, ce noir orifice au-dessus duquel vous voyez se détacher et flotter une écharpe blanche qui n'est autre qu'une cascade qui descend en hâte vers le lac. Le saint Béat qui donne son nom à cette grotte curieuse, était originaire de la Grande-Bretagne. Ce fut lui qui apporta le flambeau de l'Evangile chez les Helvétiens, et afin d'être toujours à même de veiller sur ses nouveaux convertis, il choisit pour l'habiter cette caverne, dont le locataire était alors un énorme dragon. Il s'agissait de l'expulser. Tel est le récit traditionnel de ces contrées. Il paraît que du fond de la caverne jaillit une source qui se gonfle parfois à un tel point qu'elle la remplit, en produisant un bruit semblable à celui du canon.

L'OBERLAND. — UNTERSEEN ET INTERLAKEN. — LA VALLÉE DE LAUTERBRUNN. — RUINES D'UNSPUNNEN. — CHUTE DU STAUBACH. — LA JUNG-FRAU. — UNE AVALANCHE. — GLACIERS DU GRINDELWALD. — ASCENSION DU FAULHORN. — ROSENLAUI — GRANDE-SCHEIDECK.

En mettant le pied sur le rivage du lac, nous sommes dans l'Oberland, le plus doux, le plus poétique, le plus admirable pays de toute la Suisse.

Ce nom signifie haut pays, et, en effet, il est hérissé de hautes montagnes, zébré de magnifiques vallées, ponctué de lacs, et en même temps offre quelques plaines ravissantes, celle d'Interlaken, par exemple. Mais l'Oberland n'en appartient pas moins au canton de Berne, dont il est le joyau.

On traverse d'abord Unterseen, appellation qui veut dire Village entre les Lacs, car il est en effet situé entre le lac de Thunn d'un côté, et le lac de Brientz de l'autre. Nous n'avons à y voir d'un peu digne d'attention que le château, sur la place du Marché, et l'hôtel de ville, ou Rathhaus, comme disent les Allemands.

Voici maintenant que s'ouvre et se déploie devant nous une immense avenue plantée d'arbres, et permettant de voir à droite et à gauche le splendide cortége de blanches forteresses, de créneaux aériens, de tourelles élancées, de donjons fantastiques, que lui forment dans le lointain la Jung-Frau et ses autres sœurs les montagnes de l'Oberland. Tout en s'acheminant sur ce royal parcours, la vue se repose avec bonheur sur le verdoyant tapis d'immenses prairies. Puis, dans toute la longueur de cette belle avenue, se montrent avec leurs sourires engageants d'élégants hôtels, entremêlés d'interminables files de boutiques basses, mais décorées avec un art infini, offrant ces mille curiosités de nature dont la Suisse est si riche, et tous ces produits microscopiques de l'architecture et de la statuaire, résultat du travail habile des sculpteurs de l'Helvétie : chalets, bonshommes, boîtes, écrins, etc. Enfin, on ne s'avance qu'avec peine au milieu d'une foule d'acheteurs, de promeneurs, d'amazones à cheval, de fringants et présomptueux cavaliers, de calèches, de landaus, d'équipages de toutes formes, de musiciens qui chantent, d'instrumentistes qui bourdonnent. C'est un indescriptible tohu-bohu.

Cela s'explique. Cette avenue conduit d'Unterseen à Interlaken, et Interlaken est la station favorisée, le paradis de la Suisse. Tout est si beau dans cette magnifique vallée d'Interlaken, que cette petite ville est le caravansérail de l'Europe entière, pendant les jours de la belle saison. Les Français, les Anglais, les Allemands, les Russes, les Italiens, y affluent de toutes parts, et on y entend parler toutes les langues du monde. On y trouve aussi nombre d'Américains, et il n'est pas jusqu'à des Chinois et des Japonais que nous y découvrons sous leurs costumes originaux.

Pour demeure, je ne dirai pas qu'on n'a que l'embarras du choix, car pour s'assurer la chambre et la table, il faut frapper à maints hôtels. Mais enfin, quand on n'est pas trop difficile, on trouve à percher quelque part, ne serait-ce que dans la chaumière d'un paysan. C'est même souvent le meilleur asile. On y paie cher aussi : mais encore n'est-on pas volé, comme dans les hôtels, où, sous le prétexte qu'ils ne travaillent que pendant cinq mois de l'année, ils vous rançonnent pour les douze mois que la terre met à tourner autour du soleil.

Interlaken, comme Unterseen, veut dire Situé entre les Lacs. Cette petite ville occupe, en effet, une position que l'on peut dire incomparable. Ce qui fait sa suprême beauté, c'est la Jung-Frau, c'est la plaine verdoyante, ce sont les vallées qui l'entourent, ce sont les lacs, ce sont les ruines. Les maisons n'ont rien du caractère suisse : les murs en sont blanchis à la chaux, et ressemblent à peu près en tout aux maisons de nos riches villages de France. Mais presque toutes les demeures sont décorées sur le devant de superbes jardins, et abritées sous de hauts arbres dont le feuillage les garantit de la chaleur, et, dans l'ensemble, le coup d'œil y gagne beaucoup.

La première excursion qui sollicite le voyageur est celle de la vallée de Lauterbrunn. Pour s'y rendre, les véhicules ne manquent pas ; mais le ciel a doué l'homme de jambes pour qu'il en use. Et puis, au lieu de traverser les sites comme le vent, le touriste pédestre voit et observe infiniment mieux et plus à loisir. Donc, traversons d'abord, à pied, la vaste prairie qui fait un contraste si frappant avec la Jung-Frau qui la domine, et sur laquelle, chaque année, des tireurs à la cible, des gymnasiarques, des lutteurs, des coureurs, donnent des fêtes d'un grand renom. Voici, par exemple, un énorme fragment de rocher, d'un poids effrayant, qu'un athlète d'Appenzel lança à une distance de plus de dix pieds.

Maintenant, contemplons, visitons même cette ruine imposante, que domine une tour debout encore, mais qui semble pleurer dans la solitude, là, sur notre droite. C'est le château d'Unspunnen, sur les malheurs duquel le poète anglais Byron écrivit des vers magnifiques que tout le monde connaît.

Voici le drame qui mit à fin le château d'Unspunnen :

Le dernier rejeton des barons d'Unspunnen, Burkard, avait une fille unique, douée de la plus grande beauté. Elle se nommait Ida. Un tournoi fut donné dans le voisinage du manoir, et un jeune tenant de la lice, le vaillant Rudolphe de Wylderschwyld, ayant exprimé le désir d'épouser Ida, le vieux baron Burkard consentit au mariage de sa fille. Les fêtes une fois passées, Rudolphe annonça qu'il allait s'éloigner d'Unspunnen et conduire son épousée à la cour de son suzerain.

— Ton suzerain? c'est moi! s'écria le rude baron.

— Non pas : j'appartiens, hélas! au terrible Berthold de Zœringhen... répondit Rudolphe.

— Berthold de Zœringhen! Mais c'est mon ennemi mortel... Eh bien! guerre à mort!

Le vieux baron fit réunir ses hommes d'armes, et plusieurs années se passèrent en sanglantes batailles. Berthold de Zœringhen fut occis de malemort. Mais, irrité contre Rudolphe qui lui avait suscité tant d'embarras, Burkard se tourna contre lui, et la lutte se renouvela plus sanglante encore. Cette fois c'était le gendre contre le beau-père. Ida, qui aimait celui qui lui avait donné le jour, ce qui était fort naturel, affligée de telles guerres, vint prendre asile chez le baron d'Unspunnen. Celui-ci, trop vieux, fut battu bientôt : mais ne voulant pas succomber sous son gendre, il fit sauter le château et s'ensevelit sous ses ruines, avec sa fille bien-aimée...

Aussi, dit-on que l'âme de la belle Ida paraît souvent sur le sommet du donjon, pleurant, sanglotant et disant avec amertume :

— Rodolphe, tu as détruit notre bonheur

On dépasse bientôt le village de Wylderschwyld, séjour du Rudolphe en question, puis le hameau de Mühlinen : mais votre regard se détourne de la plupart des femmes, affectées d'horribles goîtres. Il n'est rien de sinistre à voir comme ces énormes bourrelets du cou. Ce qu'il y a de plus triste encore, c'est que toutes ces pauvres femmes sont idiotes, mais idiotes à faire frémir.

Heureusement l'attention est presque aussitôt absorbée par la descente de la route dans une gorge étroite et sauvage, où coule un torrent ravageur, celui de la Lutschine. C'est en vain que j'essaierais de rendre la sublimité des scènes qui entourent alors, toute description devient impuissante.

Voici la Pierre-du-Diable. C'est une muraille à pic de rochers titaniques, sur laquelle on lit gravée au ciseau cette inscription que je copie : *Ici, le bron de Rothenflue fut tué par son frère. Obligé de fuir sa patrie, le meurtrier termina sa vie dans l'exil et le désespoir. Il fut le dernier de sa race, jadis si riche et si puissante...*

Cette courte légende se trouve placée sur le côté droit du chemin qui pénètre dans la vallée du Lauterbrunn, et sur le côté gauche, en face, au-delà de la Lutschine, émergent de la verdure les ruines du vieux manoir de Rothenflue, qu'habitent seuls les lézards, les couleuvres et les oiseaux de proie.

Vous voyez que la vallée que nous visitons est émaillée de légendes et de curiosités.

La vallée de Lauterbrunn se partage alors en deux parts : l'une monte vers la gauche, l'autre tourne vers la droite. La première est sillonnée par la Lutschine-Noire et prend le nom de vallée de Grindelwald, que terminent les masses gigantesques et les neiges éternelles des montagnes appelées le Wetterhorn, l'Eigher et le Mettemberg, ou si vous aimez mieux le Pic des Tempêtes, le Géant et la Moyenne-Montagne. La seconde, que traverse la Lutschine-Blanche, est la vallée de Lauterbrunn proprement dite, lequel mot de Lauterbrunn veut dire : Rien que Fontaines.

A celle-là préférons celle-ci, et, tout en remontant la Lutschine-Blanche, arrêtons-nous un moment, sur notre gauche, en face du Hunnenfluh, ou la Tour des Huns, étrange amoncellement de roches superposées qui s'élève perpendiculairement, comme un immense donjon circulaire. Attila, paraît-il, passa dans cette vallée, et c'est à son invasion que doit son nom cette citadelle, œuvre de la nature, dans laquelle les habitants de la contrée se retirèrent et se tinrent cachés pendant quelque temps.

Rien de capricieux comme les sinuosités de la vallée que l'on parcourt. L'inégalité de sa largeur, les escarpements de calcaires presque verticaux qui l'entourent comme une muraille continue, la rendent sinistre et formidable. On atteint bientôt le village de Lauterbrunn, composé de quelques maisons rustiques, éparses sur les deux rives du torrent. On se trouve à deux mille quatre cent cinquante pieds au-dessus du niveau de la mer, et cependant on est dominé par des escarpements qui donnent le vertige.

Trente chutes d'eau jaillissent de ces remparts naturels, qui semblent toucher la voûte du firmament. Mais que sont-ils, en comparaison de la merveilleuse cascade du Staubach, leur reine et maîtresse ? L'imagination se refuse à comprendre une pareille magnificence de nature, quand on ne la voit pas de ses propres yeux.

Staubach veut dire Chute de Poussière.

Figurez-vous une rivière qui arrive impétueusement en se tordant dans son lit fort élevé au-dessus de la vallée. Tout-à-coup ce lit manque, et le torrent tombe dans le vide, d'une hauteur de neuf cents pieds. Mais alors la brise de la vallée se joue dans l'eau, elle semble la lutiner comme elle ferait d'une écharpe de dentelle, et la masse d'eau, loin de se précipiter avec fracas, est comme suspendue en l'air sous le souffle du vent, et finit par arriver sur le sol en une fine poussière de pluie... C'est d'un effet ravissant ! Si le soleil luit alors sur cette écharpe de dentelle liquide, elle y joint tous les tons de l'arc-en-ciel : ici des nuances d'azur, là des teintes verdâtres, puis le rubis, l'orangé, l'opale s'y produisent tour à tour. Au contraire, si l'hiver sévit, en tombant la fine pluie du Staubach se congèle, et bientôt de la base de la muraille à pic à son sommet, c'est toute une pyramide de glace qui monte, monte encore, et offre alors un autre aspect non moins merveilleux.

Le retour de Lauterbrunn à Interlaken se fait d'ordinaire à la tombée de la nuit, et c'est réellement une jouissance charmante de traverser les plus délicieux paysages à l'heure où se répand le crépuscule. Au loin, la longue avenue qui sépare Unterseen d'Interlaken rutile de feux : on voit la foule se promener sous les arbres, stationnée devant les boutiques, écouter les musiques allemandes, se rafraîchir dans les cafés, les buvettes et les brasseries, et enfin présenter ainsi un petit coin de nos Champs-Elysées parisiens, à ses jours de fête.

La seconde excursion faite d'Interlaken porte d'ordinaire le voyageur sur la haute chaîne du Grindelwald, dont le nom veut dire Forêt de la Cime, et qui domine la belle et pure Jung-Frau, dont le pied plonge dans la vallée de Lauterbrunn.

Après une heure d'ascension pénible, et quand on a traversé un petit hameau composé de chaumières éparses, on atteint un pâturage aux pentes douces, d'où la vallée de Lauterbrunne, laissée au-dessous des précipices que l'on vient de gravir, offre l'aspect d'une tranchée faite dans la masse de la montagne. On aperçoit aussi le Staubach qui arrive sous forme de rivière et se perd tout-à-coup sous la figure d'un mince filet d'eau.

Mais une curiosité bien autre fait prendre avec ardeur un long sentier qui conduit à la Jung-Frau. Quel sublime spectacle alors! Cette masse titanique de la blanche montagne se trouve là, tout-à-fait en face de vous, vous la dominez, vous pouvez en observer tous les détails. Quel admirable manteau de neiges sans tache! Quel énorme glacier! Quelle inimaginable magnificence! Les proportions de la Jung-Frau sont tellement colossales, et son voile de neige produit un tel effet d'optique, qu'il semble devoir suffire d'une enjambée pour l'atteindre.

Lorsque je la visitai pour la première fois, cette belle Jung-Frau, c'était par un soleil brûlant, qui la rendait éblouissante. Mais alors, voici que, tout-à-coup, un bruit sourd et effrayant, tout-à-fait semblable au tonnerre, se fait entendre dans la montagne. Puis, je crus voir une immense et large rivière d'argent, entourée d'un nuage de neige extrêmement subtile, se précipiter du haut des rochers.

Cette masse de neige se ruant ainsi d'assises en assises, c'était une avalanche! Elle descendait avec un bruit ressemblant à celui d'un train de chemin de fer qui roule avec fracas, et se prolongeant à la faveur des échos. Rien ne peut décrire la terrible impétuosité d'une avalanche. Celle dont je parle parcourut plusieurs milliers de pieds, en causant dans l'air un ébranlement si fort que je crus un instant que la montagne allait s'anéantir : je fus quelques minutes à demi asphyxié.

Et cependant les avalanches de l'Oberland sont des avalanches en miniature. Ailleurs, les avalanches détruisent des villages entiers, ou engloutissent et entraînent des caravanes de voyageurs. Celle dont il est question s'arrêta dans la vallée de Trumlatin et alla fondre dans la Lustchine-Noire. Les véritables avalanches, en roulant avec violence, parcourent des lieues entières, avec la rapidité du vent, et elles emportent avec elles villages, chalets, forêts, rochers, bestiaux, et malheureusement aussi hommes, femmes et enfants.

Mais occupons-nous de l'admirable panorama que présente la Jung-Frau, la huitième des montagnes de l'Europe en hauteur. Les glaciers qui s'amoncellent autour de ses pics et remplissent les dépressions qui se trouvent entre eux, s'étendent sans interruption à des distances infinies. Le plus magnifique de tous est le glacier de Grindelwald. Sa principale beauté consiste dans la forêt de sapins qui le bordent, aussi bien que ses ramifications, comme une frange gracieuse, dans les verts pâturages et les chalets des villages qui se trouvent à sa base.

Il est dans ces parages une grotte qui a nom Grotte du Nellembalm, d'où l'on peut contempler les horribles crevasses béantes de cette immense Mer de Glace. Laissez-moi vous dire quelques mots d'un drame épouvantable dont cette fissure effrayante fut le témoin et le théâtre, le 31 août 1821.

Un ministre protestant, M. Mouron, de Vevey, faisait un voyage en Suisse et il fit, comme nous, une station à Interlaken, pour en visiter tour à tour toutes les curiosités. Il vint tout d'abord étudier les montagnes de l'Oberland et en particulier le glacier de Grindelwald. Lorsqu'il fut en face de cette crevasse gigantesque, son désir de la voir de plus près l'emporta, il alla le plus près possible de l'orifice du gouffre, et pour mieux plonger son regard dans l'abime, il se courba en s'appuyant sur son alpenstock. Le bâton glissa, et le malheureux ministre fut entraîné dans la crevasse..... Mais voici que la nouvelle de sa perte est à peine connue, que le bruit se répand que cette victime infortunée a été poussée dans l'abime par son guide, qui préalablement l'a dépouillé de sa montre d'or et d'une bourse très bien remplie qu'elle portait dans ses vêtements. La corporation des guides de s'émouvoir, cela se comprend. Ces braves gens se réunissent sans tarder et ils tiennent conseil. Il est décidé que l'un d'eux, désigné par le sort, descendra au péril de sa vie dans le précipice où gît le cadavre, et qu'il en rapportera M. Mouron. Alors la vérité sera connue de tous. Burgenen, un des hommes les plus robustes du pays, est heureusement choisi par le hasard, et aussitôt, en présence de tout le village qui le suit, il se rend au glacier. Là, Burgenen se fait attacher une corde autour du corps ; une lanterne est suspendue à son cou ; une sonnette arme son bras gauche, et le bras droit porte son alpenstock ferré, afin de repousser le tranchant des glaçons. Alors notre homme, suspendu à un câble que laissent aller peu à peu quatre gaillards vigoureux, se laisse glisser dans la crevasse. Par deux fois il est sur le point d'être asphyxié par le manque d'air, et alors il agite sa sonnette ; par deux fois on le ramène à l'orifice du gouffre. Mais enfin, la troisième fois, il atteint son but sans doute, car les quatre hommes qui le maintiennent sentent se raidir le câble, et le poids qu'il porte devenir beaucoup plus lourd. En effet, voici Burgenen qui reparaît bientôt sortant de la noire profondeur dans laquelle il s'était résolûment engagé, et qui ne compte pas moins de cent quatre-vingts pieds, rapportant le corps mutilé du pasteur de Vevey.

Le cadavre était encore muni de la montre d'or et de la bourse qu'on lui avait vue au moment du départ !...

L'honneur des guides était sauf....

A côté du Grindelwald et de la Jung-Frau, il est une haute montagne, tout aussi curieuse, élevée de huit mille cent quarante pieds, située entre la vallée de Grindelwald et le lac de Brientz, dont les eaux touchent à Interlaken, et qui s'appelle le Faulhorn, ou si vous voulez le Pic-Voilé. L'ascension du Faulhorn est très fatigante, mais on est si bien dédommagé de sa peine par la vue qui s'étend sur les lacs, qu'il n'y a pas à hésiter. D'ailleurs, deux choses vous plairont : la première, c'est le fameux *Ranz des Vaches* que vous entendrez au naturel, dans la montagne, et par de vrais Suisses qui vous chanteront avec enthousiasme leur chant national ; la seconde, c'est que, sur le sommet même du terrible Faulhorn, vous trouverez un magnifique hôtel, très richement bâti au point de vue architectural, et très confortablement muni, au point de vue gastronomique. Nous nous y reposerons parfaitement, puis nous courrons à d'autres explorations.

Nous y voici. Contemplez cet horizon : Thunn, le Niésen, l'Eigher au loin; puis le lac de Thunn, Unterseen, Interlaken, le lac de Brientz, la Jung-Frau, le Brunig, et mille autres splendides décorations pour lesquelles Dieu seul a le brevet, a. g. d. g.

Maintenant descendons, par la Grande-Scheideck, vers le glacier de Rosenlauï.

La Grande-Scheideck est tout simplement une montagne qui sert de passage entre le Faulhorn et les pentes du Grindelwald. Mais, pour s'y rendre, on a constamment en face de soi le Wetterhorn, en français la Corne du Temps, qui se projette sur le sentier que l'on suit, et dont l'effet est d'une grande sublimité. Quelquefois, sur un rocher de ce Wetterhorn on voit une statue qui se dresse et demeure immobile. Ce n'est point une apparition fantastique, gardez-vous de le penser. En effet, des notes harmonieuses se font bientôt entendre dans la montagne, saisies, adoucies et répétés par l'écho des anfractuosités de rochers, et vous reconnaissez le *Ranz des Vaches*, qui déjà vous a plu si fort, la veille. La statue mystérieuse n'est autre qu'un montagnard qui sonne du cor des Alpes.

On arrive à la Scheideck, dont les hauteurs permettent de plonger encore le regard dans la vallée de Grindelwald. Il est impossible de ne pas admirer combien ses verts pâturages contrastent d'une façon remarquable avec les escarpements nus et arides du Wetterhorn.

Apparaît alors le val de Rosenlauï, dont le glacier se montre encaissé par le Welhorn ou Vague de la Mer, et le Engel-Horn ou Pic des Anges : mais il est de beaucoup inférieur en étendue à celui du Grindelwald. On en parle avec éloges cependant, mais à cause de la grande pureté et de la transparence azurée de ses blocs de glace. Pour l'atteindre, il faut traverser un pont, et alors on se trouve en extase en face de l'étrange couleur des glaces, de la voûte magnifique sous laquelle on pénètre, de la splendide cascade du Weisbach, torrent qui se précipite du glacier, et on subit de ces impressions comme la grande et belle nature de Dieu peut seule en donner à l'homme.

Après s'être attristé sur un éboulement gigantesque du Lanihorn, qui eut lieu en 1792, on descend aux Bains de

Rosenlaui, et on prend un sentier qui longe les rives d'un torrent, au milieu d'une plaine tapissée du plus beau gazon, émaillée de fleurs, et que parsèment de charmants chalets.

On jouit alors de la vue du Wetterhorn, du Welhorn et des pics déchirés de l'Engel-Horn, composant ensemble un groupe d'un effet si saisissant qu'on peut le dire incomparable.

Rarement on trouve un site plus ravissant que celui qu'occupent et que forment les Bains de Rosenlaui. On le contemple, et on ne peut s'éloigner sans le contempler encore.

Mais voici que la vallée se rétrécit. Alors de nombreuses chutes d'eau viennent la décorer de leurs cascades et de leurs cascatelles échevelées. Il en est une, la Seilbach, ou Chute de Corde, qui est admirable à voir à cause de sa ténuité : elle tombe d'une grande hauteur.

Bientôt une pente douce fait descendre le touriste dans la belle vallée de Meirengen.

VALLÉE DE MEIRENGEN. — CHUTES DU REICHENBACH. — LE LAC DE BRIENTZ. — LES CASCADES DE GIESBACH. — PASSAGE DU BRUNIG. — CANTON D'UNTERWALDE. — SACHSELEN. — SAARNEM ET LANDENBERG. — STANZ ET STANSTADT.

Cette vallée de Meirengen est certainement l'une des plus belles de la Suisse. Il est vrai que toutes ont un peu cette prétention ; mais en réalité celle-ci a des titres imprescriptibles à cette gloire. Ses nombreuses cascades, ses escarpements boisés, couronnés çà et là de pics neigeux, les chalets de ses villages, le cours de sa rivière, tout la distingue et en fait un Eden. Il faut avouer cependant que l'Aare dépose souvent sur ses rives d'immondes graviers et forme des marécages qui compromettent parfois sa splendeur : mais ce sont là les ombres au tableau.

Le point qui mérite le plus l'attention, que dis-je? l'enthousiasme du touriste, c'est l'angle de la vallée, d'où se précipitent les eaux du Reichenbach, sous forme de quatorze cascades. Pour en saisir la magnificence, représentez-vous un torrent impétueux qui roule du versant d'une montagne de deux mille pieds, dans une succession de cascades magiques, tombant dans des vasques naturelles pour s'épancher aussitôt dans d'autres vasques inférieures, toutes entourées de verdure, jusqu'à la dernière, qui se jette alors dans l'Aare. On peut affirmer qu'il n'est rien au monde de plus gracieux.

Toutefois, il paraît que la vallée de Meirengen est menacée d'être inondée quelque jour par l'Alpnach, autre torrent qui se rue des montagnes avec un fracas épouvantable, et s'échappe d'une gorge étroite, derrière le village. En 1762, le village de Meirengen courut déjà le danger d'être englouti par ce redoutable torrent. En une seule heure les maisons furent sous vingt pieds d'eau, l'église fut remplie de boue et de gravier jusqu'à une hauteur de dix pieds. Mais la nature est si fantastique dans ces contrées, que leurs habitants vivent en face du péril, sans trop y penser.

De la vallée de Meirengen on ne peut s'éloigner sans avoir visité le Grimsel. Le col du Grimsel est le plus grandiose et le plus curieux de toute la chaîne des Alpes. On s'y trouve en présence de la source de l'Aare, et on y voit le lit gigantesque d'un ancien glacier, dont les rochers, ainsi qu'il arrive d'ordinaire en ce cas, ont été usés et polis comme du marbre, par le frottement des glaçons. Enfin, on y reste en stupéfaction devant la situation sauvage et hardie donnée à un hospice, que l'on a édifié à mille pieds au-dessous du point culminant du col. Les roches qui l'entourent sont dénudées et réduites à des ruines.

Dans la campagne de 1799, les Autrichiens, en guerre avec les Français, occupèrent pendant quelque temps les sommités du Grimsel. Toutes les combinaisons du général français Le Courbe pour les faire partir de leurs nids d'aigle demeurèrent longtemps impuissantes : mais, un jour, un montagnard ayant montré au général un sentier fort peu connu, nos braves soldats gravirent la montagne en silence, puis tombant tout-à-coup sur les pauvres Autrichiens, ils les firent déloger avec une rapidité qui ressembla fort à des cascades de cadavres.

Au retour de cette longue excursion, il est assez convenable de se reposer quelque peu à Interlaken, et d'en goûter les délices de Capoue avant de reprendre le bâton du voyageur. Mais le touriste aime peu le repos : ses jambes demandent toujours l'exercice, et, comme le Juif-Errant, il croit toujours entendre une voix impérieuse qui lui crie : Marche, marche !

Repartons donc, ami lecteur, et embarquons-nous sur le petit steamer qui fait le service du lac de Brientz.

Ce lac est très beau, lui aussi, non pas à cause de ses eaux qui comptent une profondeur de plus de deux cents pieds en certains endroits, et dont le niveau est plus élevé de quatre pieds que celui de Thunn, mais bien pour les paysages enchanteurs qui l'entourent.

On jette l'ancre à moitié lac, sur la rive méridionale, afin d'aller visiter l'embouchure du Giesbach. On gravit alors une pente fort escarpée qui conduit aux chutes. Comme toujours, mais avec des beautés différentes et des caprices de nature inimaginables, c'est une longue et large série de cascades qui, des points culminants de la montagne du Faulhorn sautent d'escarpements en escarpements jusqu'à la base, qui plonge dans le lac. Ces cascades, d'un effet splendide, tombent chacune d'une grande élévation : la plus élevée ne compte pas moins de onze cents pieds d'altitude. Là, la nature sauvage fait place à la nature suave et gracieuse : verts gazons, végétation luxuriante, voûtes charmantes de bois touffus, tout y est riant, tout y délecte le regard.

Le steamer conduit ensuite à Brientz, petite ville qui occupe une position délicieuse sur les rives de l'immense nappe d'eau.

Puis on se dirige vers le pont de Kienholz, chevauchant sur l'Aare, qui vient de la vallée de Meiringen, à droite, payer son tribut au lac de Brientz.

On salue le Saut de l'Orschibach, délicieuse cascatelle effilée comme une immense chevelure blanche que lutine la brise, et on porte ensuite ses yeux vers le Brunig, haute montagne qu'il s'agit de franchir à gauche pour pénétrer dans le canton d'Unterwalde.

Voici donc que la route s'avance, côtoyant les pentes du Brunig, les abordant de face, escaladant la montagne, et, peu à peu, conduisant au point culminant. Là, le chemin se bifurque, l'un étant destiné aux gens à cheval, c'est le plus long ; l'autre, court, appartenant aux gens à pied. Sur ces hauteurs, où l'air est si pur, règnent le silence, le calme et la paix. Pourrait-on jamais dire alors que l'on vient de quitter le canton de Berne, que là, au moment où l'on entre dans les cantons d'Uri et d'Unterwalde, des trompes de guerre aient jamais retenti dans ces lieux ? Les pâturages sont abandonnés déjà par les troupeaux, que leurs bergers ont fait descendre dans les vallées ; comme aux temps primitifs, les chalets de la plaine restent ouverts, afin d'offrir un asile aux voyageurs qui passent. Que j'aime cet usage et qu'il parle éloquemment en faveur d'un peuple !

Mais le sol manque à nos pas, et du haut du plateau voici que notre regard peut s'étendre sur une immense vallée, celle de Nidwalden. Un lac rutile au loin sous les feux du soir, à deux mille pieds au-dessous du point que nous occupons ; c'est le lac de Lungern.

Pour toile de fond se dresse le Mont-Pilate. C'est dire que nous allons nous diriger maintenant vers le lac des Quatre-Cantons et la belle ville de Lucerne.

Toutefois, avant de quitter le haut promontoire d'où notre vue s'étend sur ces grandioses horizons, pénétrons un instant dans cette modeste chapelle catholique. Ainsi placé entre le ciel et la terre, Dieu doit mieux entendre la parole du chrétien qui le prie !

Je ne veux pas du reste vous retenir longtemps sur les rives du lac de Lungern, maintenant que nous voici descendus dans la vallée. Je me contenterai de vous dire qu'il y a quelques années, ce lac formait une large nappe d'eau entourée de bois qui croissaient jusque sur ses bords, bordés presque partout de roches escarpées. Mais les gens du pays, moins sensibles aux beautés romantiques du site qu'à la pensée de s'enrichir de cinq cents arpents de bonnes terres couvertes par les eaux, eurent l'idée d'abaisser le niveau du lac de cent vingt pieds, et en réduisant ainsi sa dimension, ils y gagnèrent de nombreux arpents qu'ils convertirent en écus sonnants.

La nuit tombe, et nonobstant les feux qui brillent devant les chaumières, près des chalets des pâturages et jusque dans les bois ; nonobstant les chants des pâtres, dont les accords parlent à l'imagination et charment les oreilles, il faut s'arrêter au premier village venu.

Ce village est Sachselen.

Lorsque j'arrivai à Sachselen, il faisait nuit noire. J'allai frapper à la porte d'une auberge sur les murs de laquelle je pus lire assez difficilement : Au Cheval-Blanc.

C'était tout un petit moulin faisant entendre un perpétuel tic-tac. J'entrai bien vite, car il ventait frais et je mourais de faim.

Bientôt, en effet, je fus installé auprès d'un bon feu, en face d'une excellente table, et à côté de braves gens ; après une longue et douce causerie, j'allai me coucher, et bien dormir, je vous l'affirme.

Le lendemain, à six heures, je mettais le nez à la fenêtre de ma chambre. O douleur ! le ciel était gris et la pluie tombait avec cet air sournois qui révèle l'obstination et la persistance. Mais alors que je promenais mon regard triste sur les montagnes, la vallée et le village, voici que j'avise une superbe église, de style roman.

Je cours en hâte à la maison de Dieu ; la vue de peintures aux vives couleurs décorant les murailles du portique me faisait ne pas perdre une minute. S'ouvre devant moi un superbe édifice à trois nefs, orné d'une splendide galerie régnant tout autour et décoré de quarante colonnes de marbre gris monolithes. Le sanctuaire offre une autre forêt de colonnes qui supportent, au-dessus de l'autel, un couronnement du plus heureux effet. Et puis, un peu partout, quantité d'objets d'art, évidemment déposés là comme *ex-voto*, se montrent et attestent de la piété des fidèles. Ce sont des crédences, des consoles, des statues, des inscriptions ouvragées, des urnes, des bas-reliefs, etc., mais ce qui me surprend davantage, le voici :

Sous un autel des plus riches, mais dont les vantaux sont composés de glaces, j'aperçois un squelette agenouillé, la tête couverte d'un diadème d'or étincelant de rubis et de perles, les épaules chargées d'un long manteau de pourpre brodé d'or, éblouissant de pierreries, et la poitrine couverte de toutes les décorations de l'Europe, croix de la Légion-d'Honneur de France, Toison-d'Or d'Angleterre, Aigle noir d'Autriche, etc. Les doigts même de ce cadavre sont cachés sous les diamants, les topazes et les opales.

Quel est donc ce personnage mort, que l'homme vivant

honore de cette façon? Ce doit être un saint, car, malgré nos vices, nous ne pouvons ne pas honorer ce qui est pur, ce qui est grand, ce qui est noble. Et qu'y a-t-il de plus pur, de plus grand et de plus noble que la vertu?

J'avise mon hôtelière, et lui faisant un signe pour l'appeler auprès de moi, je l'interroge.

— C'est notre bonhomme, Bruder Klaus, le saint que vous voyez là-bas.... me dit-elle à mi-voix, avec un doux sourire. C'est un nom bien naïf que je lui donne là; mais, voyez-vous, mon bon monsieur, ce nom révèle plus de vertus que le titre de marquis, de comte, d'empereur et de roi. Or, sachez que dans cette partie de notre vallée que l'on nomme Melchœtobel vivait, vers 1447, un pieux solitaire. Mais auparavant, je dois vous dire qu'il se nommait Nicolas Lawenbrugger, et qu'il était né à Fluë, sur les hauteurs de Rautt, près de Sachselen. Il avait été pâtre tout d'abord, et en cette qualité il avait pris goût à la solitude. Il disait qu'il s'y entretenait avec Dieu et les anges. Aussi passait-il ses jours dans la prière et le recueillement. Puis il dut être soldat. Comme soldat, le bon Nicolas s'était fait admirer par sa bravoure dans la bataille, par son humanité après le combat et sa modestie à refuser toute dignité. On voulut, ici, le nommer landamman du canton : mais il n'y consentit jamais! Il se maria, le ciel lui donna bon nombre d'enfants. Alors Nicolas s'appliqua si sagement aux affaires, qu'il devint riche. Il advint de ceci que quand il vit sa famille à l'abri du besoin, le bonhomme rapporta toutes ses affections vers la solitude. Il dit donc adieu à tout son monde, un jour, et il alla se réfugier à Melchœtobel, dans la vallée de Melchtal, où vous avez dû passer hier, puisque vous venez de Brunig. C'est là qu'il vécut dans une petite cellule isolée, près de laquelle il fit élever une petite chapelle. Il y passa vingt ans de sa belle vie. Le bruit de sa sainteté et de sa merveilleuse existence se répandit au loin. Jamais il ne prit d'autre nourriture que la sainte Eucharistie. L'évêque de Constance, des seigneurs allemands, l'archiduc d'Autriche et bien d'autres grands personnages vinrent le visiter dans son ermitage. On l'appelait dans les conseils pour y donner son avis, et on s'en trouvait bien. Mais le brave saint mourut enfin le 21 mars 1487. Il était à genoux quand il expira, et c'est dans cette position que l'on conserva son corps que vous voyez. Seulement on lui enleva la robe de bure qu'il portait, et comme il reçoit sans fin la visite d'une quantité de pèlerins, ainsi que vous pouvez voir, on le couvrit de toutes les richesses que vous voyez aussi. On ne peut rien donner de trop beau à ceux qui ont pratiqué la vertu et qui nous ont prodigué des exemples de sagesse comme Nicolas de Fluë.

Je n'achève pas le récit de la pieuse femme, lecteur, car il fut long, tant elle parlait avec complaisance de son saint de prédilection.

Mais je ne puis m'empêcher de vous avouer que dans cette belle église, édifiée par la reconnaissance, je me crus transporté parmi les chrétiens de l'Eglise primitive. Le recueillement le plus admirable, la ferveur la plus grande, la plus touchante piété m'apparaissaient sous un jour nouveau dans les profondeurs de ce canton d'Unterwalde. Le temple était rempli, ici les hommes, là les femmes, ailleurs les jeunes filles. Et ce fut un beau spectacle que de voir toute cette population marcher en ordre à la table sainte. On était malgré soi reporté aux temps évangéliques où l'on rompait le pain sacré dans les catacombes.

Après la pluie, contre toute attente le ciel se fit serein ; j'en profitai pour quitter, bien à regret, le beau village de Sachselen.

Cheminons donc ensemble de nouveau, et dirigeons-nous vers Saarnem. Notre route nous fera rencontrer tantôt des prêtres, tantôt des bergers, parfois des soldats. Souvent aussi nous nous trouverons dans de vastes solitudes, pacages verts comme l'émeraude et où paissent de nombreux troupeaux aux clochettes sonores. Nous traverserons aussi d'étroites vallées, entourées de gracieuses collines, ou bien des montagnes abruptes et des roches sauvages. En général, les horizons sont moins grandioses que dans les hautes montagnes, mais ils sont plus vastes et plus gracieux; quelquefois le Ranz des Vaches vient frapper nos oreilles. Ce Ranz des Vaches n'est pas un air unique, mais une suite de mélodies propres à chaque vallée. L'air original, le vrai Ranz des Vaches, est celui d'Appenzell. On remarque à chaque pas que les bergers des Alpes communiquent entre eux à l'aide de leurs voix ou de leurs trompes à la distance de un ou plusieurs kilomètres. Aux sons du cor ou aux accents de la voix, les troupeaux obéissent et prennent tel ou tel rang, telle ou telle direction. Le cor des Alpes n'est autre qu'un tube de bois, entouré d'écorces et ayant cinq ou six pieds de long. Il est très mélodieux quand ses notes sont répétées par les échos des montagnes.

Un jour que j'errais à l'aventure dans le canton d'Uri, où la simplicité des mœurs pastorales subsiste encore, comme dans celui d'Unterwalde, j'entendis le cor des Alpes retentir sur les hauteurs des pacages. Le soleil se couchait derrière les montagnes, et un pâtre, placé sur un pic très élevé, entonna les premières paroles du psaume : *Laudate, pueri, Dominum...* d'une voix qui lui fit répondre par tous les échos d'alentour. Les mêmes notes furent aussitôt répétées beaucoup plus loin par des trompes. Alors mon guide ôta son chapeau, s'agenouilla, et tous les gens de la vallée firent de même. Aussitôt fut faite, en silence, partout, isolément, dans les vallées adjacentes, la prière du soir. Je fus ravi en présence d'un tel spectacle, où tout parlait aux yeux et au cœur.

Mais nous voici à Saarnem. C'est une très agréable petite ville située à l'extrémité du lac de ce nom, au pied d'une éminence appelée Landenberg. Son hôtel de ville, en allemand Rathaus, est fort simple. On y voit dans la salle du conseil les portraits des landammans du pays

La colline du Landenberg offre une vue magnifique. Elle **était** jadis couronnée d'un vieux château, devenu célèbre dans les fastes de la Suisse. Le manoir appartint d'abord aux nobles de Saarnem, puis aux barons de Reinden, et enfin à l'abbaye d'Engelberg. Celle-ci l'échangea, en 1210, à Rodolphe de Habsbourg, comte de Grafenort. Le fils de Rodolphe, l'empereur Albert, y établit un de ses baillis, le chevalier Beringen de Landenberg. C'était un homme dur et féroce. Un des vassaux de l'empereur Albert, Arnold de Melchtal, ayant été condamné à perdre un bel attelage de bœufs, parce qu'il s'était rendu coupable d'un méfait sans importance, un valet du bailli vint le trouver dans ses champs, détacha les bœufs de la charrue, et dit, avec une insolence outrecuidante, ce vers de Schiller :

— Quand le paysan voudra manger du pain, qu'il s'attache lui-même à la charrue !

Offensé d'un tel procédé, Arnold frappa le valet d'un bâton, lui cassa deux doigts de la main et s'enfuit ensuite dans la montagne. Aussitôt Landenberg fit appréhender au corps Henri Ander-Halden, père d'Arnold, le fit mettre en prison, charger de chaînes, et on lui creva les yeux. Le peuple, indigné, se souleva et une conspiration s'ourdit dans l'ombre. Or, le premier jour de l'an 1308, vingt paysans se présentent au manoir avec des cadeaux, agneaux, chèvres, gibier, volailles. Le bailli était alors à la messe. Reçus dans ses appartements, ces braves Suisses fixent en silence, à l'extrémité de leurs bâtons, les piques qu'ils tiennent cachées sous leurs vêtements. Puis, sur le signal de l'un d'eux qui embouche la corne des Alpes, trente autres paysans embusqués dans les bois voisins arrivent en hâte. Le château est pris et cerné : on le brûle. Landenberg s'enfuit à Alpnach : mais les insurgés s'en emparent et exigent de lui le serment de rompre avec les Habsbourg.

Aujourd'hui, à peine quelques misérables restes de ce manoir féodal. Sur l'emplacement qu'il occupait, a lieu le tir à la carabine, cet exercice favori dans lequel les Suisses n'ont pas de rivaux.

Marchons vers Stanz, dernière ville et chef-lieu de l'Unterwalde. Partout, sur notre route, nous retrouverons le souvenir de la guerre des Français, en 1799.

Voici d'abord, dans le cimetière attenant à l'église, une inscription *à la mémoire des infortunés habitants du Nidwalden, qui périrent en se défendant contre les Français*. Que la guerre est terrible, et, quand on est de sang-froid, combien on déplore les malheurs qu'elle répand !

C'était le général Schauenberg qui dirigeait l'attaque de l'Unterwalde, par nos troupes. Il l'attaquait tant par le lac de Lucerne que par Stanz, le Brunig et l'Oberland. Les Unterwaldais, de leur côté, refusant à tout prix l'intervention des Français dans leurs affaires, prirent bravement les armes. Mais que pouvaient trois mille paysans contre seize mille Français aguerris ! Ces infortunés se défendirent cependant, et jusqu'à la dernière extrémité. Pas de quartier ni d'une part ni de l'autre. Des familles entières furent éteintes. On trouva parmi les morts jusqu'à dix-huit jeunes femmes ayant à côté d'elles, immolés, leurs pères, leurs maris, leurs frères. L'église ayant servi de refuge à soixante-trois personnes, elles y furent cruellement égorgées, avec les prêtres qui, en mourant, leur prodiguaient les dernières consolations.

Aussi ne serez-vous pas surpris lorsque je ferai ici l'aveu que notre costume et notre titre de Français ne sont que très médiocrement accueillis par la population de Stanz et du voisinage.

Sur la place du Marché, et décorant une fontaine, se dresse une statue de fort bon air, tenant un faisceau de hallebardes qu'elle s'enfonce dans la poitrine. Or, il faut que vous sachiez qu'en venant de Saarnem à Stanz on passe auprès du Trou du Dragon, profonde caverne dans laquelle vint s'établir jadis un énorme serpent qui ravagea la vallée, dévorant non-seulement le bétail, mais aussi les malheureux enfants qu'il pouvait surprendre. La désolation était grande dans le pays. Mais il se leva un vengeur. C'était un fils de l'Unterwalde, banni de sa patrie pour avoir tué un homme en duel, et vivant sur la terre étrangère. En apprenant les calamités de sa chère vallée, Struz de Winkelried, fait chevalier par l'empereur Frédéric III à cause de sa bravoure au siège de Faensa, demande le droit de revenir dans l'Unterwalde, à la condition de faire périr le serpent dans une lutte qu'il prépare. On accueille avec joie l'arrivée du brave combattant. Strutz de Winkelried vient s'installer en face du Trou du Dragon. Il n'attend pas longtemps son ennemi. Le serpent sort de son antre, et le chevalier va droit à lui. Il l'attaque, le serre de près, et le joint en face et lui enfonce dans son horrible gueule la lance dont la pointe est garnie d'un faisceau d'épines. Le serpent se tord et meurt. Mais le vainqueur a reçu une légère blessure dans le combat, et le voici enlevé par un mal affreux qui se déclare. L'infortuné banni ne peut jouir du bonheur d'avoir ainsi reconquis sa patrie.

Ce Strutz de Winkelried avait un frère, et il était dans la destinée de cette famille d'être utile à son pays. Arnold, excité par l'exemple de Strutz, se dévoue, lui aussi, mais pour le salut de la Suisse entière. Cette fois, c'était le 9 juillet 1386, au temps de la moisson et sous un soleil brûlant. Les Suisses se rencontraient à Sempach, avec Léopold, duc d'Autriche, suivi de légions formidables de nobles et de chevaliers. Battu déjà, sept ans auparavant, à Morgerton, ce prince humilié venait dans la pensée de châtier les Suisses. Mais, à Sempach, il trouve une muraille de fer que surmontent les bannières fédérales des divers cantons. Vainement les Suisses, pieux toujours, s'agenouillèrent pour invoquer le secours du ciel : ils tombaient déjà les uns auprès des autres, lorsque Arnold de Winkelried s'écrie :

— Je vais ouvrir un chemin à la liberté !... Fidèles et chers confédérés, prenez soin de ma femme et de mes enfants !...

Alors, saisissant autant qu'il lui est possible de hallebardes ennemies qui ferment le passage aux siens, Arnold en réunit les pointes contre sa poitrine, et ouvre ainsi un sillon à droite et à gauche, pour pénétrer dans le rang des Allemands, jusque-là serrés comme les épis des moissons. Aussitôt les Suisses se précipitent dans cette double ouverture béante, ils se glissent dans les bataillons ennemis, ils leur portent des coups terribles. La terre est bientôt jonchée des cadavres des nobles et des chevaliers. Les étendards de l'Autriche sont enlevés ; le duc Léopold lui-même mord la poussière ; les Suisses sont vainqueurs sur toute la ligne, et c'est au brave Winkelried qu'ils doivent leur triomphe.

Aussi a-t-on élevé la statue que j'ai signalée, à la gloire du vaillant soldat, et son nom est voué à l'immortalité.

Maintenant prenons cette charmante route qu'ombragent des noyers et d'autres arbres magnifiques, et que bordent quelques maisonnettes d'un aspect propre et coquet qui séduit, et nous sommes à Stanstadt.

Stanstadt est placé sur une langue de terre qui s'avance dans le lac des Quatre-Cantons ou de Lucerne. On y remarque tout d'abord les ruines d'une vieille tour carrée que l'on dit avoir été construite au xvie siècle. Elle est assise sur le rivage du vaste lac, que l'on découvre à merveille dans la plus admirable de ses parties. Nous en parlerons tout-à-l'heure.

LE LAC DES QUATRE-CANTONS. — LE MONT-PILATE. — TRAVERSÉE SUR LE STEAMER GUILLAUME TELL. — LA VILLE DE LUCERNE. — HISTOIRE D'UN BRAVE DÉFENSEUR DE LA SUISSE. — ASCENSION DU RIGHI. — UN RÉVEIL PAR LA TROMPE DES ALPES. — LEVER DU SOLEIL SUR LE MONT-RIGHI.

A Stanstadt on trouve un steamer, *le Guillaume Tell* (quel autre nom plus fameux dans ces contrées, théâtre des exploits de Guillaume Tell, pourrait-on donner à un navire?), et nous voici naviguant sur le lac des Waldstœlten, ou de Lucerne, ou des Quatre-Cantons, car ce lac est entouré en effet des quatre cantons de la Suisse Unterwalde, Uri, Schwytz et Lucerne.

Les Romains lui avaient donné l'appellation de *Lacus magnus*.

Le lac des Quatre-Cantons est en réalité l'un des plus remarquables de la Suisse par son caractère de grandeur et ses aspects charmants et pittoresques.

Les rivages qui l'entourent furent tous les témoins de la vaillance de certains des fils de la Suisse pour conquérir et affermir la liberté helvétique. Là, il n'est pas une pointe de terre, un rocher, un chemin creux, qui ne rappelle un grand souvenir, efforts, luttes, sanglantes péripéties, combats héroïques, dévoûments sublimes, grand drame en un mot qui a nom Guillaume Tell.

On trouve facilement d'un coup d'œil que la forme du lac de Lucerne est celle d'une croix grecque, dont chaque bras porte un nom différent :

Lac d'Alpnach, au point où nous nous trouvons, parce que le célèbre village de ce nom est assis sur sa rive;

Lac de Lucerne, en face, point vers lequel nous cinglons;

Lac d'Uri, à droite;

Et lac de Kussenach, entre Uri et Lucerne, au pied du Mont-Righi.

Les eaux du lac sont limpides et affectent la couleur des eaux de la mer. Elles sont le plus souvent calmes et unies.

Vers Fluelen, qui appartient au lac d'Uri, le vent du sud, nommé *foehn*, le met quelquefois en tempête. Parfois aussi, sa surface est agitée par des vents différents.

Il compte jusqu'à neuf cents pieds de profondeur.

Les montagnes qui forment sa ceinture sont hautes, très escarpées, fort à pic pour la plupart, et formées de pierre calcaire, de brèche et de grès.

A l'orient, c'est le fameux Righi, *mons rigidus*, ou *regina montium*, choisissez son étymologie. Dix villages, sinon plus, d'innombrables chalets, de charmantes maisons blanches enfouies sous la verdure, l'embellissent et l'animent. Il ne compte pas moins de cinq mille sept cents pieds d'élévation.

A l'occident, c'est l'horripilant Mont-Pilate, squelette gris, nu, décharné, sans la moindre végétation, honteux d'être aussi difforme, tandis que son vis-à-vis le Righi se montre si joyeux et si coquet.

Entre le Pilate et le Righi, au nord, sur de verdoyantes collines, se mirant amoureusement dans les eaux du lac, c'est la délicieuse ville de Lucerne, entourée d'une riche ceinture de tours, marquetée de ponts, à cheval sur la Reuss et souriant de loin aux cimes neigeuses d'un horizon de montagnes, celles de l'Oberland.

A mon arrivée à Lucerne, vers le soir, comme les ténèbres tombaient, Lucerne allumait ses mille lumières et s'éclairait de mille feux. Sa silhouette, ainsi brillante, se reflétait dans le lac. C'était une magie indescriptible.

Ce nom de Lucerne vient bien évidemment de *Lucerna*, lanterne, ou, si vous aimez mieux, phare ; car certainement, jadis, un phare était debout à l'entrée du port de la ville, et ses signaux de nuit devaient servir à diriger la navigation du lac.

Le lendemain, après une nuit parfaite, je me souviens m'être élancé bien vite à la fenêtre de l'hôtel du Cygne, où j'avais pris gîte, pour juger du coup d'œil que devait offrir le paysage nouveau de la contrée dans laquelle j'allais vivre pendant quelque temps. Vous dire quelles furent mes impressions, mon saisissement, mon admiration, serait superflu : je ne les peindrais que trop imparfaitement.

Mais, je suis bien promptement levé, et je sors afin de parcourir la ville. Quand on se trouve dans une cité fameuse que l'on ne connaît pas encore, on ne saurait croire combien sont vives les sensations que donne une sortie. Or, comme c'était un dimanche, je courus tout d'abord au pied des autels. A droite de ma demeure, qui occupe le point central du vaste amphithéâtre que forme Lucerne, je prends un pont couvert d'une longueur immense. On le nomme Capell-Bruke. Il coupe obliquement les eaux rapides de la Reuss, et, comme il est couvert, ainsi qu'un tunnel, aux cintres de ses piliers en charpente, je vois, non sans surprise, peints à fresque, soixante-dix-sept tableaux représentant les scènes de la vie des saints Léodegard et Martin, patrons de Lucerne, d'un côté de ma promenade, et, en sens inverse, les plus heureux sujets tirés de l'histoire de la Suisse.

J'arrive ainsi à l'église de Saint-Xavier, dont la forme et l'élégance me rappellent les monuments religieux construits à Versailles sous le règne du grand roi. La messe commence à peine, et toute la milice de Lucerne, en armes et musique en tête, vient assister au saint sacrifice.

A la sortie, je visite la maison de ville, Stadthaus, où la Diète tient ses assises publiques; et, à la porte de Berne, l'arsenal, vénérable dépôt qui, avec les armes du contingent fédéral, offre à la curiosité publique la bannière jaune de l'Autriche, prise à la bataille de Sempach, la cotte de mailles du duc Léopold, qui y fut tué, et une épée qui fut portée jadis par Guillaume Tell.

Mais ce qui attire le plus vivement ma curiosité, dans Lucerne, c'est le monument élevé, dans le parc de la ville, par le général Ptyffer, à la mémoire des soldats suisses qui moururent si bravement en défendant la famille royale de France, Louis XVI, Marie-Antoinette, le Dauphin et sa sœur, ainsi que l'admirable madame Elisabeth, au terrible assaut des Tuileries, le 10 août 1792. Pour juger ce beau travail, dessiné par le peintre Thorswalden et sculpté par un jeune artiste de Constance, Ahorn, dans le rocher même du parc, muraille perpendiculaire que couronnent des plantes pariétaires et que sillonnent des filets d'eau qui, j'en ai peur, gâteront le groupe, représentez-vous un lion de grandeur colossale, mais un lion terrible d'expression, percé d'une lance, et quoique prêt à expirer, protégeant de son corps un bouclier fleurdelisé qu'il ne peut plus défendre et qu'il tient dans ses pattes. On lit sur le rocher les noms des soldats et des officiers morts, le 10 août, pour la famille royale, à laquelle ils avaient voué leurs services.

A quelques pas de là, on voit une chapelle funéraire, dont cette inscription décore le couronnement :

HELVETIORUM FIDEI AC VIRTUTI INVICTIS PAX!

(*Paix à la cendre des Suisses fidèles à leur serment et à leur bravoure!*)

Madame la duchesse d'Angoulême broda jadis de ses propres mains la garniture d'autel de cette chapelle, à laquelle se rattachent tant de souvenirs.

Je dirige ensuite mes pas vers la cathédrale de Saint-Léodegard, tout récent édifice, de noble tournure, et dont les deux tours aiguës datent de 1505. On y trouve d'abord d'excellentes orgues, dont j'ai pu savourer la délicieuse harmonie, sous les doigts d'un très habile artiste, et puis une sonnerie aérienne dont les modulations m'ont charmé. Mais ce qui m'a le plus intéressé dans ce beau monument, c'est le cloître qui l'entoure. Il a quelque ressemblance avec les *campi-santi* d'Italie, en ceci qu'il offre aux regards des marbres, des peintures et des bronzes tout-à-fait remarquables. Quand vous le visiterez à votre tour, mes amis, je vous recommande de vous arrêter devant *la Mort qui joue du violon;* en face d'*un squelette casqué et cuirassé;* en présence de *la Mort coiffée d'un tricorne galonné,* etc. J'ajoute une singularité pieuse qui m'a frappé : c'est que, au pied de chaque tombe de ce cimetière de luxe, on trouve un bénitier et son goupillon. Ils semblent attendre le passant et l'inviter à bénir les trépassés et à prier pour eux...

Maintenant, lecteurs bien-aimés, à l'assaut du Righi, cette magnifique montagne qui baigne son pied dans le lac de Lucerne !

Un bateau à vapeur nous attend sur la rive. Prenons place en hâte sur le pont, car voici la cloche du départ qui sonne; en route pour Kussenach !

D'abord notre élégante embarcation passe devant le joli promontoire de Meggenhorn, sur la gauche, ou plutôt à l'est du lac; puis elle nous fait franchir les eaux qui entourent la seule île du lac des Quatre-Cantons, l'île d'Alstardt, dans laquelle notre pauvre philosophe français, Raynal, éleva, à la gloire de Guillaume Tell, un obélisque de granit haut de quarante pieds, et surmonté de la flèche et de la pomme traditionnelles de l'illustre héros. Malheureusement le ciel ne respecta pas les louables intentions du philosophe, car le monument était à peine achevé que la foudre le fit tomber et le brisa.

Le rivage qui se présente à la vue se compose de gracieuses collines, emmitouflées de l'épaisse fourrure de bocages, sous lesquels apparaissent nombre de châteaux et de maisons de plaisance.

Voici les ruines du manoir d'été des comtes de Habsbourg, qui fut saccagé par les Suisses, en 1382. Huchées sur l'escarpement d'un rocher de la côte, elles ne laissent pas de décorer agréablement le paysage.

Le steamer nous dépose à Kussenach, où il fait escale.

Kussenach est un délicieux village sis au pied du Righi. Il occupe le fond d'une baie que le lac creuse dans cet endroit charmant. Nous pouvons entrer dans l'église. Là aussi, comme à Sachselen, nous verrons la relique d'un saint personnage, dont le squelette est couché sous l'autel fermé de glaces qui permettent de le contempler à l'aise.

Après l'église, Kussenach n'offrant aucune autre curiosité, sortons du village, et marchons vers le Righi.

Remarquez ce chemin creux, que l'on nomme dans le pays Hothle-Gasse. C'est l'endroit fameux où Guillaume Tell immola le tyran Gessler, dont voici le château en ruines sur ce tertre qui domine notre route. Les Suisses, en souvenir de ce meurtre qui fut le signal de leur délivrance, ont élevé cette chapelle modeste à l'endroit précis où expira leur abominable ennemi.

Et, comme à chaque pas nous aurons bientôt à signaler quelque exploit du fameux patriote qui sauva son pays, quelques mots sur le vaillant Guillaume Tell ne seront pas déplacés.

Guillaume Tell naquit à Burgan, dans le canton d'Uri, où il avait épousé la fille d'un autre patriote, Walter Furst. S'étant alors établi comme cultivateur à Burgehn, près d'Altorf, tout en conduisant ses bœufs à la charrue, le pauvre Guillaume pleurait sur les calamités de la Suisse, car la Suisse était alors livrée à d'horribles calamités. En effet, cette contrée se composait à cette époque de différents territoires soumis à des seigneurs vassaux de la famille de Habsbourg, qui occupait le trône impérial d'Allemagne. Aussi Albert Ier, ambitieux et brûlant du désir d'incorporer la Suisse à ses domaines, proposa aux habitants de les détacher de l'empire d'Allemagne et de les attacher à ses possessions propres. Les Suisses de résister. Que fait Albert? Il envoie pour gouverner le pays helvétique des baillis qui se mettent à exercer toutes les cruautés possibles. Je vous ai déjà raconté ce que fit, à Saarnem, le misérable bailli Landenberg. Dans cette partie de la Suisse, ce fut un brigand, du nom de Gessler, que l'empereur envoya comme gouverneur.

Gessler vint se fixer à Altorf; mais il prit pour maison de plaisance le château dont je vous ai montré les ruines tout-à-l'heure, près de Kussenach.

Ce monstre imagina les plus horribles choses pour torturer les hommes et les femmes, les vieillards et les enfants soumis à son autorité. Il faisait tomber sa fureur jusque sur les bestiaux, jusque sur les chaumières des paysans.

Mais alors, en 1307, pendant une nuit noire, sur la prairie du Grütli, placée sur les bords du lac de Lucerne, dans la partie qui appartient au lac d'Uri, trois hommes, trois seulement, se réunirent en silence. Ces hommes s'appelaient Walter Furst, du canton d'Uri, le beau-père de Guillaume Tell; Arnold de Melctal, fils de Henri Ander-Halden, du canton d'Unterwalde, qui déjà avait lutté contre le valet de Landenberg, ainsi que je vous l'ai dit, et Werner Staufacher, du canton de Schwytz. Après avoir délibéré et s'être entendus, ces braves et généreux paysans signèrent, sous un arbre du Grütli, une confédération qui avait pour but de reconquérir l'indépendance de la Suisse.

Guillaume Tell ne manqua pas de se réunir bien vite à ces trois braves, qui ruminaient ainsi de rendre la paix et l'indépendance à leur patrie.

Mais alors voici que le féroce Gessler, appuyé de la violence de ses hommes d'armes et assuré de la solidité des murailles de son repaire, se livre à ses barbaries sans frein, sans retenue. Ne s'avise-t-il pas de faire coiffer un arbre de la place principale d'Altorf de l'un de ses bonnets de fourrure? Puis il donne l'ordre à tous les Suisses qui passeront devant cet arbre surmonté de son bonnet, symbole de la tyrannie de l'Autriche, de le saluer très respectueusement et fort bas. Cet exécrable despotisme irrite Guillaume Tell. Il vient tout exprès à Altorf, tourne à l'entour de l'arbre et se garde bien de le saluer. Les sbires du tyran le saisissent, il est conduit devant Gessler. Guillaume est condamné à faire tomber à coups de flèche une pomme placée sur la tête d'un enfant, à distance assez grande, afin de rendre le coup moins sûr... Cet enfant, devinez quel il est?... C'est le fils même... du brave Guillaume. Ainsi le pauvre père court l'horrible risque d'assassiner son enfant!

Le misérable petit être est mis debout sur la place d'Altorf, en face de l'arbre, et Guillaume est placé à cinquante pas de sa victime. Mais si Guillaume a le cœur endolori et l'âme inquiète, il a le regard fixe, et les Suisses sont bons tireurs! Il décoche la flèche, qui, grâce au ciel, atteint la pomme, la fait tomber, et épargne l'enfant chéri.

Aussitôt le bon père se précipite, heureux et fier, et saisissant son fils dans ses bras, il le couvre des plus tendres caresses... Mais une flèche s'échappe alors de ses vêtements et tombe à ses pieds.

— A quel usage réservais-tu cette seconde flèche? demande le cruel tyran, qui n'avait pas manqué d'assister au supplice.

— Elle devait te tuer, si j'avais touché mon pauvre enfant!... répond Guillaume sans détour.

Livré à une colère sans égale, Gessler fait charger de fers le malheureux vainqueur, et on le jette dans la barque du tyran, qui, d'Altorf va partir par le lac pour son château de Kussenach, où le bailli se propose de le torturer en un noir cachot. Mais tout-à-coup, entre Fluelen et Brunnen, juste en face du Grütli, une violente tempête s'élève et menace d'engloutir le frêle esquif qui porte Gessler, Guillaume Tell et les hommes d'armes. En un moment de danger, le prisonnier prend lui-même les rames et manœuvre avec tant d'adresse et de vigueur qu'il réussit enfin à faire aborder près d'une petite éminence du rivage.

Là, l'œil au guet et le pied agile, Guillaume saute à terre, à la grande stupéfaction de Gessler et des soldats, qui ne savent que faire, et repoussant du pied la nacelle vers le lac, il s'éloigne en hâte dans la montagne. On nomme cet endroit le Saut de Tell, et la reconnaissance des Suisses l'a consacré par l'érection d'une chapelle, que vous verrez dans nos excursions sur le lac.

Cependant, tout en s'enfonçant dans les bois, Guillaume suit de l'œil le farouche Gessler. Il comprend qu'il se rend à Kussenach, et il y précède le tyran. C'est alors qu'il s'embusque dans le chemin creux que vous savez, lequel chemin n'est autre que l'avenue de son château, et, aussitôt que Gessler paraît, la flèche de Tell vole, atteint au cœur l'affreux bailli, et lui fait rendre l'âme au point précis que signale la chapelle.

Certes, Guillaume Tell était bon tireur!

A la nouvelle de la mort de Gessler, la Suisse entière prit les armes et se souleva. Une guerre à outrance eut lieu entre l'Autriche et toute l'Helvétie. Enfin la liberté triompha, en 1499.

Guillaume Tell fut un des héros de la bataille de Morgarten. Croira-t-on qu'on ne connaît pas bien quelle fut la fin de ce héros? On suppose qu'il périt dans un débordement de la rivière de Schaëker.

Maintenant, mes chers compagnons de route, maintenant que vous connaissez la vie et les exploits de Guillaume Tell, vous aurez plus d'intérêt à visiter les traces de son passage que nous pourrons rencontrer.

Cette chapelle du chemin creux de Kussenach est la station de la mort, puisque ce fut là que Tell immola Gessler. Nous commençons par la fin : mais peu importe, nous nous y reconnaîtrons facilement. Cette chapelle est ornée de fresques fort médiocres ; elles n'ont d'autre mérite que de représenter la mort d'un méchant homme.

Passons. Ici, entamons le long chemin montant, sablonneux, malaisé, toujours en lacets, qui se dirige vers les hauteurs du Righi, à travers les forêts et les pâturages de Seeboden. Cette ascension a ceci de charmant que l'on peut voir constamment l'admirable lac de Lucerne, la jolie cité qui lui donne son nom, et les plus ravissants rivages, d'abord, mais aussi le lac et la ville de Zug. Ajoutons que notre horizon s'élargit au fur et à mesure que nous montons. Voyons quelle végétation luxuriante couvre le merveilleux Righi, depuis sa base jusqu'au sommet. Qu'il y a loin de ce tableau splendide aux âpres et sauvages aspects des montagnes que nous avons déjà visitées ensemble.

Assurément, si le botaniste peut visiter le Righi avec quelque profit pour la science, le géologue ne le parcourra pas sans avantage. En effet, cette belle montagne est formée, depuis ses assises les plus profondes jusqu'à sa cime la plus élevée, le Righi-Kulm, de couches de brèche alternant avec des couches de grès. Placé aux avant-postes d'une chaîne de montagnes qui se prolonge jusqu'au lac de Genève, il en est une des parties les plus élevées. Ses couches, parfaitement rectilignes, semblent avoir été posées par la main des hommes.

A l'est, voici la vallée d'Artz, et puis celle de Goldau, qui la sépare du Rufli et du Rossiberg, si fameux par l'horrible éboulement qui combla cette vallée de Goldau, drame épouvantable, dont je vous parlerai bientôt. A l'ouest, elle est baignée par le lac des Quatre-Cantons. Au nord, du côté de Zug et de son lac, remarquez comme il est taillé presque à pic, depuis le Kulm jusqu'au niveau du lac de Zug, ce qui lui donne une altitude de six mille pieds. C'est du côté de cette paroi perpendiculaire seulement, que le Righi est complètement nu et dépouillé de toute verdure et de toute végétation.

Hélas! cette reine des montagnes a eu aussi ses jours de souffrances. Du côté du lac de Lucerne, là, au lieu que signale Weggis, ce riant village qui dort sur la rive au soleil du midi, un formidable déluge de boue descendit de ses flancs, en 1795, et s'avançant avec lenteur, comme un torrent de laves, il engloutit plus de trente maisons et couvrit quatre-vingts arpents de bonnes terres de ses immondes débris.

Nous sommes maintenant au-dessus de ce village de Weggis, c'est-à-dire à l'endroit d'où se précipita ce déluge de boue. Aussi vous pouvez voir que le sol est formé d'une sorte de pudding ou pouzzolane, terres et petites pierres, qui, délayées par des pluies persistantes, peuvent se liquéfier et reproduire un nouveau drame semblable au premier. Je vous signale cette sorte d'arc de triomphe, formé de deux blocs immenses de cette pouzzolane, posés verticalement, et couronnés d'un troisième formant le fronton du monument, taillé par la fantaisie des habitants, comme souvenir d'un passé bien regrettable.

Nous atteignons à cette heure Kalten-Bad, bains froids qui sortent d'un rocher, et voici, tout près des bains, un pèlerinage en l'honneur de la Vierge, très suivi par les bons et pieux paysans de la contrée.

Cet hôtel, le premier que nous rencontrons sur notre route, à une heure du sommet de la montagne, s'appelle Righi-Staltel.

A sa droite s'ouvre une charmante vallée qui conduit au monastère de Notre-Dame des Neiges et à Goldau. Ce sera notre pèlerinage de demain.

Gravissons encore, tout en devisant, tout en admirant surtout les merveilleux paysages que l'on ne cesse de découvrir de tous les côtés, sans interruption. Que de touristes nous précèdent; combien nous suivent appelés par les délices de cette facile excursion!

Halte-là, nous sommes au Righi-Kulm, et voici l'hôtel qui doit nous donner asile pour la nuit.

Ce Righi-Kulm est le point culminant de la montagne, ainsi que l'indique ce mot Kulm. C'est un large plateau, très vaste, irrégulier, couvert de gazon. Le soleil va se coucher, nous sommes arrivés pour le bon moment. Le coucher du soleil, à une telle hauteur, et au milieu de l'horizon le plus vaste du monde, semé de montagnes vues à distance, capitonné de villes et de villages fort jolis, ponctué de quatorze lacs qui brillent encore à un éloignement vertigineux; ce coucher du soleil, dis-je, a quelque chose de féerique qu'aucune peinture ne peut rendre.

Promenez un moment, avec moi, vos yeux vers le point opposé où le soleil va disparaître; tout est dans l'ombre déjà, mais les montagnes brillamment éclairées encore à leurs cimes, se font remarquer par la chaleur et la vivacité de leurs teintes. Quel étonnant contraste entre les clairs et les ombres dans ce tableau prestigieux! Tournez-vous maintenant vers le couchant: le soleil a quitté la terre, mais le ciel reste rutilant d'une vive lumière blanche ou légèrement colorée d'une nuance orangée. A l'endroit où apparaissent quelques nuages, on voit leurs bords, encore éclairés, se teindre vigoureusement en jaune d'or ou en rouge. Mais le ciel lui-même, dans les espaces qui les séparent, ne participe point à ces vives couleurs et demeure blanc, sauf la diminution dans l'intensité de la lumière, qui va s'affaiblissant. Alors, où est la magie du spectacle, c'est que les pics les plus élevés des montagnes lointaines semblent tous se couronner d'aigrettes de feux, comme si la main de l'homme y faisait flamboyer des bûchers pour la nuit.

Aussi l'on éprouve le besoin de se prosterner devant Dieu, tant on admire ses œuvres grandioses et son pouvoir suprême !

Avant d'entrer dans l'hôtel, car le froid commence à se faire sentir, voyons une cavité curieuse et qui a nom le Trou du Righi. C'est en effet une excavation en forme d'entonnoir dans laquelle on peut laisser tomber un objet quelconque ; il arrive immédiatement au pied de la montagne à pic, après avoir parcouru six mille pieds, hauteur de la muraille.

A l'hôtel tout le monde se chauffe, puis on dîne, puis on saute, puis on va se coucher afin d'être en mesure de jouir des surprises de la matinée du lendemain.

— Pourvu qu'il fasse beau ! Tel est le vœu unanime de tous les curieux assemblés dans l'hôtel, et y offrant une réunion cosmoplite des plus étranges et des plus disparates.

Les chambres du Righi-Kulm sont étroites comme les cellules des chartreux : mais c'est égal, on y dort, on y dort bien. Et la preuve, c'est qu'il faut le cor des Alpes pour réveiller leurs hôtes.

A ce signal poétique et à cet à-propos local, en un clin d'œil tout le monde est debout, et de courir à sa fenêtre.

— Fait-il beau ? Oui. Ah ! quel bonheur !

Hélas ! si le ciel est voilé, quelle déception cruelle.

Mais il est beau, et on entend la foule qui bourdonne dans l'hôtel, comme les abeilles dans leur ruche. Voyez comme les touristes, hommes, femmes, jeunes gens, jeunes filles, enfants, Français, Anglais, Espagnols, Italiens, Russes, Allemands, Américains et autres, sortent et se précipitent par toutes les ouvertures de la vaste maison qui les a abrités pendant la nuit. Ainsi encapuchonnées de mantes, de mantilles, de manteaux, de fourrures, les dames ; les hommes enfouis dans leurs cabans, dans leurs mac-farlane, leurs makinstochs et leurs p'ai ls, en un clin d œil deux à trois cents personnes couvrent bientôt toutes les aspérités du Righi-Kulm.

Là, on attend l'apparition du soleil, afin de jouir des magnifiques aspects, uniques au monde, dont le Righi-Kulm est l'heureux privilégié.

Soyez indulgent, lecteur ; et si j'ose prendre la palette du peintre, au moins rappelez-vous que c'est pour vous instruire et non pour me poser en artiste émérite.

D'abord on voit, à l'orient, une légère teinte qui fait disparaître et s'éteindre peu à peu la faible clarté des étoiles. C'est le premier messager de l'approche du soleil. Bientôt cette teinte légère s'étend le long de l'horizon, ainsi qu'une écharpe d'or réfléchie en pâles nuances de cramoisi par les neiges des montagnes qui mélangent au loin leurs croupes comme des troupeaux de moutons gigantesques. Chaque sommité se couvre petit à petit et tour à tour de cette jolie teinte d'or. Alors, l'espace sombre et presque ténébreux qui se trouve entre l'horizon lointain et le Righi s'illumine et rutile. Puis les forêts resplendissent, les lacs reflètent les lueurs du matin, les collines s'accentuent, les rivières deviennent des filets d'argent, les villes s'estompent, les villages se dessinent d'une manière peu distincte d'abord, jusqu'à ce que, enfin, le disque de feu s'élève au-dessus de la barre sombre de la terre et projette ses rayons sur l'immense panorama qui se prolonge tout autour du Righi, à des distances incommensurables. Bref, les ténèbres et les ombres enfin dissipées, le plus admirable spectacle se déploie aux regards, s'anime et devient rayonnant de feux et de lumières.

Représentez-vous, à l'entour du Righi, une circonférence d'une largeur de plus de cinquante lieues.

Voici les détails de cet admirable panorama :

D'abord les lacs de Zug et des Quatre-Cantons baignent le pied de la haute montagne. Les bras de celui-ci s'étendent en croix, vers les cantons d'Uri, d'Unterwalde, de Schwitz et de Lucerne, de telle sorte que l'on ne peut juger ni s'assurer si c'est un unique lac.

Puis, celui de Zug semble si proche de la base du Righi, qu'au premier aspect on pourrait croire qu'en s'élançant en avant on tombe dans ses eaux. Rien de plus merveilleux que la teinte verdâtre que prennent ces nappes d'eaux, vues à la distance qui les sépare du Righi.

Dans la direction du nord, après avoir plongé dans les rues de Zug de manière à en suivre le moindre mouvement, au-delà de cette ville on découvre l'église de Cappel et le charmant village d'Artz.

S'étend au fond une chaîne de montagnes qui se nomme l'Albis : elle servirait de dernier plan si par les déchirures de ses flancs on n'apercevait la ville de Zurich et son lac.

Plus à droite, par-dessus le Rossiberg, on distingue aussi le lac Egeri, sur le bord duquel les Suisses gagnèrent la fameuse bataille de Morgarten.

En se tournant vers l'ouest, voici la chapelle de Guillaume Tell, au chemin creux de Kussenach, le village et la jolie baie de Kussenach; Lucerne avec la Reuss qui la perfore de sa lame d'acier ; puis le lac de Sempach, témoin d'une autre grande victoire des Suisses ; et le sombre Pilate, dont la masse déchirée, pourfendue, humiliée, se dresse encore vers le ciel.

Au sud, les assises du Righi se prolongent en ondulations jusqu'à l'Unterwalde, et laissent entrevoir çà et là une portion du lac des Quatre-Cantons, dormant dans les profondeurs formidables du lit que la nature lui a creusé entre les montagnes rocheuses d'un aspect fantastique.

Puis, voici Alpnach qui se montre non loin de Stanzstadt, et puis Saarnen, et notre route de Brünig, et même la belle Jung-Frau qui se dresse sur ses pointes pour nous sourire et nous rappeler l'Oberland et toute une immense succession de montagnes neigeuses qui moutonnent au loin comme des vagues d'Océan figé.

Enfin, à l'est, l'immense chaîne des Alpes borne l'horizon. Elle est capitonnée des pics neigeux du Dœdi, au pays des Grisons; du Glœrnisch, dans le canton de Glaris, et du Sentis, dans celui d'Appenzell.

Sur le plateau central on nous fait remarquer le lac Lowertz, en partie comblé par la chute du Rossiberg, dans la vallée de Goldau.

Je vous signale la petite ville de Schwitz, berceau de la

liberté suisse, et qui a servi de marraine à la belle contrée suisse ; je vous signale aussi Goldau, enseveli sous les ruines du même Rossiberg. Mais j'aurais tant de magnificences à vous signaler encore, que je m'arrête, et vais vous prier de descendre avec moi le Righi par une autre voie que celle que nous avons suivie pour l'escalader.

LE MONASTÈRE DE NOTRE-DAME DES NEIGES. — LA VALLÉE DE GOLDAU. — LE DRAME DE L'ÉCOULEMENT D'UNE MONTAGNE. — LE LAC DE LOWERTZ. — LA VILLE DE SCHWITZ. — ALTORF ET SES SOUVENIRS. — LE PONT-DU-DIABLE. — LE TROU D'URI. — FLUENLEN. — SECONDE CHAPELLE DE GUILLAUME TELL. — LA PRAIRIE DU GRUTLI. — BALE. — SCHAFFOUSE. — LE RHIN. — LES CHUTES DU RHIN. — A SCHAFFOUSE. — RENTRÉE EN FRANCE

On peut descendre du Righi en fauteuil; que cette excentricité ne vous étonne pas. La descente par Notre-Dame des Neiges est fort rapide, et pour des dames ou des petits-maîtres il n'est nullement commode de se trouver hissé sur un cheval dont la tête est en bas et le derrière en l'air, ou d'être poussé plus vite que l'on ne veut, par l'entraînement que subit le corps humain sur un plan excessivement incliné. Donc, nombre de ladies, de dames françaises et autres, se donnent la jouissance de fauteuils portés par de robustes montagnards.

Quant à vous, chers lecteurs, j'imagine que vous aurez assez de nerf pour descendre à pied, comme vous avez monté !

Ce n'est pas du reste le spectacle le moins agréable que celui de toute cette foule qui, tout-à-l'heure, assistait à la magnificence du lever du soleil, et qui, une heure après, comme une vraie débâcle, quitte le Righi et s'en éloigne par tous les chemins, à pied, à cheval, le sac au dos, le bâton à la main, clopin-clopant, riant, devisant et chantant.

On passe d'abord devant la caverne de Sanbach, puis devant une autre que l'on nomme les Chèvres.

Ensuite on arrive à Notre-Dame des Neiges, dont l'approche est généralement signalée par la présence de quelque capucin qui se promène dans le voisinage, en lisant son bréviaire. Ce petit monastère renferme une auberge pour les pèlerins, et on y reçoit une hospitalité fort généreuse et désintéressée, et une petite chapelle ouvrant ses portes sur la route, dans le vestibule de laquelle on voit des milliers d'*ex-voto* attestant à l'unanimité la puissante protection de notre bonne mère, la Vierge Marie. On admire dans la chapelle une grille en fer du plus beau travail, et un tableau représentant l'Enfant Jésus et sa mère, l'un et l'autre d'une expression pleine de suavité.

De ce monastère jusqu'à Artz, on rencontre ensuite, de distance en distance, les stations du Chemin de la Croix, modestes petites chapelles, fort pauvres, où l'on trouve non pas le tableau, mais les personnages en bois qui figurent dans l'acte de la Passion de notre Sauveur. Ces statues sont peintes, et, vues dans la pénombre, elles ne laissent pas d'impressionner vivement, eu égard au réalisme dont elles sont empreintes, car le sang coule, les plaies sont vives, les yeux luisent dans l'obscurité, etc.

Nous atteignons Artz, charmant village assis sur le rivage méridional du lac de Zug et en face de cette ville, au pied du Righi, et à côté du Rossiberg, très redoutable voisin.

Il est indispensable de visiter la grande église d'Artz. On y trouve un crucifix d'un rare travail, et on y voit, dans un coffre de fer, un calice d'argent provenant des dépouilles de Charles-le-Téméraire, après la bataille de Granson. Ce calice est pourvu d'une coupe très haute et dont les bords ne sont pas du tout évasés. La patène est décorée d'émaux à son centre, et les armoiries du duc de Bourgogne y sont gravées en creux.

La vallée de Goldau commence à Artz, et en se dirigeant vers le sud, on a immédiatement à sa gauche le Rossiberg, cette terrible montagne qui fait face au Righi. C'est la limite du canton de Schwitz. La partie supérieure de cette montagne est formée de pudding ou de pouzzolane, terre mélangée de caillasse, comme nous avons vu sur le flanc occidental du Righi. Cette sorte de sol se fend très facilement, et si les eaux du ciel pénètrent dans ses crevasses, elles dissolvent les lits d'argile qui séparent la pouzzolane des couches inférieures et en détachent ainsi des blocs énormes de sa masse principale.

Le village de Goldau, assis dans la vallée, à l'angle d'un vallon qui se dirige vers le village et le lac de Lowertz, au pied du Rossiberg qui, en formant un angle sur ce point, offre des pentes très prononcées au-dessus du village, avait redouté bien des fois la chute du Rossiberg. Mais il trembla bien davantage quand, en 1806, il vit avec effroi que la pluie ne cessait pas de tomber. Elle redoubla même de violence les 1 et 2 septembre. Alors la terreur fut au comble, lorsque des paysans signalèrent de nouvelles crevasses sur les flancs du Rossiberg, et que de sourds craquements se firent entendre. Des pierres furent même séparées violemment du sol qui les entourait, et des fragments de roches glissèrent dans la vallée avec la rapidité d'une flèche.

Mais voici bientôt, hélas! qu'un énorme rocher tombe à son tour dans la vallée, en soulevant un immense nuage de poussière.

C'était le 2 septembre, à deux heures de l'après-midi.

On remarque alors que vers la partie inférieure de la montagne, le terrain semble pressé par la couche supérieure, et, quelle impression cruelle! lorsqu'on y enfonce un pieu, le pieu se meut de lui-même.

Dans le même moment, un brave paysan qui creusait un fossé dans son champ, est terrifié en voyant que cette fosse se remplit d'eau au fur et à mesure qu'il la vide. Cet homme se sauve au plus vite.

Alors on vit avec épouvante qu'une crevasse, déjà plus large que toutes les autres, s'agrandissait encore.

Enfin, toutes les sources cessèrent de couler, et les oiseaux, effrayés eux aussi, s'enfuirent en poussant des cris sinistres.

Un peu avant cinq heures, les symptômes d'un formidable cataclysme devinrent plus manifestes encore.

Soudain, un bruit que l'on ne peut comparer à rien dans la nature se fait entendre! Tous les yeux se portent sur le Rossiberg, et voilà que toute la partie supérieure de la montagne, qui a sa pente au-dessus de Goldau, semble glisser peu à peu dans la vallée, mais si doucement qu'on peut supposer pouvoir encore s'échapper. Un bon vieux montagnard, qui avait souvent annoncé cette affreuse catastrophe, fumait tranquillement sa pipe assis sur un banc, dans la rue, lorsqu'il arrive près de lui un jeune gars qui lui crie que la montagne tombe...

— Ah! j'ai encore le temps de charger une autre pipe... dit-il.

Et il rentre dans sa chaumière. Ce fut, hélas! la première demeure que l'éboulement de la montagne effondrait, écrasait, enterrait à tout jamais.

Le gars courait encore cependant, mais trois fois il fut renversé dans sa chute et il se releva trois fois. Quand il se retourna de loin, pour regarder ce que faisait le vieillard, il vit que sa demeure était engloutie.

En un clin d'œil ce fut tout une avalanche de terre et de pierres, d'argile et de rochers qui s'abattirent sur le pauvre village de Goldau. Torrents de boue, lits de cailloux, amas de pierres, toute cette horrible masse de trois cent cinquante mètres de largeur et de trente-deux mètres d'épaisseur se précipitant des talus de cette montagne! Avec elle, elle entraînait les arbres et les animaux, les hommes et les femmes, les enfants et les vieillards, et allait engloutir les maisons du village et y faire périr la population entière. Le mouvement de cette chute de montagne, lent d'abord, s'accéléra bientôt, et enfin acquit une violence indescriptible.

Un paysan cueillait des fruits dans son jardin, il voit le danger, se précipite et s'enfuit avec ses deux fils, tandis que sa femme rentre dans la maison pour en arracher un enfant au berceau. Ils sont tous saisis par l'avalanche, écrasés, étouffés, ensevelis par elle.

Françoise Ulrich, une jeune fille, à la vue de l'éboulement, veut sauver l'enfant de sa voisine. Elle entre dans la chaumière, mais elle y est ensevelie aussitôt sous les ruines. Les murs craquent et tombent; les poutres se brisent et s'amoncellent; mais, grâce à Dieu, la jeune fille et l'enfant ne sont pas tués. Enfouies sous les débris de la maison, plongées dans d'horribles ténèbres, à demi noyées dans la boue, courbées sous les débris, elles écoutent, elles pleurent, elles gardent un profond silence, elles prient... Alors une cloche se fait entendre; c'est l'*Angelus* qui sonne à Steinerberg, un village voisin de Goldau. Une autre cloche sonne dans le lointain. Sept heures! A ces bruits qui leur démontrent que le monde entier n'est pas détruit, comme le croyait d'abord Françoise, la jeune fille se rattache à l'espoir de ne pas mourir. Mais elle souffre cruellement dans son affreux bourbier. Et la pauvre petite, elle pleure toujours, elle! La nuit se passe; elle a été bien longue, certes! Oh! bonheur voilà d'autres cloches qui tintent : c'est l'*Angelus* du matin. Tout-à-coup un horrible cri de détresse se fait entendre tout près d'elle. Qu'y a-t-il? Hélas! c'est le père de la petite enfant qui, en fouillant les décombres, vient de trouver le cadavre de sa femme, avec un autre enfant qu'elle tient collé sur sa poitrine.... Françoise appelle à son secours. On travaille aussitôt à sa délivrance, au milieu des pleurs, et en accompagnant chaque coup de pioche d'un gémissement et d'un sanglot. Françoise est sauvée, mais la petite fille a la cuisse cassée, elle est meurtrie sur tout son pauvre corps.

Il n'y a pas que Goldau d'englouti dans ce déluge!

Trois autres villages, Bœthen, Ober et Unter sont également détruits.

Six églises, cent vingt maisons, deux cents étables et chalets, quatre cent cinquante-sept habitants, deux cent vingt têtes de bétail, cent onze arpents de terrain, sont à tout jamais victimes de cet épouvantable sinistre.

En effet, mes chers lecteurs, quand on parcourt la vallée de Goldau et qu'on arrive bientôt, parmi les blocs de pouzzolane qui l'obstruent et se multiplient au fur et à mesure que vous avancez, pour vous offrir peu après l'image du chaos, on a le cœur serré, l'âme malade. Il est facile de se faire un piédestal de l'un de ces énormes fragments tombés du Rossiberg, et alors on domine la vaste scène de désolation. Les larmes en viennent aux yeux, car sous ces couches de pudding, sous les masses de rochers, combien de pauvres êtres ont trouvé subitement un tombeau, et gisent dans ce cimetière improvisé dans l'attitude où les a surpris la violence du cataclysme! Toute la vallée apparaît comblée, obstruée par l'éboulement de cette montagne.

Un lac situé à un kilomètre de là, le lac de Lowertz, fut comblé d'un bon quart. La pouzzolane liquéfiée et les blocs de granit refoulèrent les eaux avec une violence telle que celle-ci se dressant comme une muraille et franchissant une petite île, l'île de Schwanan, haute de vingt mètres et placée au milieu du lac, envahirent le rivage opposé, jetant bas les maisons du village de Lowertz, noyant leurs infortunés habitants, et entraînant d'autres chaumières et d'autres paysans, à leur retour dans le lac amoindri.

On se mit incontinent à l'œuvre pour faire des fouilles et opérer un sauvetage, s'il était possible. On retrouva seulement un homme, enterré à demi dans son chalet, à fleur de terre. Ailleurs, nul vestige d'habitations, pas un cadavre !

Un dernier épisode du drame :

Onze touristes des meilleures maisons de Berne, se trouvaient à Artz le 2 septembre. Ils avaient formé le projet de faire l'ascension du Righi par le côté qui servait tout-à-l'heure à notre descente. Sept de ces voyageurs précédaient les quatre autres de trois cents pas. Ces derniers remarquent que l'un des amis qui les devancent montre du doigt la cime du Rossiberg qui s'agite. Il le dit à ses compagnons, et les voici tous qui prennent leurs lunettes et observent. Tout-à-coup, des pierres, des roches, des fragments de pudding traversent l'air au-dessus de leurs têtes, semblables à des boulets de canon. Un nuage de poussière remplit en même temps la vallée et répand une profonde obscurité. Puis il se fait un ébranlement inimaginable, et un bruit indéfinissable retentit... A peine l'obscurité se dissipe-t-elle, que les voyageurs qui suivent les premiers cherchent des yeux le village de Goldau, et cherchent surtout le groupe des autres touristes... Hélas ! ils ont disparu ! ils sont engloutis ! Une montagne de décombres les cache à tout jamais à leurs regards et rend inutile toute investigation.

Un nouveau village de Goldau s'est assis un peu plus loin sur la route, et à l'endroit même où la cloche de l'église enfouie dans les ruines fut transportée et jetée par la chute de la montagne, sans qu'on puisse expliquer cet effet de balistique.

Avant de s'éloigner de ce théâtre de deuil, on ne peut que gémir et prier pour ceux qui ne sont plus.

En avant, à cette heure ; suivons la route qui contourne le lac de Lowertz, et saluons en passant l'île de Schwanan, dont je parlais tout-à-l'heure. Jadis un ermite en avait fait son petit royaume. A présent, il est remplacé par un brave et rustique laboureur. On y voit les ruines du château d'un bailli allemand, et du milieu se dresse encore le donjon féodal. On raconte que, en 1307, le bailli qui désolait alors la contrée au nom de l'empereur d'Autriche, ayant enfermé dans ce manoir une jeune fille d'Artz, dans le but de châtier sa famille rebelle, le ravisseur fut surpris et tué par les frères de la victime. Alors, le premier janvier de 1308, les habitants de Schwitz détruisirent le château de Schwanan. De nos jours, on prétend que tous les ans, pendant les nuits de janvier, on entend retentir dans les ruines comme des coups de tonnerre. Puis on voit une jeune fille, aux vêtements blancs tachés de sang, armée d'une torche, poursuivre dans les décombres l'ombre d'un guerrier couvert de son armure. Cette ombre se précipite bientôt dans le lac en poussant d'épouvantables hurlements, et celle de la jeune fille outragée disparaît dans le brouillard qui s'élève du lac.

Nous nous rendons à Schwitz.

Notre route est en partie taillée dans le roc. Sur la rive droite du Lowertz, des escarpements de rochers contrastent étrangement avec les pentes douces et vivantes de la rive opposée.

Voici le petit village de Steven, dont un habitant, Augustin Schuler, vieux soldat, en voyant la chute du Rossiberg, se prit à crier :

— Sauve qui peut !

Voici de même une petite chapelle élevée sur le lieu même qu'occupa jadis la maison de Werner Stauffacher, l'un des conspirateurs du Grütli.

Enfin nous entrons dans Schwitz, assez jolie ville entourée de jardins fleuris, et qui compte près de six mille habitants. Notre première visite doit appartenir à l'église, l'une des plus remarquables de la Suisse par son architecture, ses sculptures, ses peintures, etc. J'avoue que ce qui me frappe le plus, c'est la chaire, et voici pourquoi : elle est supportée par trois personnages qui semblent haletants, épuisés, succombant sous leur lourd fardeau. Or, ces trois personnages ne sont autres que Luther, Calvin et Zuingle, les trois fougueux réformateurs de l'Eglise, que l'artiste a contraints à supporter ainsi la tribune du haut de laquelle leurs doctrines sont combattues.

Notre seconde visite appartient aux bannières prises aux Autrichiens par les Schwitzois, à Morgarten, à Sempach et à Morat, car, nous l'avons dit, Schwitz est le cœur de l'Helvétie;

ce fut elle qui posa les éléments de la Confédération helvétique, et qui donna son nom à la nouvelle Suisse.

En route pour Altorf, maintenant ; nous en sommes tout près. C'est un pauvre et triste bourg, qui n'appartient plus au canton de Schwitz, mais à celui d'Uri. Il est situé à la base du Gruenberg, montagne escarpée, composée tout entière de grauwacke, lequel grauwacke se décomposant sans fin, engloutirait un jour Altorf si la forêt de Bann, que l'on respecte à cette intention, ne le préservait à coup sûr.

Sans les souvenirs qui s'y rattachent, Altorf n'inspirerait aucun intérêt. Mais ce fut là que Guillaume Tell refusa de saluer le bonnet du tyran Gessler. Or, voici, sur la place principale de la bourgade, une fontaine que domine la statue du vaillant Guillaume Tell, tenant l'étendard du canton. Cette fontaine occupe le lieu précis où se dressait l'arbre couronné du bonnet de Gessler, contre lequel fut placé le fils de Guillaume, avec une pomme sur la tête. Et, à cent et quelques pas plus loin, en face, voici une seconde fontaine et une seconde statue de Guillaume Tell, l'arbalète au bras, serrant son enfant sur son cœur. C'est le point qu'occupait, pour percer la pomme, l'habile et heureux tireur.

Nous devons coucher à Altorf, car la nuit tombe. Certes, ce ne sera pas le bruit qui se fait dans le bourg qui nous empêchera de dormir.

Au point du jour, adieu à Altorf et aux statues de Guillaume Tell. Pénétrons bravement dans la vallée de Schachen.

Notre route traverse d'abord le torrent de Schaëker, dans lequel la tradition veut que Guillaume Tell perdit la vie en sauvant un enfant.

Nous atteignons le cœur de la Reuss, et, sur la rive gauche, Altinghausen, où l'on montre la maison de Walter Furst, un autre des trois conspirateurs du Grütli.

On se rapproche du Saint-Gothard, et la route est tracée au milieu de riches paysages, et chemine à travers de belles prairies ombragées de noyers et de marronniers.

A Klus, on est voisin de la Reuss, puis au-delà de Silinen, où elle est en partie taillée dans le roc, la route passe au-dessous des ruines d'une forteresse appelée Zwing-Uri, ce qui veut dire Gêne d'Uri, parce que cette forteresse avait été construite par Gessler pour tenir le canton d'Uri en respect au profit de l'Autriche.

C'est au Pont-du-Diable que nous nous rendons, chers amis, et pour cela il nous faut gravir la masse gigantesque du Bristenstock, afin de mieux contempler à notre droite la terrible Reuss qui, s'élançant de roc en roc, forme une série de cascades non interrompues, pour baigner la base de la montagne. Un premier pont nous fait mettre l'impétueuse rivière à notre gauche, puis un second, un troisième et un quatrième pont nous obligent à en occuper alternativement les deux rives. Voici le village de Wasen, qui compte cinq à six cents habitants. Après le village, on suit un défilé des plus sauvages, qui se rétrécit de manière à ne former qu'un étroit ravin, bordé de roches granitiques fort escarpées, mais offrant des scènes d'un grandiose effrayant. Les rochers qui ceignent le défilé interceptent presque toute lumière. A peine voit-on quelques touffes d'herbe sur le sol. Quant aux oreilles, elles sont paralysées par le bruit affreux qui s'élève de la Reuss, se précipitant dans les abîmes qui se trouvent au-dessous du sentier.

Se présente bientôt un dernier pont : c'est le Pont-du-Diable. Il est placé au milieu du site le plus imposant et le plus magnifique. Sa clef de voûte est à quatre-vingt quinze pieds au-dessus du torrent, qui bondit avec rage et projette à une hauteur prodigieuse ses eaux réduites en poussière. Il se compose d'une seule arche, et à peine deux personnes peuvent-elles marcher de front sur ce chemin étroit, dépourvu de parapets! Comprenez-vous? dépourvu de parapets! A chaque rugissement de la Reuss, il semble que ce pont va s'effondrer ou qu'on va perdre l'équilibre. Oh! Pont-du-Diable! ce nom lui convient à ravir...

Quand on a traversé le Pont-du-Diable, la seule issue qui semble s'offrir au voyageur est le lit même du torrent. Mais en tournant un angle de la montagne, on arrive au pied d'une paroi de rochers. Là, un ingénieur suisse a fait creuser une galerie que l'on nomme le Trou d'Uri.

A peine a-t-on franchi le Trou d'Uri, qu'il se fait à l'œil une transformation magique. Le touriste se trouve tout-à-coup dans la riante et verte vallée d'Urseren.

Alors, le gracieux village d'Andermatt, avec ses maisons blanches et ses toits de sapin, se profile aux yeux étonnés, et la Reuss, tout-à-l'heure furieuse, s'avance là calme et limpide, au milieu des fleurs sauvages et des plantes alpestres.

D'Andermatt on se rend au village de Fluelen, qui occupe le point extrême du lac d'Uri, branche du lac des Quatre-Cantons. Ce n'est qu'un misérable hameau malsain, tout peuplé de goitreux et de crétins. Pauvres gens! il faut les plaindre, car, hélas! la somme d'intelligence de trois de ces infortunés suffit à peine à faire du feu, à mener paître une chèvre, ou à garder une maison.

C'est à Fluelen que l'on trouve un vapeur qui parcourt le lac et se rend à Lucerne.

Disons d'abord que l'aspect du lac d'Uri est peut-être au monde sans pareil. Rien de plus sauvage, de plus gris, de plus terne, de plus sombre, et cependant de plus poétique. Ce n'est dans tout le pourtour du lac, fort long, mais très peu large, que roches titaniques s'élevant jusqu'au ciel de manière à ne laisser voir qu'un lambeau du firmament. La forme de ces rochers pélasgiques, sourcilleux comme leur couleur, est du plus bizarre. En un mot, le lac d'Uri est un abime profond, resserré entre des montagnes noires, menaçantes, tantôt complètement nues, tantôt revêtues de touffes de hêtres ou de bouquets de pins, tantôt offrant par exception une gracieuse prairie, celle du Grütli.

Le bateau à vapeur s'achemine dans ce gouffre en battant la vague. On remarque avec une sorte de terreur que partout l'immense paroi des rochers est verticale, lisse, sans aspérités, sans un point pour mettre le pied. Si l'on faisait naufrage, comment échapper à l'abime!

La première escale se fait sur l'unique petite langue horizontale de rocher qui s'avance imperceptiblement dans les eaux du lac. On l'appelle le Tellensprung, c'est-à-dire le Saut de Tell, parce que ce fut sur ce rocher providentiel que Guillaume Tell s'élança en quittant la barque de Gessler, qui le conduisait à Kussenach en qualité de prisonnier, et au lieu d'attirer

Pérégrinations. 9

ensuite à lui la barque, la repoussa sur le lac, alors en furieuse tempête. On y a construit une chapelle d'un effet pittoresque. Elle est composée d'une arcade double ouverte et couverte, et, tous les ans, le premier vendredi après l'Ascension, on y dit la messe en mémoire du grand héros de la Suisse. Les murailles et la voûte y sont couvertes de grosses peintures à la gloire de Guillaume.

La seconde escale a lieu sur la prairie du Grütli, que baigne le lac, et qui fait presque face à la chapelle du Tellensprung. C'est une pente douce entourée d'arbres, et dont la prairie est ponctuée de trois sources que, d'après les Suisses, le ciel fit poindre au moment solennel où fut prononcé le serment de délivrer leur pays par les trois vaillants Suisses que je vous ai déjà nommés souvent. Il est de règle de boire de l'eau des trois sources, d'inscrire son nom sur le registre du pèlerin, et de s'asseoir un moment sous l'arbre qui abrita les trois héros.

Brunnen est la troisième escale. Il est situé sur le Mnotta, et couvre tout un petit cap, au milieu de prairies capitonnées d'arbres à fruits. C'est le port de Schwitz, qui n'est qu'à une lieue de là. De loin, de fort loin, on aperçoit sur les murs de l'auberge la plus voisine du lac le portrait en pied de trois personnages, plus grands que nature. Il va sans dire que ce sont toujours nos trois conspirateurs du Grütli.

La dernière station est Lucerne.

De Lucerne, chers lecteurs, transportons-nous à Bâle, où une diligence, des chevaux, ou tout autre moyen de locomotion semble parfait, quand on vient de cheminer à pied, dans presque toute la Suisse.

Des portes fortifiées fort pittoresques ;

Le grand pont sur le Rhin, que l'on trouve à Bâle ;

Une cathédrale bâtie en belle pierre rouge ;

La salle du conseil privé du Concile, avec le dallage et les bancs contemporains de ces grandes assemblées ;

Et, dans la salle, ce qui reste de la fameuse *Danse des Morts*, de Holbein, le coffre où furent renfermées les pièces du Concile, la chaire d'Erasme, et la Tête de bois qui jadis faisait, depuis le pont, la grimace à Bâle-Campagne ;

Un hôtel de ville tout couvert de peintures à l'extérieur et à l'intérieur, et, dans la cour, la statue de Munatius-Plancus, le fondateur de Bâle;

Enfin l'hôtel des Trois-Rois, où il est urgent de se refaire de certaines disettes accidentelles encourues en pleine Suisse,

Telle est la ville de Bâle.

En outre de ce que je viens de signaler, les voyageurs ne manquent pas non plus à voir les cloîtres qui entourent une partie de la cathédrale.

La charmante route que celle de Bâle à Waldshut!

On suit presque toujours le Rhin entre les montagnes de la Forêt-Noire à gauche, et d'autres montagnes à droite. Un paysage à surprises continuelles.

A Lauffenbourg, le Rhin se resserre; les flots se pressent et se poussent pour passer. Les rochers soutiennent de vieilles maisons et font si bien corps avec elles qu'on ne sait trop où finit le roc et où commence la pierre.

Enfin, on arrive à Waldshut. Mais aussitôt on entend crier:
— Schaffouse! Schaffouse!

Et l'on part pour Schaffouse. Une bonne diligence bien ventrue, bien rembourrée, reçoit les touristes. Il n'est pas rare de s'y trouver avec quelque énorme Allemand qui prétend que la voiture est trop étroite; et il ne vient pas un seul instant à l'idée du bonhomme de remarquer que c'est lui qui est trop gros.

Enfin, voici Schaffouse, et, à Schaffouse, la tant célèbre chute du Rhin.

Ne vous contentez pas de regarder en face le saut du grand fleuve de notre Europe. Vu ainsi, votre imagination est peu frappée. Traversez le Rhin, et contemplez la chute par le côté. Un certain individu est en possession du droit d'exploiter la chute sur l'autre rive; elle est à lui, il en vend la vue en détail, à raison de un franc par personne.

Mais vous, placez-vous sur un escarpement de la rive que l'on nomme la Petite-Chaise, et d'où l'on peut mouiller sa main dans l'écume de l'eau qui se précipite, et admirez! C'est une violence, une furie, un bruit qui vous donnent envie de pousser des cris d'enthousiasme. On resterait là une journée entière. On n'imagine pas tout le plaisir qu'on peut prendre à voir et à entendre tomber de l'eau.

Dans un pavillon placé plus haut, on a le droit de regarder la chute à travers des vitres peintes de différentes couleurs et de se procurer en quelques minutes toutes sortes d'aspects de jour et de nuit. Il y a la vitre rouge pour les couchers du soleil, la vitre jaune-clair pour le soleil de midi, la vitre jaune-foncé pour le temps orageux, la vitre bleue pour les clairs de lune.

— Est-ce bête ! dit-on.

Et l'on regarde. Et quand on a regardé, on dit :

— Tiens, c'est drôle !

Si vous avez pris le pont pour traverser le Rhin en allant à sa chute, traversez le fleuve en bateau pour en revenir. A quelques centaines de pieds de la cataracte, pas la moindre agitation !

Le bonhomme Rhin a déjà oublié sa colère, et se contente de couler un peu vite, comme un fleuve pressé de voir du pays.

Si vous voulez me suivre, je vous dirai ses bords, les Bords du Rhin.

Mais auparavant, reposons-nous en France ; la France, c'est notre patrie !

FIN DES PÉRÉGRINATIONS EN SUISSE ET EN SAVOIE.

EXCURSIONS

SUR

LES BORDS DU RHIN.

UTILITÉ DES VOYAGES. — MOISSON DE CONNAISSANCES. — ORIGINE DU RHIN. — LAC DE TOMA. — LA VALLÉE DE RHEINWALD. — LA VIA MALA. — VALLÉE DE DOMLESCH. — VALLÉE DE RHEINTHAL. — LAC DE CONSTANCE. — VILLE ET SOUVENIRS DE CONSTANCE. — SCHAFFOUSE. — CHUTE DU RHIN. — LES AUTRES CATARACTES DU FLEUVE. — SES AFFLUENTS. — CELTES OU GAULOIS. — LES FRANCS. — BALE. — LA FORÊT-NOIRE.

Les voyages sont un grand livre ouvert dont chaque page entretient le touriste, et forme l'esprit et le cœur du jeune voyageur. Dans le merveilleux tableau de la nature qui se déroule à ses yeux, il étudie tour à tour la géographie, l'histoire, les mœurs et les usages des peuples. Il apprend la science des contrastes dans les différents spectacles de contrées grandioses, pittoresques et sublimes, et dans les sombres aspects de régions marécageuses, stériles et sauvages. Et puis son imagination s'ouvre et son jugement se forme en voyant que le monde est semé de vestiges qui tous lui racontent l'histoire des temps passés. Bientôt, pour lui, il n'est pas de villes, de villages, de plaines, de fleuves, de montagnes qui ne lui exhibent leurs souvenirs. Ce sont autant de jalons qui se rattachent au cours des âges, et ces actes épars de drames fameux se rejoignent de manière à composer peu à peu un tout complet qui devient l'histoire de l'humanité.

D'autre part, quelle jouissance pure et suave à courir à travers champs, sur les pentes des collines, dans les profondeurs des vallées ; quelle joie d'entendre les oiseaux babiller, de voir les torrents grossis par l'orage produire des cataractes ou sauter en bruyantes cascades sur les cailloux des ravins ! Enfin, que d'enseignements ne peut-on pas recueillir, même dans les solitudes, en observant comment butinent les guêpes autour des fleurs ; comment les cirons se réfugient dans de petits antres microscopiques ; ce qui tressaille sous les herbes et ce qui jase dans les nids ; les soupirs de la végétation printanière et les secrets de la fécondation ; l'ébranlement des montagnes et la chute des rochers ; la progression de la nature et la lente transformation de ses formes ; en un mot, la naissance et la mort de tout ce qui vit et de tout ce qui respire....

Aussi, que de fois, alors qu'on a lu dans ce grand livre ouvert par la main de Dieu, n'entre-t-on pas dans la première chapelle rustique qui se présente au détour d'un bois, pour se prosterner en face de la croix, au pied de l'autel, et adorer et prier le Créateur tout-puissant du monde et Celui qui par son sang nous obtient la grâce de le connaître ou d'en user en vue de l'éternité.

En ce moment, chers lecteurs, je viens, dans le but que j'exprime en ces premières lignes, vous convier à me suivre dans une des belles contrées de notre Europe et à descendre avec moi le grand et magnifique cours d'eau qui la décore.

Le Rhin ! tel est le nom de ce fleuve fameux, aux rives pittoresques, aux impérissables souvenirs historiques, aux grandioses paysages, aux manoirs féodaux encore debout à demi, et aux ruines admirables, toujours éloquentes dans leur abaissement.

Dans une des régions les plus sauvages du canton des Grisons, en Suisse, trois ruisseaux limpides s'écoulent d'un rocher gigantesque. Leurs eaux, roulant sur un lit d'herbes, sillonnent une petite gorge étroite et se confondent bientôt dans un même lac qui a nom lac de Toma. C'est là le Rhin antérieur.

Des abîmes de l'imposant Saint-Gothard, sort d'autre part un autre ruisseau qui, grossi bientôt par d'autres petits cours d'eau, va rejoindre le Rhin antérieur, à Dissentis, non loin du lac de Toma. C'est le Rhin du milieu.

Enfin, dans la partie la plus élevée de la forêt du Rheinwald, tout près de l'admirable Vogelsberg, s'échappe d'un immense glacier entouré de montagnes de toutes parts, un torrent qui, accru de treize autres, se porte avec impétuosité dans la direction des deux autres Rhins, qu'il rejoint à Reicheneau, et où il confond ses eaux sombres et d'un noir bleuâtre à celles du Rhin antérieur. C'est le Rhin postérieur.

L'un des plus beaux spectacles de la nature que l'on puisse imaginer, à cause de sa physionomie sauvage, c'est la descente du Rhin postérieur dans la vallée du Rheinwald, qui compte huit lieues de longueur sur une largeur d'un kilomètre, et se montre de tous les côtés bordée de montagnes formidables, dont les cimes sont couvertes du linceuil de neiges éternelles et de vastes mers de glace. Là, le Rhin court au travers de plantations de sapins, de hêtres et de chênes jusqu'au village de Splugen, où alors il se lance avec fureur par une crevasse cyclopéenne de roches pélasgiques dans la vallée de Schanser.

Cette chute accomplie, le fleuve naissant, qui veut se donner dès son berceau l'allure terrible d'un jeune tyran, se précipite en hurlant dans des gouffres horribles, creusés à la profondeur vertigineuse de six cents pieds, au milieu de roches titaniques superposées, groupées dans un chaos inimaginable, et s'avance ainsi, dominé dans son parcours par des montagnes rocheuses fort escarpées, souvent à pic, quelquefois décorées de sapins gigantesques, et dominées par une corniche taillée dans le flanc des monts aux blanches croupes. Cette route n'est autre que la fameuse et redoutée *Via mala*, voie maudite en effet, tant il a fallu vaincre de difficultés pour l'établir, et tant elle présente de sites, de précipices, d'affreux dangers, toutes choses admirables, mais qui font frémir et remplissent d'épouvante.

Lorsque le Rhin postérieur s'est enfin réuni à ses deux frères, à Reicheneau, adoucissant un peu son humeur turbulente et se donnant des airs de majesté, le voici qui serpente lentement à travers la superbe vallée du Rheinthal, où il reçoit les eaux de la Plessur, puis celles de nombreux ruisseaux, et enfin se jette dans le lac de Constance, près de la jolie petite cité de Rheineck.

Un peu monotone, le lac de Constance.

Pourtant apparaissent quelques gracieux paysages. Voici, par exemple, le château d'Arenemberg, qui eut longtemps pour hôte le prince Louis Napoléon, devenu l'empereur Napoléon III.

Voici la tour où fut enfermé Jean Huss, le terrible hérésiarque au caractère indomptable, à l'orgueil sans frein, qui, né en Bohême, vint se faire supplicier à Constance, pour avoir rejeté les doctrines de la foi catholique, et renouvelé et préconisé celles des Vaudois et de Wicleff.

Voici Constance, ville fort propre, agréable, mais portant sur sa physionomie un voile de mélancolie.

Dans ce grand bâtiment sans caractère, s'assembla le Concile œcuménique qui mit fin au schisme d'Occident en déposant les anti-papes Jean XXIII et Benoît XIII, en nommant souverain pontife Martin V, et en faisant comparaître, pour les juger, Jean Huss et Jérôme de Prague. Figurez-vous une grange immense, et vous aurez passablement l'idée de la salle des séances où se passèrent d'aussi graves évènements. On se hâte d'en sortir, quand on a subi l'émotion que donne toujours l'aspect d'un monument théâtre de drames devenus fameux dans l'histoire, et l'on repousse les offres du cicerone qui propose de montrer les curiosités du lieu.

De belles portes gothiques sculptées ; un cloître ; un tableau où un empereur, un archevêque, un guerrier et un pauvre, qui ont tous quatre une tête de mort au lieu d'une tête de vivant, afin de mieux symboliser l'humaine égalité ; un modèle du saint Sépulcre réduit au cinquième ; une crypte où se réunissaient les premiers chrétiens et à laquelle on arrivait par un souterrain long de trois quarts de milles ; la pierre sur laquelle se tenait le fourbe hérésiarque Jean Huss quand on lui annonça sa condamnation ; le cachot dans lequel il fut enfermé le jour où on le brûla, voilà qui recommande la visite de la belle cathédrale de Constance aux touristes empressés de connaître les curiosités historiques d'une ville.

Le Rhin, en traversant le lac de Constance dans toute sa longueur, y dépose tout ce qu'il a entraîné des montagnes avec lui, et se dirige ensuite vers Schaffouse, près de laquelle il forme, sur une quadruple rangée de rochers, cette magnifique cataracte que l'Europe entière vient y admirer.

En arrivant à cette assise de roches formidables qui établissent un niveau d'eau très-élevé d'un côté, fort inférieur de l'autre, le fleuve, gêné dans ses mouvements par les rochers qui le bordent et se dressent du milieu même de son lit, est contraint de se resserrer. Il se couvre alors d'une épaisse écume et grossit ses tourbillons. Puis il se précipite avec une violence inimaginable dans le gouffre béant, immédiatement au-dessous du banc de roches qui semblent vouloir arrêter son cours. Là, ses eaux accumulées s'échappent de leur barrière, bondissent d'assises en assises, et parcourent dans leur chute une descente de quatre-vingts pieds, par trois échappées différentes et toutes perpendiculaires. Le fracas de ces eaux est tel qu'on l'entend à quatre lieues, et qu'on en est assourdi dans le voisinage. C'est un véritable et terrible roulement de tonnerre. La largeur totale de la masse d'eau qui se précipite est de trois cents pieds. J'ai dit que la cataracte comptait trois chutes particulières et verticales ; mais la chute du côté du sud est la plus rapide et la plus effrayante. Elle se fait entre deux granits très élevés et dressés en aiguilles.

Non loin de la chute du Rhin, s'élève, au milieu même du fleuve, une maison à laquelle on arrive à l'aide d'un pont-levis. De ce point, l'observateur peut jouir de la vue de la cataracte dans toute son étendue. Le puissant beuglement de l'eau qui se rue avec fureur, l'ébranlement qui paraît faire trembler sans fin la maison qui vous donne asile, la vue de cette admirable fantaisie de la nature, tout produit sur l'âme du touriste une impression d'effroi, mais aussi d'admiration et d'extase.

Après la cataracte du Rhin, à Shaffouse, le fleuve se permet encore trois autres sauts assez véhéments :

Le premier à Zuruch, à l'embouchure du Wutach ;

Le second à Lanfembourg, dans le canton d'Argovie ;

Et le troisième à Rheinfelden, également dans le canton d'Argovie.

On peut juger de la pente de ses eaux, en remarquant que la digue du quai de Bâle est à la même altitude que l'extrême pointe de la flèche de Strasbourg.

A partir de Bâle, où il entre en Allemagne, il n'est plus obstrué par les montagnes. Ses rives s'aplanissent, et ce n'est plus que sur son côté droit que par intervalles les montagnes reparaissent.

C'est ainsi que ce beau fleuve poursuit sa marche jusqu'à Strasbourg, et de la à Manheim.

Alors le Rhin, qui recueille dans son lit toutes les eaux des Vosges et de la Forêt-Noire, puis celles du Necker, non loin de Heidelberg, descend à travers une contrée charmante vers la ville de Francfort, qui lui paie le tribut du Mein, assez près de Mayence ; arrose le pied de cette fameuse cité ; passe à Bingen ; reçoit les eaux de la Nahe ; parcourt des régions pittoresques où jadis flamboyaient de nombreux volcans, maintenant éteints, mais qui ont bordé le fleuve de longues chaînes de laves et de basaltes ; atteint Coblentz, qui lui verse les eaux de la Moselle ; baigne Newied, Andernach et Bonn, charmantes étapes que décorent de délicieuses montagnes; atteint Cologne ; arrose Dusseldorf, Wesel et Arnheim ; et enfin se dirige vers les Pays-Bas, où il se jette dans la mer du Nord, non sans difficultés, car avant d'arriver à l'Océan, il semble vouloir se soustraire au sort qui l'attend, en cherchant un tombeau dans les terres qui ne veulent plus le porter.

Mais jusque-là quelle étendue, quelle majesté, quelle magnificence dans le vaste cours du Rhin !

Quant à moi, chers lecteurs, je vous en fais bien volontiers l'aveu, il n'est rien au monde qui produise sur moi plus d'effet qu'un fleuve. Pourquoi ? Je vais vous le dire.

Dans la création, tout a son rôle. Or, il me semble que les fleuves nous racontent les drames historiques de tous les âges dont leurs rives ont été les témoins, et quand leurs flots jasent et gazouillent, grondent et tonnent, je crois entendre les voix qui me parlent sur tous les modes et me disent les temps écoulés, pastorales ou comédies, guerres et tragédies.

Je me recueille alors pour entendre ses récits, je me rappelle avec lui, comme lui je frissonne, près de lui je rêve....

Par exemple, que de choses n'a pas vues ce fils orgueilleux des montagnes des Grisons, dans un cours de trois cents lieues ?

Près de sa source, au pied du Saint-Gothard, et le long de

ses rives, erra longtemps la sauvage famille des Celtes ou Gaulois. Heureuses et sages, ces tribus de nos pères, venues de l'Asie, et possesseurs de la Gaule, se livraient là aux travaux paisibles de l'agriculture, faisaient des échanges de commerce avec les peuplades voisines, et se réunissaient à l'ombre des rochers de ce vénérable Rhin pour adorer Hésus et Teutatès.

Puis ayant appris qu'il était en Italie une ville du nom de Rome, qu'habitait un peuple de soldats avides et insatiables des richesses et des terres d'autrui, ils comprirent qu'ils pouvaient être attaqués un jour ; ils se firent soldats à leur tour, et de leurs chiens de chasse, de leurs chevaux de labour, de leurs chars de moissons, ils firent des chiens de guerre, des chevaux de combat et des chars de batailles.

En effet, les Romains, jaloux de leur grandeur et de leur prospérité, vinrent les attaquer. Jules-César était à leur tête.

Il couvrit le redoutable Rhin d'un pont de bateaux, et traversa son cours d'un pas vainqueur.

Après Jules-César, Drusus vint couvrir ses bords de cinquante citadelles ou castella.

Ce furent, ici et là, le *Cornu Romanorum,* sur les rivages du lac de Constance ;

Puis *Augusta*, qui devint Bâle,

Argentina, à laquelle succéda Strasbourg ;

Moguntiacum, qui fut changée en Mayence ;

Confluentia, remplacée par Coblentz ;

Colonia-Agrippina, convertie en Cologne ;

Le *Trajectus ad Mosam* ou Maestricht, au confluent de la Meuse ;

Et enfin le *Trajectus ad Rhenum* ou Utrecht.

Alors le Rhin cessa d'être Gaulois ; il devint Romain.

Un jour, voici que sur ses bords on commença à s'entretenir d'une religion nouvelle dont un homme extraordinaire, appelé Jésus-Christ, se faisait le prédicateur. Et comme il accompagnait ses paroles de nombreux miracles, partout on adoptait son Evangile, c'est-à-dire la bonne nouvelle qu'il faisait entendre à la terre. En effet, au lieu des vieux druides, apparut bientôt dans les forêts rhénanes un envoyé, un apôtre de cette religion du Christ. Crescentius était son nom. Il se mit à prêcher, à convertir, à baptiser ; et dissipant bientôt sous la lumière de l'Evangile de Jésus les ténèbres répandues par les rêveries druidiques, il substituait la religion du vrai Dieu aux ridicules théocraties du paganisme.

Vint alors de Jérusalem, où elle avait vu mourir le fondateur de cette religion nouvelle, dans tout l'éclat de ses succès, la vingt-deuxième légion de l'armée romaine. Cette légion s'arrêta dans les campements de Mayence, d'où elle commandait aux collines qui dominent le cours du fleuve, collines volcaniques appelées le *Taunus* et le *Melibocus*. Cette légion, par ses exemples de piété, de sagesse et de vertu, contribua beaucoup à changer l'état moral de la contrée.

Mais ce fut en vain que Valentinien chargea les éminences qui s'étendent de Mayence à Coblentz de forteresses redoutables, Lowemberg et Stromberg ; ce fut inutilement que s'élevèrent de nouveaux châteaux-forts, *Trajani-Castrum* ou Transdorff, *Mosa-Romanorum*, *Turris-Alba* ou Wesseinthurm, *Victoria* ou Neuwied, *Rigomagum* ou Remagen, *Rodobriga* ou Boppart, *Antoniacum* ou Andernach, *Tulpetum* et bien d'autres, qui, comme une muraille de granit, s'étendirent sur les rives du Rhin. Le ciel, qui se joue des efforts des hommes et des masses de granit qu'ils peuvent ériger pour se défendre, envoya sur le vieux monde soumis à la domination romaine tout un monde nouveau composé de hordes barbares.

Semblables à une avalanche qui descend des montagnes avec la rapidité de la foudre, des tribus innombrables des sauvages habitants des bords glacés de l'Océan du nord se précipitèrent sur les rives du Rhin dans l'épouvante. Huns, Vandales, Suèves, Alains, Goths, Visigoths, Marcomans, Celtes, Francs, Germains, et cent autres, comme des loups affamés et des bêtes fauves, arrivèrent tout-à-coup, se heurtant, se poussant, s'efforçant de passer pour courir plus vite à la curée des riches contrées qu'ils prétendaient envahir et qu'ils envahirent en effet.

La puissance romaine fut écrasée à son tour, comme avait été domptée la puissance celtique. Ses castella, ses tours, ses villes fortes furent effondrées, mises en ruines. Les armées de Rome reculèrent au fur et à mesure qu'avançaient les hordes barbares, et il y eut un jour où les Francs remplacèrent les

Gaulois, où les Allemands prirent la place des Germains, où les Lombards et les Hérules s'établirent où étaient fixés depuis longtemps les maîtres de Rome.

Alors apparut un grand prince, Charlemagne. Il établit ses Francs sur tous les rivages des fleuves, depuis son origine jusqu'à la mer; il restaura les décombres des fortifications; il releva Mayence, dont il fit sa ville d'affection, et où il laissa les restes chéris de sa femme Fostrade; puis il couvrit le Rhin d'un pont gigantesque, entre la belle cité de Mayence et celle qui lui fait face, sur l'autre rive.

Il releva Bonn, l'*Ara ubiorum* des Romains, il lui rendit ses aqueducs;

Il restitua les belles voies romaines de *Victoria*, dont il fit la ville moderne de Neuwied;

Il redressa *Baccharia*, dont il fit Bacharach;

Il fit Winkel de l'antique *Vinicella*;

Et enfin il s'établit à Ingelheim, édifié somptueusement avec des débris empruntés à des thermes créés par l'apostat Julien, de sinistre mémoire.

C'est ainsi que le Rhin devint franc; c'est ainsi que tout changea sur ses bords.

Et puis, comme avec l'apôtre Crescentius s'étaient présentés d'autres missionnaires de l'Evangile, non-seulement la physionomie des contrées rhénanes changea au point de vue des paysages et des cités, mais aussi elle se métamorphosa complètement au point de vue moral et religieux.

Apollinaire prêcha la religion dans le pays de Remagen;

A Bacharach, saint Goar fit entendre la parole sainte;

Saint Martin de Tours évangélisa Coblentz;

Materne convertit la région de Tongres et de Cologne;

Eucharius porta le flambeau du Christ à Trèves;

Et enfin Gézelin, plein d'un zèle divin, alla chercher et faire des chrétiens jusque dans les campagnes et les bois.

Puis, hélas! commencèrent les mauvais jours de la guerre et les grands drames des batailles.

Ainsi, dans la vaste plaine qui s'étend de Coblentz à Andernach, en 876, eurent lieu de terribles luttes entre Charles-le-Chauve et Louis-le-Germanique.

En 940, des combats sanglants furent livrés, sur les mêmes contrées, entre Othon Ier et les ducs de Lorraine et de Franconie.

Là encore, en 1114, Henri V et l'archevêque de Cologne s'attaquèrent avec furie.

Là toujours, se vidèrent les déplorables querelles entre Othon de Brunswich et Philippe de Souabe, en 1198.

Enfin, sur le même sol déjà trempé de tant de sang que le Rhin en avait ses eaux teintes, eurent lieu les grands exploits de la guerre de Trente-Ans, en 1688 d'abord, puis de la succession d'Espagne, de 1701 à 1713, et en dernier lieu de la Révolution française, en 1789.

Ce fut sur les bords du Rhin, à Andernach, que les rois d'Austrasie fixèrent pendant longtemps leur séjour.

A cette époque, il n'était moindre seigneur qui ne vécût le plus souvent en guerre avec ses voisins. Aussi toutes les collines qui capitonnent les rives du fleuve se hérissèrent peu à peu de châteaux-forts, vrais et curieux nids d'aigle où les fiers suzerains bravaient non-seulement leurs vassaux, mais aussi les rois et les empereurs auxquels ils eussent dû obéir et payer tribut. .

Un jour, près d'un rocher voilé par la végétation plantureuse des vallées de Rhens et de Capellen, descendirent de leurs coursiers, blancs d'écume et de poussière, quatre cavaliers qui, s'asseyant sur une pierre brute, se prirent à parler bas, en vrais conspirateurs qu'ils étaient. Là, ces rudes jouteurs convinrent de s'unir par une alliance étroite, afin de faire et de défaire, à leur gré, les empereurs d'Allemagne. Nos conspirateurs n'étaient autres que les quatre électeurs de Cologne, de Trèves, de Mayence et du Palatinat. Or, leur siége de pierre, témoin de leur mystérieuse conférence, devint le fameux Kœnigsthül.

Une autre fois, c'est l'ordre teutonique qui vint s'installer sur les bords du Rhin, à Mayence, puis à Trèves, puis à Coblentz.

Puis, à leur tour, les templiers s'étendirent sur ses rives, de Saint-Goar à Tourbach, l'antique *Tronus-Bacchi*, ainsi nommé par les Romains, à raison des excellents vins produits par les vignobles d'alentour.

Qui pourrait compter les nombreux burghs appuyés sur son lit? Les Burgraves, qui jadis en furent les maîtres féodaux, ne le cédaient guère aux baillis du vieux temps : ils étaient rudes et sévères comme eux. Aussi que de faits ne pourrait-on pas raconter? mais nous les connaîtrons sans doute en naviguant sur le fleuve.

Donc, montons sur le pont de ces bateaux à vapeur qui fument et vont nous promener d'escale en escale, de havre en havre, d'anse en anse, le long de ces charmants rivages du plus beau fleuve de l'Europe. Que de curiosités n'allons-nous pas explorer, sonder, étudier et juger !

Nous ne les verrons que successivement, les uns après les autres. Hélas! il nous est interdit de monter en ballon, pour voir cet admirable Rhin des hauteurs de l'empyrée et l'observer d'un seul coup d'œil. Quel admirable horizon, quel incomparable panorama ne doit-il pas offrir!

D'abord, en quittant Schaffouse, saluons en passant la ville de Bâle.

Là, quand nous aurons visité la cathédrale, dont les flèches à jour sont du plus bel effet; quand nous aurons admiré son portail de Saint-Gallus, avec ses statues des vierges sages et des vierges folles, son groupe de saint Georges terrassant le dragon et de saint Martin partageant son manteau d'un coup de sabre pour en donner la moitié à un pauvre ; quand nous aurons examiné le magnifique cloître, avec ses tombeaux, qui fait suite à l'église; quand nous aurons parcouru la salle du Concile tenu en 1444, porté nos hommages au sépulcre d'Erasme, qui a pour toute inscription le mot *Terminus*, d'une terrible mais véritable simplicité, et suffisamment contemplé les fragments de la célèbre *Danse des Morts,* de Holbein, dont celle de la Chaise-Dieu, en Auvergne, est peut-être l'égale, tandis que celles de Dresde et de Lucerne lui sont bien inférieures, il ne nous restera plus qu'à prendre place sur le paquebot qui passera, pour descendre le Rhin, en suivre le cours merveilleux et passer devant la Forêt-Noire, dont la beauté captivera plus d'une fois nos regards.

COLMAR. — FRIBOURG EN BRISGAU. — OU SE MONTRE MIEUX LA FORÊT-NOIRE. — STRASBOURG. — UN SOUVENIR DE TURENNE. — BADE. — RUINES DU BURGH. — LÉGENDES.— LICHTENTHALL. — RASTAD. — PANORAMA MERVEILLEUX.

En descendant le cours du Rhin, le touriste passe tour-à-tour devant la *Stabula* des Romains, actuellement la petite cité de Rantzeinhem ;

Les voies antiques de Ottomansheim, tant de fois foulées par les légions du peuple-roi ;

Les Thermes que ce peuple-roi avait construits à Badenvillers, et que l'on retrouva en 1624 ;

Fribourg en Brisgau, dont le clocher fait monter jusqu'aux astres la flèche aiguë de son aiguille, à une hauteur de deux cent cinquante pieds, et qui offre un aspect des plus pittoresques, dû à ses maisons à pignons, à ses toits à girouettes, aux dessins originaux que produisent les tuiles de ces toits, et à l'immense plaine qui l'entoure, toute zébrée de vignobles, de haies, de blanches routes et de sentiers ombreux, jadis foulés par les pas sonores des burgraves, des landgraves, des gangraves et des rheingraves de ces contrées rhénanes;

Puis Colmar, qui se montre à vous assis dans la verdure, précédé de trois manoirs qui semblent des gardes du corps :

Puis encore Offembourg, où l'avant-garde de Moreau, en 1796, trouva, dans le fourgon du général de Klinglin, la preuve que le général Pichegru trahissait la France.

Et, enfin, vous passez aussi sur le front de bandière de la Forêt-Noire, qui occupe votre droite pendant assez longtemps.

En effet, on nomme Forêt-Noire la chaîne de montagnes boisées qui part de Schaffouse, longe la ville et la campagne de Bâle, suit le cours du Rhin sur sa rive droite, à distance, et se prolonge jusqu'à Eberbach, au coude formé par le Necker, l'un des plus beaux fleuves de l'une des plus belles vallées de cette opulente forêt. Les montagnes qu'elle couvre de ses arbres centenaires sont légèrement arrondies; toutefois, les cimes les plus élevées approchent du cône aigu. L'aspect triste et sombre de la Forêt-Noire, que rendent plus sinistre les masses de pins et de sapins qui couvrent les rampes et les gorges de ses vallées, lui a valu le nom qu'elle porte.

Les Romains l'appelaient *Silva Martiana*. C'est elle qui donne le Danube à l'Allemagne. Avec les bois de sapins que leur fournit le moindre monticule, les montagnards de la Forêt-Noire taillent et sculptent ces jouets charmants, petits villages, clochers, chaumières, moutons, bœufs et génisses, bonshommes et bonnes femmes de toutes sortes, qui font les délices de nos enfants. Quant aux vieux arbres, ils sont envoyés par flottes de radeaux, par le Rhin, qui les lui porte généreusement, à la Hollande, qui manque de forêts, dont elle a cependant grand besoin pour les innombrables navires dont elle couvre les mers.

Voici Strasbourg, la première ville importante qui se mire dans les eaux du Rhin ; voici l'antique *Argentoratum* des Romains, la plus antique *Strateburgum* des Gaulois, qui y avaient dressé un burg ou forteresse formidable, pour commander le cours du fleuve.

Ce fut là, sur la rive droite du Rhin, que Louis-le-Débonnaire et Charles, son frère, en face de leurs armées, firent une alliance solennelle dans le but d'entreprendre une lutte implacable contre Lothaire, leur autre frère. Triste époque que celle où deux frères combattaient entre eux ! dirons-nous. Et cependant, même à notre époque de civilisation si vantée, ne voit-on pas des frères et des familles en guerre les uns avec les autres, et trop souvent, hélas ! pour de misérables intérêts ?...

Strasbourg, en 1258, fit un traité avec les autres cités des bords du Rhin, Cologne, Mayence, Worms et Spire, en amont, et en aval avec Bâle, afin de se garantir mutuellement contre les violences alors bien terribles de la féodalité du moyen-âge.

Sa cathédrale est la gloire de Strasbourg. Elle fut construite sur les plans d'Erwin de Steinbach, et s'élève à une hauteur de 144 mètres. La grande façade se compose de trois portails ornés de statues, de bas-reliefs, et de sculptures élégantes. Celui du milieu est le plus beau. Une magnifique rosace fleuronnée le couronne.

Du sol de la place qui précède cet admirable monument, on arrive par 635 marches au sommet de la tour, que naturellement tout excursionniste éprouve le besoin de visiter. Il n'est pas au monde de plus ravissantes magnificences que celles qui se déploient aux regards, en effet, de la plate-forme de la Tour, la ville d'abord, ses ouvrages militaires, et puis les montagnes de la Forêt-Noire, les rivages et les sites qui bordent le Rhin, etc.

Que d'évènements de tout genre ont illustré la belle cité de Strasbourg! Hélas! nous ne pouvons les signaler ici. Contentons-nous de dire rapidement ce qui suit :

Le 22 mars 1810, Strasbourg fut témoin du passage de Marie-Louise d'Autriche, allant recevoir un diadème, le diadème impérial, d'un monarque, le plus glorieux du monde, Napoléon Ier. Il faisait nuit quand eut lieu son entrée dans la ville. Mais des illuminations féeriques n'en rendirent que plus resplendissante sa marche triomphale. La haute flèche de la cathédrale, le monument le plus élevé du globe, tout en feu depuis sa base jusqu'à son extrême pointe, servit de fanal gigantesque à cet auguste hyménée.

Gardez-vous de ne pas visiter le temple Saint-Thomas, voyageur, et son tombeau au maréchal de Saxe.

Le héros est représenté debout, la tête couronnée de lauriers. La France éplorée s'efforce de se retenir, et cherche à repousser la mort qui semble l'appeler au tombeau, qu'elle tient entr'ouvert. C'est une œuvre splendide.

Strasbourg est une belle ville, d'une puissance formidable, grâce aux remparts, aux bastions, aux contrescarpes, aux ouvrages avancés dont l'a gratifiée le fameux Vauban. Mais ce qu'il y a de plus curieux a connaître, c'est sa cathédrale, et, dans la cathédrale, l'horloge, chef d'œuvre merveilleux de mécanique, qui fait chanter un coq aux poumons d'acier, et paraître, à l'heure de midi notamment, les douze apôtres annonçant l'apparition de N. S. Jésus-Christ, en frappant chacun un coup sur le timbre sonore.

Une autre église de Strasbourg offre aussi à l'admiration du touriste l'œuvre du sculpteur Pigale, le magnifique monument funèbre du maréchal de Saxe.

En quittant Strasbourg, on est obligé de s'éloigner quelque peu du Rhin, pour aller voir la ville de Bade. En conséquence, on se rend à Kelh par un omnibus, et, dans le trajet, on salue en passant la statue de bronze du général Desaix, mort à Marengo, et l'une des gloires de notre France. Comme le Rhin fut le théâtre de ses exploits, c'est sur le Rhin qu'on lui a érigé l'une des plus belles statues qu'ait produit le bronze des canons.

Si nous cherchons dans l'histoire un vaillant soldat auquel nous puissions comparer Desaix, nous trouvons Turenne. Et, chose curieuse! tout-à-l'heure nous allons précisément rencontrer aussi un autre monument, dressé sur un champ de bataille, en l'honneur de ce brave maréchal.

D'abord on traverse le magnifique pont placé sur le Rhin par la France et la Prusse d'un commun accord, pour mettre en communication les deux pays, et que gardent, à ses deux extrémités, des sentinelles qui fraternisent du regard.

Et puis, une fois sur le sol de la Prusse, Kelh se montre au voyageur dans tout l'éclat de ses maisons couleur de rose, de ses soldats bleus, de ses douaniers verts et de ses blondes Allemandes.

Enfin, on monte en wagon; la locomotive siffle avec fureur, et on est lancé dans l'espace, toujours en ayant à sa droite les cimes vaporeuses des montagnes de la Forêt-Noire, qui bornent l'horizon.

Il est impossible de se figurer l'exquise beauté des vallées de cette forêt qui viennent s'ouvrir sur les bords du Rhin. A chaque pas on a devant soi les plus mystérieux et les plus ravissants paysages. C'est ici la vallée de l'Alb, où se trouve l'abbaye d'Hernale, dépositaire encore des tombeaux de Bertrand et de Uda de Eberstein, ses pieux fondateurs. On découvre de loin des masses de rochers qui produisent l'effet de colonnades aériennes, auxquelles se joignent de nombreuses demeures champêtres. L'imagination est frappée des jeux fantastiques de la nature. Un autre monastère, celui de Fraenalb, appartenant à des femmes, décore cette même vallée; et c'est un charme pour celui qui passe d'entendre les voix pures de ces anges de la terre s'élever vers le ciel pour l'invoquer et le prier en faveur des exilés de la vie.

C'est là, dans les profondeurs des bois, la vallée de Freudenstad, l'autre Thébaïde de Orllerheiligen. Il n'est pas au monde de vallon plus solitaire et plus romantique, Que l'air est pur dans cette calme et paisible région, et comme l'âme qui le cherche doit y bien trouver Dieu et s'entretenir volontiers avec lui! Ajoutons que les collines boisées qui lui servent de ceinture laissent entrevoir sur leurs cimes de vénérables burgs, démantelés depuis longtemps, et dont le faîte est doré par le soleil, tandis que les ruines de leurs bases sont plongées dans une ombre épaisse. Quand par hasard, le matin, à midi ou le soir, la cloche du cloître vient à tinter dans cette sombre vallée, et que les anfractuosités du rocher en répercutent les notes mélancoliques, il n'est pas possible de réprimer le frisson qui s'empare de vous. On lève les yeux vers les lambeaux du firmament bleu qui apparaît à travers les coupoles des arbres, et on prie avec amour et bonheur.

Voici venir ensuite la verdoyante et plantureuse vallée de Benchen, où l'on trouve les eaux solitaires de Petersthalt, de Griesbach et de Rippoltsau.

Enfin se montre à son tour la splendide vallée du Kinzig, l'une des plus admirables, la plus grande sans contredit.

Et en dernier lieu apparaît le vallon de Tryberg. Voici ce que l'on raconte de ce vallon, car, en Allemagne, et surtout sur les bords du Rhin, on est dans le pays des légendes.

De braves soldats de l'Autriche, en garnison dans les forts de Schœnwal et de Schœnacher, descendaient assez souvent à Tryberg. Un jour qu'ils remontaient vers leur caserne par l'étroit sentier que borde le torrent de Schœnach, leurs oreilles furent tout-à-coup frappées de délicieuses mélodies. On eût dit que des artistes invisibles étaient cachés sous les épaisses chevelures des vieux arbres, et qu'ils faisaient ainsi pleuvoir sur les passants les accords divins de leurs instruments. Ils se dirent qu'il y avait là quelque chose d'extraordinaire, et ils se mirent à fouiller le bois en tout sens. Enfin, ils avisèrent, près d'une source jaillissante, un chêne séculaire, et, fixée au tronc de l'arbre, une image de la Vierge, sculptée en bois de tilleul. Tout d'abord ces pieux soldats s'agenouillèrent et firent une dévote oraison.

Puis ils se prirent à orner la madone de branches de verdure et de fleurs, après quoi un tronc improvisé fut placé par eux à portée de la sainte image. En quelques jours, les dons furent si nombreux que le tronc se trouva rempli. Aussitôt une église fut édifiée ; les princes d'Autriche et de Bade envoyèrent de généreux présents ; un pèlerinage fut ainsi fondé, et il est encore des plus suivis dans la contrée.

Et cependant rien n'était plus naturel que cette musique merveilleuse entendue par les soldats. Le gouffre suivi par le Schœnach est dominé par les cimes de sapins gigantesques. Que le vent souffle, et aussitôt chacun de ces arbres devient une harpe éolienne naturelle, à laquelle le murmure des eaux sert de basse continue.

Le seigneur qui occupait le domaine de Tryberg était sans doute un burgrave quinteux et grinchu, car il ne reste que des ruines informes de son burg, pris d'assaut et démoli par les montagnards du voisinage, vers 1642.

De la station d'Achern, près de Sassbach, on voit se dresser dans la plaine un monument composé d'un obélisque de granit gris, haut de trente-huit pieds et large de vingt-quatre, qui porte cette inscription :

LA FRANCE A TURENNE.
Ici Turenne fut tué, le 27 juillet 1675.

ARRAS. — DUNES. — SEINSHEIM. — ENTZHEIM. — TURCKEIM.

Je vous avais annoncé le monument élevé à la gloire du guerrier français qui ressembla le plus à Desaix, et le voilà.

Après avoir battu, à Turckeim, non loin de Colmar, et définitivement chassé les Impériaux de l'Alsace, Turenne avait franchi le Rhin, en amont de Strasbourg, à Wilstaett. Montecuculli l'attendait dans la plaine, entre Achern et Sassbach. C'était alors un pays mal cultivé, marécageux. Aussi fallut-il que

Turenne manœuvrât longtemps au bord du fleuve et surtout dans les marais, pour que Montecuculli se vît forcé d'accepter la bataille. Hélas ! comme le dit madame de Sévigné, le canon qui devait faire périr le héros était chargé de toute éternité. Ce fut Germain de Bade qui le pointa au moment où Montecuculli arrivait en face de Turenne exécutant une reconnaissance et préparant le combat. Ce combat n'eut pas lieu, car.... le boulet du canon pointé par Germain vint frapper un noyer voisin du maréchal, et ricocha sur lui.... Turenne tomba pour ne plus se relever....

En même temps, et frappé du même coup, tomba aussi M. de Saint-Hilaire, grièvement, mortellement blessé, mais conservant encore le sentiment et la parole. Et comme son fils, à cette vue, se prit à verser des larmes de désespoir :

— Ce n'est pas moi qu'il faut pleurer, mon fils, mais ce grand homme.... lui dit M. de Saint-Hilaire, avec ce stoïsisme qui a rendu si fameux certains personnages de l'antiquité.

Le tronc du malencontreux noyer existe encore ; et le boulet homicide est à Paris, au musée de l'Hôtel des Invalides.

Admiré des Allemands eux-mêmes, qui le pleurèrent comme on pleure un héros, Turenne eut la gloire d'avoir un premier monument élevé au lieu même de sa mort par les mains des ennemis de la France. On y avait écrit simplement : « Ici fut tué Turenne. » Mais, sous le règne de Louis XV, le cardinal de Rohan, évêque de Strasbourg et seigneur de Sassbach, fit ériger un monument français digne du personnage. Il édifia même une maison pour abriter un invalide des armées de France, afin qu'il veillât sur le tombeau de Turenne, tombeau vide, bien entendu, car ses restes mortels furent rapportés en France. Mais à la Révolution de 1789, les Allemands détruisirent le cénotaphe.

Alors, en 1796, après le passage du Rhin, le général Moreau releva la pierre sépulcrale de Turenne, et y plaça une sentinelle d'honneur.

Enfin, le 27 juillet 1829, cent cinquante ans après la mort du grand homme de guerre, Charles X répara un long oubli, et fit dresser l'obélisque qui signale le théâtre fatal de la perte d'un héros à jamais illustre.

Après avoir changé deux fois de rail-way, on arrive bientôt à Baden-Baden, dont le nom veut dire tout simplement Bains.

Quelle charmante vallée que la vallée de Bade, et quelle ville délicieuse ! Je ne m'étonne pas que, dans les hautes sphères du monde heureux, on s'y donne rendez-vous de tous les points de l'Europe pour la belle saison.

D'autre part, quel enfer que cette petite cité pour les malheureux joueurs qui viennent y perdre leur fortune, et souvent leur honneur, leur vie et le bonheur de leurs familles !

La première chose qui appelle la visite du touriste, c'est sans contredit le vieux burg. Aussi s'empresse-t-il de prendre une calèche et de gravir la colline qui domine la ville, et qui est elle-même dominée par le vénérable manoir des burgraves. Tout en suivant les rampes gracieuses qui le portent au sommet de l'éminence boisée, le voyageur peut contempler le bassin délicieux dans lequel Bade a fixé son nid. C'est une véritable corbeille de verdure, qui rutile sous les chauds rayons du jour. La rivière de l'Oos la décore de ses capricieux méandres. Du milieu émerge le Château-Neuf ou château ducal, que signale sa hampe d'or surmontée du drapeau mi-partie jaune et rouge. A son extrémité supérieure se dresse la maison de Dieu, bien moins hantée, hélas ! que la blanche demeure ouverte au jeu, à la conversation et aux plaisirs, que l'on voit étaler ses façades marmoréennes au centre d'une grande place. Un groupe de cinq cents maisons riantes et joyeuses entoure ces principaux édifices.

Nous sommes au Vieux-Château, l'une des plus belles ruines de l'Allemagne. Les comtes de l'Osgau l'élevèrent au dixième siècle, de sorte que huit cents ans déjà pèsent sur ces antiques murailles, dont la base de porphyre et les flancs de granit ont si parfaitement résisté aux ravages du temps, que la plate-forme qui le porte, les glacis qui l'entourent, les portes, herses, contreforts, poivrières, tours rondes et carrées, machicoulis des bastions en encorbellement, chapelle, salles, oubliettes, barbacanes et cachots qui le composent, se montrent soudain aux regards avides de voir, et apparaissent presque dans leur entier, comme au temps où les vieux suzerains moroses en faisaient leur séjour favori. Il a bien reçu, ici et là, quelque estocade qui lui a fait brèche au ventre ; les plafonds, en certains endroits, et les voûtes, ailleurs, se sont convertis en dentelles ; les fenêtres, presque partout, ont perdu leurs vitraux de plomb et leurs verrières coloriées ; mais les fortes arêtes de ces fenêtres, mais les appartements, mais tout ce qui constitue un vieux manoir féodal armé en guerre est là debout, distinct, entier, et vous raconte les âges écoulés. Il n'est pas une pierre qui ne parle, pas une tourelle, pas une guérite, pas une poterne qui ne vous raconte les hauts faits dont ils furent les témoins et souvent les acteurs. On peut escalader tous les étages, enjamber d'un bond les voûtes effondrées, sauter d'un balcon sur une plate-forme, et suivre toutes les péripéties qui durent souvent s'accomplir dans les drames de ces formidables géants.

Et quand on est arrivé à la plus haute tour, que l'on pose le pied sur le sommet du donjon, quelle extase s'empare de vous ! D'un côté le regard plonge sur l'immense Forêt-Noire et ses mamelons ténébreux, dont les vallées laissent percer ici et là quelques flèches aiguës s'élançant vers le ciel, quelques ravenelles de vieux burgs du voisinage, ou les toits en pignons de quelque abbaye plongée dans des vagues de verdure ; de l'autre, l'esprit, l'âme et toutes les facultés de l'être s'élancent, avec la vue, sur les ailes de l'imagination, dans les profondeurs infinies d'immenses et bleuâtres horizons, que sillonne au loin le Rhin, dont on voit rutiler en mille endroits et flamboyer sous les feux du soleil les larges nappes.

Mais voici que, comme aux soldats autrichiens dans les gorges de Tryberg et le long du sentier accompagnant le cours du Schœnach, les oreilles du touriste qui descend sur les parapets du burg sont frappées des accords harmonieux, aériens, d'une suave mélodie, d'une musique invisible. C'est une harpe éolienne, mais une vraie harpe éolienne cette fois, que l'on a placée à l'une des meurtrières d'une galerie haute, à l'encontre du vent de la vallée, qui, frappée par la brise, chante d'une façon lugubre les jours de gloire qui ne sont plus ; malgré la sombre mélancolie de son récitatif, on ne peut s'empêcher de s'arrêter et d'ouïr cette mélopée et d'en apprécier l'harmonie.

Puis, enivré de ces vénérables spécimens de la brutale féodalité du moyen-âge, quand, après avoir revu en esprit les personnages depuis longtemps tombés en poussière, qui jadis furent les maîtres de ce nid d'aigle, vous descendez, rêveur, sur les glaciers du burg, vous vous trouvez en face d'un cabaret d'assez leste apparence qui vous salue du mot Restauration, écrit sur son front en gros caractère, vous passez alors de la rêverie en plein moyen-âge à la réalité de la vie moderne, et comme vous vous sentez les jambes fatiguées de vos explorations à travers les ruines, et l'estomac creusé par un exercice violent, vous allez vous asseoir volontiers en face de tranches de venaison de la Forêt-Noire et de monceaux de choucroute fumant comme un volcan, mets par excellence de la blonde Allemagne.

Descendu à Bade, vers la tombée du jour, vous trouvez la belle cité dans tout le luxe de sa gloire. D'abord, dans les rues, tout respire la richesse, au moins l'aisance, et une exquise propreté. Les maisons présentent toutes leurs façades blanches, comme de coquettes fiancées leur toilette immaculée. Au fronton de vingt hôtels vous lisez le mot : Bank. Mot fatal, allez, et qui renferme bien des séductions mortelles. Il veut dire au misérable fou qui a tout perdu au jeu : Pour peu que vous possédiez quelque pré, un bout de champ, un bois, une ferme, une maison, venez. Pour ce qui vous reste de bien, de terre, d'immeubles en un mot, nous vous donnerons de l'or, et vous pourrez jouer de nouveau, et peut-être. . vous enrichir !....

Et les infortunés se laissent prendre à cette promesse alléchante. Et ils vont à la salle de jeu consommer leur ruine, signer leur contrat avec la mort, et donner le dernier coup de poignard à leur pauvre mère désolée, à leur père vainement irrité, à leurs sœurs à tout jamais condamnées.

Ensuite, sur la grande place du Palais des Jeux, où se tient une foire perpétuelle, approvisionnée de tous les objets qui peuvent tenter le luxe et la fortune, vous vous trouvez dans un véritable coin de Paris, tant l'élégance, tant l'opulence, tant la séduction des toilettes et les parfums du beau monde s'y étalent. La foule est immense. On voit entrer de très empressés gentlemans dans les salons du jeu, et on en voit sortir des visages pâles. Les premiers ont encore l'espoir de gagner ; les seconds ont déjà tout perdu, même l'honneur ! mais qu'importe ?

La multitude se presse, et rit, et cause, et s'amuse. La musique fait entendre ses plus charmantes symphonies ; les cafés répandent à flots leurs boissons enivrantes ; tout parle de joie, de gaîté, de folie ; et pendant ce temps, tel joueur malheureux s'empresse d'aller à la recherche d'un asile solitaire pour s'y brûler la cervelle, et tel autre va boire le poison qui doit rendre son cadavre au néant. Pauvre humanité, que deviens-tu quand tu oublies Dieu ?

Du Château-Neuf je vous dirai seulement qu'il est construit de manière à le faire jouir d'une vue splendide. Il est élevé sur d'antiques substructions romaines. On y trouve d'immenses souterrains qui servirent longtemps, paraît-il, de résidence ténébreuse à ce fameux tribunal secret des Francs-Juges, qui terrifia jadis l'Allemagne entière. On lui donnait aussi le nom de Sainte-Vehesme.

Nombre d'antiquités romaines trouvées en fouillant le sol de Bade et de ses environs, font l'ornement et la richesse du musée de la ville.

L'église collégiale est encore en possession des tombeaux des margraves. Elle est ornée de six tableaux peints par Lill, mais qui ne sont que des copies de Guido-Reni. On y admire le sarcophage de Louis Wilhème, ouvrage de Louis Georges, et une statue en bronze connue sous le nom de l'Evêque-Soldat.

Vingt-six sources minérales font la richesse de Baden-Baden. La principale n'a pas moins de 45 degrés de chaleur. Le rocher qui la produit est encore décoré de marbres provenant de Carare, et remontant à l'époque où les Romains étaient maîtres du pays. La source d'Enfer compte 50 degrés ; les pauvres y ont aussi leurs bains, qui sont aménagés avec goût.

La salle des buveurs d'eau, le Trinkhalle, est le plus bel édifice de Bade. Il est précédé d'un vaste promenoir formant une magnifique colonnade. Ses frontons, à l'intérieur du promenoir et au-dehors, sont décorés de douze fresques qui racontent les plus fameuses légendes de la Forêt-Noire : car je vous ai dit qu'en Forêt-Noire, comme dans toute l'Allemagne, on est dans le royaume des légendes.

Voici l'une des plus curieuses :

Il est des masses de rochers gris, qui dominent Bade, non

loin du Vieux-Château, et qui ont reçu l'appellation de Chaire du Diable et de Chaire de l'Ange. Ils sont couverts d'une riche végétation et l'on y jouit d'une admirable vue sur toute la vallée. Or, lorsque les premiers chrétiens vinrent enseigner l'Évangile dans cette forêt, le diable, furieux, accourut de l'enfer et vint droit à Bade, par le chemin souterrain que suivent les eaux thermales pour y arriver. Alors il alla se placer sur le rocher en question, afin de haranguer la multitude et de parler aux nouveaux convertis. Sa parole était brève, incisive, railleuse. On l'écoutait d'autant mieux que nul ne se doutait que ce fût maître Satan qui parlait. Il avait eu soin de dissimuler ses griffes sous un ample manteau à la mode du temps; quant à ses cornes, elles disparaissaient sous son épaisse chevelure, qu'il avait eu soin de relever en Riquet à la houppe.

Mais voici que, tout-à coup, un ange, resplendissant de beauté et tout rayonnant d'une gloire céleste, vient se mettre juste en face de lui, sur le rocher voisin. Il avait à la main une palme qu'il agitait, et, quand il eut replié ses ailes sur la belle robe blanche dont il était vêtu, il se mit à parler lui aussi au peuple, qui accourut en foule pour l'écouter.

Or, son langage était bien différent de celui de Satan. Pendant que celui-ci préconisait le vice et les plaisirs, celui-là exaltait les charmes de la vertu. L'ange triomphait, car tous les auditeurs du diable le quittaient peu à peu pour venir prêter l'oreille aux belles paroles du héros céleste.

Dans sa fureur, Lucifer frappa du pied le rocher sur lequel il était huché; sa rage était telle que son sabot de diable imprima sa forme sur la pierre, où on peut la voir parfaitement dessinée, et de là s'élança dans les canaux souterrains des eaux, où il disparut en laissant derrière lui une longue traînée d'une épaisse et puante fumée.

Je ne vous dirai rien des autres légendes, le Saut du Comte, le vieux Eberstein, le couvent de Fremersberg, le château de Neuwindeek, l'image de Keller, etc. ; mais je vous prierai, mes chers lecteurs, de me suivre sous les beaux ombrages de cette allée qui conduit au mont Sainte Cécile, au-dessus de l'Oos.

Là s'élève majestueusement, se profilant sur le ciel bleu, le beau couvent des nonnes de Lichtental, fondé en 1249, par

Irmengarde de Bade, petite-fille de Henri-le-Lion. Nous y verrons dans l'église du cloître les tombeaux de la sainte fondatrice et de plusieurs margraves.

Nécessairement il y a une légende, et vous êtes désireux de la connaître. Ecoutez-la donc.

Lorsque la guerre, qui désolait ces contrées en 1689, amena les Français dans la vallée de Bade, tous les paisibles habitants auxquels leurs forces permettaient de fuir, s'éloignaient tout tremblants, en emportant leurs objets les plus précieux. Elles aussi, les pauvres et désolées religieuses de Lichtental, songèrent à déserter leur pieux asile. N'avaient-elles pas à redouter la fureur de ces terribles Français ? Mais une idée toute de sagesse vint à l'abbesse. Elle confia les clefs de son cher cloître à la sainte image de la Vierge, en la conjurant de vouloir bien veiller sur les murailles du monastère et de le protéger contre toute profanation.

Les saintes filles de Dieu s'enfuirent alors pleines de l'espoir de revenir bientôt et de retrouver intacts leur couvent et sa chapelle. Mais elles atteignent à peine le sommet de la montagne, que les Français arrivant, faisaient tomber les portes du couvent sous leurs coups répétés. Aussitôt ils se ruèrent en foule pour piller les richesses du cloître et celles de l'église.

Quel ne fut pas leur étonnement alors, en voyant que les portes du sanctuaire s'ouvraient d'elles-mêmes, et que la sainte Vierge, entourée d'une splendeur divine, descendait de son autel pour venir au-devant d'eux, en tenant les clefs à la main pour les leur offrir.

Vous comprenez bien que nos Français, tout braves qu'ils soient, à cette vue reculèrent terrifiés, et s'inclinant devant le prodige, tout en faisant mille signes de croix, s'échappèrent au plus vite du couvent, qui rentra dans sa paix habituelle, et put recevoir ses religieuses sans être inquiété davantage.

Un fait vrai, c'est que le diable est véritablement installé à Bade, non pas sur le rocher en question, mais dans la maison des jeux. Quel affreux spectacle que celui de tous ces joueurs avides qui viennent ainsi chercher fortune et tenter les chances d'un gain illusoire! Combien perdent tout, pour quelques-uns qui gagnent un argent qui doit leur brûler les mains, car cet argent n'est autre que la dépouille de misérables fous à tout jamais tombés dans une ruine sans nom. Certes, c'est bien le diable qui est l'inspirateur de ces horribles et immondes établissements.

Mais quittons Baden-Baden et ses magnificences, et rendons-nous à Rastadt : le trajet est des plus courts.

Rastadt est le chef-lieu du cercle du Rhin-Moyen. Cette ville, de fort gracieux aspect, est assise en amphithéâtre sur la base d'une colline que domine un château de très belle apparence et que baigne la Murg, dont le ruban d'or s'échappe de la plus riche vallée de la Forêt-Noire... Rastadt ne compte que huit mille habitants. Depuis 1844 elle est entourée de puissantes fortifications, de sorte que maintenant elle tient lieu de forteresse fédérale destinée à protéger l'entrée de la Forêt-Noire. Ses casernes pourraient, le cas échéant, contenir soixante mille hommes de garnison.

Au XVIIe et au XVIIIe siècles, cette vénérable cité était la résidence des margraves de Bade. Aussi a-t-elle souffert beaucoup pendant la guerre de Trente-Ans.

Gravir la colline que couronne le château de Rastadt est le premier désir du touriste, une fois qu'il a réparé ses forces en arrivant dans un hôtel quelconque. On a soin de le prévenir que de la plate-forme du manoir le panorama qui se développe aux yeux est peut-être incomparable, et il se hâte de faire l'ascension dont les promesses sont si alléchantes.

Certes, il n'est pas trompé dans son attente.

VALLÉE DE LA MURG. — OU L'ON FAIT UN PEU D'HISTOIRE. — CARLSRUHE. — CURIOSITÉS ALLEMANDES. — LE PALAIS DUCAL. — UN DOME DE PLOMB. — DURLACH.

Le château de Rastadt est un édifice qui offre quelque ressemblance avec Versailles, mais en miniature.

La margrave Sybelle, veuve du prince Louis, l'édifia. Sybelle fut l'une des gloires du XVIIIe siècle, notez bien. Cette femme généreuse aimait son mari à ce point que ce fut pour lui complaire qu'elle fit du nouveau château un véritable musée. Elle le décora en effet des trophées enlevés aux Turcs par le margrave, qui était le héros du brillant fait d'armes de Tékèly. Mais à quoi bon parler d'appartements et de leurs richesses, quand nous avons sous les yeux les plus admirables splendeurs de la nature?

Vue de haut, la Murg, qui sort de la Forêt-Noire, attire le regard du voyageur. D'abord son cours est fort escarpé, car d'énormes assises de granit le dominent. Mais ensuite ce qui flatte davantage l'œil, c'est que, sur ces rochers, dans les minimes espaces où la poussière a pu voler, s'abattre et former terre, alors qu'une brise favorable y a fait tomber quelque semence, ou qu'un oiseau a laissé tomber une graine de son bec, des arbres, pins, sapins, frênes, bouleaux, etc., ont crû, se sont développés et ont composé des bouquets de bois et des bocages de l'effet le plus délicieux. Souvent ces arbres devenus centenaires tombent de vétusté dans la Murg, et alors, comme une simple feuille, ils sont entraînés par les flots violents de la rivière. Quand ils ont atteint un certain point du courant, on les arrête, on les dépèce, on les équarrit, on en forme des radeaux gigantesques, et ils sont aussitôt expédiés pour la Hollande, par la Murg d'abord, et le Rhin ensuite.

De la plate-forme sur laquelle est assis le château, juste en face de l'embouchure de la Murg dans le Rhin, commence le département français du Bas-Rhin : on voit donc la France, de Rastadt, et cette vue fait battre le cœur du touriste de cette nation, car

A tous les cœurs bien nés que la patrie est chère!

Mais aussi, du même point, à quelques cents mètres de la ville, le long de la rivière, il est un angle de la route que l'on ne regarde qu'avec douleur, car il fut le théâtre de l'assassinat des trois représentants de la France au fameux congrès de Rastadt, Bonnier, Debry et Robergeau.

C'était en 1793, moment fatal, car la Révolution qui s'accomplissait en France débordait au-dehors et mettait en mouvement chez tous les peuples les plus mauvaises passions. La rive gauche du Rhin était complètement révolutionnaire, et la rive droite absolument féodale. Les riverains du fleuve ne pouvaient donc se regarder sans humeur. Ajoutons que les émigrés de France étant venus prendre gîte à Coblentz et former un camp aux ordres de Condé, sous la protection de l'archiduc d'Autriche Charles-Louis, les Français de la rive opposée se mirent en rumeur, essayèrent des hostilités et définitivement entamèrent la guerre.

Elle fut terrible, car chaque ville du Rhin voulut y jouer son rôle.

Mais pendant que les émigrés s'agitent à Coblentz et font plus de bruit que de besogne ; pendant que le général autrichien Clerfayt passe le Rhin à Mayence, et que Wurmser s'empare de Manheim,

Le général français Moreau n'en bat pas moins à plate couture l'archiduc d'Autriche, ici même, à Rastadt ;

Puis, à Ettinghen, à Pfortzheim, à Stuttgard, à Cronstadt.

A Edinghen, le même général Moreau malmène l'ennemi de telle sorte qu'il le contraint d'évacuer les lignes du Neckar.

Alors, Francfort est occupé par Jourdan ; Mayence, par Custine ; Wurtzbourg, par le maréchal Ney ; Bamberg, par Klein ; et Stuttgard, par Gouvion Saint-Cyr.

Dans le même moment, Neresheim est le théâtre de la défaite de l'archiduc Charles et de Condé, par Moreau encore.

Neuwmark toutefois voit l'archiduc d'Autriche attaquer Jourdan à Ostrack, Pluttensordft, à Stokack, et le repousser même du pays.

A cette nouvelle, Dusseldorff entend l'approche rapide d'une armée nombreuse, celle de Jourdan, que suit Kléber désertant la Franconie.

Puis Neuwmark revoit nos troupes de nouveau, et, cette fois encore, elles ne triomphent pas ; et c'est alors que l'intrépide Moreau, aux mains duquel a échappé l'archiduc Charles, devinant sa faute par sa défaite, commence cette savante et admirable retraite qui fait sa plus grande gloire.

En effet, Riberach, sur le Rhin, assiste à la reprise de ses triomphes, car Schlinghen lui livre ses ponts, Kelh lui abandonne ses forteresses, Offembourg est enlevé par lui, et, ô merveille d'audace et de courage ! le même général Moreau franchit le Rhin, en plein jour, et en présence de l'ennemi qui n'ose l'attaquer.

Ce sont de vrais combats de géants ! Voici venir le jeune général Hoche qui prétend démontrer que, dans notre France, les années ne font pas les héros. Il paraît à Neuwied, à Urzératz, à Diedorff, à Heddersdorff, et ses victoires continues vont certainement avoir pour résultat sérieux une paix solide, lorsque le jeune et bouillant héros tombe à Weissenthurm... Il tombe empoisonné, empoisonné par un rival jaloux de sa gloire...

Nous verrons en effet, à Weissenthurm, une pyramide commémorative de son habile passage du Rhin.

Cependant Masséna, l'illustre fils de la Victoire, surnom bien mérité, s'était emparé du canton des Grisons, et les armées du Danube et de l'Helvétie ayant été réunies sous ses ordres, le vaillant capitaine surmonte tous les obstacles que les hommes et la nature lui opposent en Suisse ; il se rend maître du cours de la Reuss, des passages du pays des Grisons et de ceux de l'Italie, et attend l'ennemi qui s'approche. Voici venir en effet l'armée russe : elle prétend passer sur le ventre des Français, afin de pénétrer ensuite en France : mais le général Lecourbe les culbute et les contraint à se replier sur eux-mêmes, et alors survient Masséna qui remporte l'immortelle victoire de Zurich et sauve notre patrie de l'invasion.

C'était alors le Directoire qui gouvernait la France. Triste et indigne pouvoir qui laissait sans vivres, sans vêtements, sans chaussures, les braves soldats qui combattaient pour lui. A cette époque l'argent était engouffré par des hommes misérables appelés les *fournisseurs de l'armée*, et qui cependant ne fournissaient rien du tout. Ces infâmes spoliateurs de la fortune publique, ces rongeurs du soldat, ne sauraient être trop flétris. Heureusement, les héros savent triompher même des privations qui éteignent leurs forces. Masséna en donna la preuve. Mais comme le Directoire ne savait pas davantage tirer parti des victoires de ses généraux, un congrès entre la France et les autres puissances européennes devint bientôt nécessaire.

Il eut lieu à Rastadt, et s'ouvrit en avril 1799. Il y avait un armistice qui tenait sans défensive les Français et leurs ennemis, au moins les premiers, confiants dans la foi de leurs ennemis. Mais tout-à-coup le bruit se répand que les Autrichiens viennent de rompre la suspension d'armes et que même la neutralité du grand-duché de Bade a été violée par leurs troupes.

Entre Plittersdorff et Selz, fameux par ses eaux gazeuses, il est sur la Murg, non loin de Rastadt, un lac qui met les deux villages en communication.

Là, six voitures chargées de leurs bagages, et leurs valets, attendaient, le 28 avril 1799, les trois représentants de la France au congrès de Rastadt, Bonnier, Robergeau, appelé à remplacer M. de Talleyrand au ministère des affaires étrangères, et Debry; car ces trois personnages se trouvaient obligés de s'éloigner de la ville, après la rupture de l'armistice.

La nuit était venue, épaisse et noire, comme il arrive encore au mois d'avril.

Soudain, on apprend aux trois représentants qu'il est entré en ville, d'une façon cauteleuse, une centaine de hussards de Szécler. Cette nouvelle les étonne. Mais à huit heures, leur étonnement est bien autre quand ils reçoivent du ministre directorial, M. d'Albini, par les soins du colonel de Barbacy, l'ordre de quitter immédiatement la ville.

Les trois Français se hâtent de crainte d'une embûche. En effet, on tente de leur fermer le passage pour arriver au bac où les attendent leurs équipages, et ils sont contraints de rentrer dans la ville, pour demander une escorte. Enfin ils descendent vers la Murg, précédés d'un coureur qui éclaire leur marche à l'aide d'une torche. Le calme règne partout; on n'entend plus de bruit, et les représentants rassurent les femmes qui les accompagnent.

Tout-à-coup un galop précipité de nombreux chevaux se fait entendre. A la lueur de la torche, le premier des représentants qui met la tête à la portière des carrosses reconnaît les Autrichiens.

— Ce sont les hussards de Szécler... dit-il à ses compagnons.

En effet, les armes brillent, les chevaux entourent la première voiture, les hussards crient au cocher d'arrêter, et lui demandent:

— Qui conduis-tu là?

— Le citoyen Debry, sa femme et ses deux filles, répond le valet, qui est domestique du margrave de Bade.

Aussitôt Debry est arraché de la voiture, les hussards s'en emparent, le sabrent, le transpercent, le déchiquètent, nonobstant les cris de terreur des trois femmes, qui veulent le couvrir de leur corps. Puis, le délaissant, les Autrichiens s'emparent de Bonnier, de Robergeau, les enlèvent à la seconde voiture, et les massacrent de même, malgré les cris de leurs femmes, qui s'exposent à mille morts pour les défendre.

Enfin, l'exécution sommaire mise à fin, les bourreaux s'éloignent à fond de train.

Jean Debry n'était pas mort cependant, quoique le plus maltraité de tous. Peu à peu le malheureux blessé revient à lui. Le silence règne ; il entend seulement le murmure sourd de la rivière. Il est seul ; ses assassins ont fait les femmes prisonnières, sans doute. Alors il rampe péniblement, se glisse dans un de ces fourrés qui dominent la Murg, et y passe la nuit, à quelques pas des cadavres glacés par la mort de Bonnier et de Robergeau. Bref, au point du jour, à l'approche des paysans qui passent, il se montre, leur révèle la trahison dont il est victime, ainsi que ses compagnons, et obtient d'eux quelque secours.

Cinq jours après il rentrait en France avec les siens et les femmes des deux autres représentants, veuves désormais.

Aussitôt une protestation fut signée par tous les membres du congrès qui se trouvaient encore à Rastadt. Inutile de dire qu'elle demandait énergiquement vengeance de cette épouvantable violation du droit des gens.

Hélas ! qui le croira ? cependant cela est : ce crime, inouï dans les fastes de l'histoire, demeura à jamais impuni...

Oui, le Directoire ne le punit pas... C'est honteux à dire, mais le Directoire demeura chargé de tant de hontes !

Le seul dédommagement offert aux familles de cet affreux guet-apens, le voici : On éleva un monument funéraire à l'endroit même où les malheureuses victimes furent frappées...

Par bonheur, il y eut un jour où Moreau vint reprendre le commandement de l'armée du Rhin et de celle de Sambre-et-Meuse.

Alors les brillantes victoires d'Engen, de Memminghen, de Riberach, etc., démontrèrent bientôt éloquemment que le génie de la victoire veillait toujours.

Ensuite Hoschstedt, Nedersheim, Nordlingue, Oberhausen, et enfin Hohenlenden achevèrent de venger la France.

Oui, la France reprenait possession de son Rhin, et la paix de Lunéville se faisait à son avantage.

Quand on arrive de Rastadt à Carlsruhe, à peine a-t-on franchi la porte de la ville que l'on se trouve dans une rue dont la longueur étonne, mais surtout dont l'étrange décoration stupéfie. On ne sait trop si l'on ne met pas le pied dans une cité consacrée tout à la fois à l'habitation des morts et des vivants. En effet, des obélisques, des pyramides quelque peu lugubres, et des statues nous apparaissent, jalonnant cette vue et la capitonnant comme une nécropole.

Grâces à Dieu, Carlsruhe est une ville très bien habitée, par d'excellents vivants, et c'est même une cité charmante. Obélisques, pyramides, statues, etc., ne couvrent point des tombeaux ; ce sont des ornements qui sont placés là, comme nous le verrons, pour rappeler des dates de gloire et de nobles personnages.

Dans aucune ville on ne dort mieux qu'à Carlsruhe ! pas le moindre bruit ne trouble le sommeil. J'ajoute qu'à l'hôtel de la Croix-d'Or, on trouve les soins les plus vigilants.

Mais on vient peu dans une ville étrangère pour se livrer au repos. Aussi, le touriste, au point du jour, se lève en hâte, d'autant plus que, après le repos de la nuit, il est curieux de connaître la cause d'un bruit singulier, assez semblable au ressac de la mer, qui a succédé au calme plat des heures de ténèbres

C'est le marché qui se tient dans les rues. Certes, voir un marché en Allemagne a son côté curieux. Que de têtes blondes ! quelles étranges coiffures ! que de jupes courtes, rouges et bleues ! que de corsages de velours noir ! et surtout quel babil ! Toutes les Gretchen de la ville sont réunies là autour des marchands de victuailles, et les oreilles des touristes savent de combien de paroles elles font précéder leurs achats de denrées et de victuailles.

Du marché, il est bon d'aller droit à la pyramide qui émerge d'un océan de têtes et de costumes rustiques des campagnes d'alentour.

GUILLAUME !

Tel est l'unique mot gravé sur cette pyramide, fort belle du reste, et qui ne ressemble en rien, ni par sa taille ni par sa matière, avec les pyramides marmoréennes de l'antique Egypte. Ce n'est donc pas le nom d'un pharaon qu'elle montre ainsi gravé sur son socle. L'illustre Guillaume dont il est question à Carlsruhe est le margrave, fondateur de la belle cité, et c'est la gratitude des habitants qui lui a élevé et consacré ce monument en miniature.

Mais disons de suite que Carlsruhe ne remonte qu'au dix-septième siècle, et sachons quelle est son origine.

Le margrave Charles-Guillaume était petit-fils de la célèbre Sybelle, fondatrice du château de Rastadt, ainsi que je l'ai dit plus haut. Ce prince était fort instruit, mais il aimait autant le plaisir que la science. Il tenait sa cour à Durlach, petite ville à quelque distance de Carlsruhe, et il avait sa maison de chasse près de la forêt Harthwald. Or, comme le margrave affectionnait les splendeurs, et qu'il ne se trouvait à l'aise que dans les palais grandioses, il n'était nullement sympathique aux habitants de Durlach, gens peu amis de cette sorte de progrès. Un soir donc, après des exercice cynégétiques qui duraient depuis le point du jour, il éprouva le besoin de se reposer, et alors il se coucha au pied d'un arbre, aux derniers rayons du soleil. Charles-Guillaume s'assoupit bientôt sur la mousse, et ne se réveilla plus qu'au lever de la lune.

— Ai-je donc bien dormi ! s'écria-t-il. Je veux que ce lieu prenne désormais le nom de Repos du roi, et je veux y bâtir une ville qui portera ce nom !..

Ainsi fut dit, ainsi fut fait.

Telle est l'origine de Carlsruhe, nom qui veut dire, en français : Repos de Charles.

En effet, à l'est du Rhin, en 1715, aux lieu et place de l'immense plaine qui s'étendait le long du fleuve, on vit s'élever une ville splendide. Le margrave était fort original, avons-nous dit ; j'ajoute qu'il était très curieux de son naturel. Ayant placé son nouveau château en avant de la forêt, ce fut en avant qu'il fit dessiner et se dresser Carlsruhe, et afin de pouvoir découvrir tout ce qui passerait dans ses rues droites et bien alignées, il les fit aboutir toutes à la place qui sépare sa résidence de la cité, comme à un point concentrique, dont le milieu se trouve être son château, devenant ainsi un observatoire. Ainsi, la capitale du margrave affecte la forme d'un immense éventail.

Évidemment la rue principale est celle qui fait face au château : elle y arrive directement de la porte d'Estlinghen. C'est cette rue que je vous ai déjà signalée, comme étant ornée de pyramides, etc.

En outre de la pyramide en question, on y voit un obélisque surmonté d'un buste de marbre. C'est celui du grand-duc Charles. Ses titres de gloire sont renfermés dans cette courte légende : Au fondateur de la constitution, la ville de Carlsruhe.

Enfin, en se rapprochant de la résidence ducale, et à l'entrée de la place du Château, dont les édifices sont composés d'arcades élégantes, du milieu des orangers qui l'entourent émerge la statue en bronze du grand-duc Frédéric, par Schwantheler. Les quatre côtés du socle qui supporte cette œuvre magistrale montrent des figures représentant les quatre cercles du grand-duché. On y trouve aussi cette légende : Le grand-duc Léopold à son père le béni !

Carlsruhe étant une ville moderne et bâtie par un grand ami du confortable, vous ne serez pas étonné d'apprendre qu'elle se distingue par la régularité de ses constructions. Quelques-unes de ses portes, et notamment celle d'Estlinghen, sont d'une noble architecture.

Le temple protestant est orné de douze colonnes d'ordre corinthien d'un bon style, et on y remarque seize tableaux qui ne sont pas sans mérite. L'ensemble est d'un bel effet, et révèle le sentiment du goût.

L'église catholique est surmontée d'une coupole de cent pieds d'élévation sur autant de largeur. C'est par cette coupole que la lumière se répand dans le sanctuaire. L'entrée de cet édifice est formée d'un portique décoré de huit colonnes d'ordre ionique.

Je puis ajouter que la synagogue est bâtie dans le style oriental, car, à Carlsruhe, tous les cultes ont leurs temples.

Maintenant pénétrons dans le Hochberg, c'est le nom du château, et certes c'est là la grande curiosité de la ville. Celui qui nous en ouvre les portes s'exprime en très bon français.

Son premier soin est de nous faire monter sur la plate-forme du dôme qui domine l'édifice, et que l'on nomme la Tour de Plomb, à raison du métal dont elle est couverte.

Ce qu'il y a de plus intéressant dans cette ascension, c'est l'admirable paysage que l'on découvre du sommet de la tour.

Du côté du Rhin, ce sont les belles rues de la ville affluant vers vous comme des régiments à la parade, et puis des clochers, des tours, des dômes à n'en pas finir. Ici, le companile de l'Hôtel-de-Ville, là le théâtre de la cour, la perle du grand-duc, et un peu partout des édifices dont la physionomie ne laisse pas de jouer son rôle dans l'ensemble du tableau.

Je vous recommande, par exemple, l'académie des Beaux-Arts, œuvre de l'architecte Huebsch, terminée en 1843, et offrant un superbe spécimen du style byzantin. Le péristyle de l'entrée principale est couronné des statues de la Peinture et de la Poésie; et on voit ensuite celles de Raphaël, de Michel-Ange, de Durer, de Vischer, etc., placées dans les lunettes de l'édifice.

Du côté de la forêt, les vastes parterres décorés des plus jolies fleurs, et puis des pièces d'eau sur lesquelles cinglent les grandes ailes blanches de cygnes nombreux, d'immenses tapis verts, et enfin les hautes futaies partagées en un nombre infini d'allées qui, à partir du château, centre commun, s'ouvrent en éventail comme la ville, et vont se perdre au loin en de mystérieuses profondeurs.

Enfin, on aperçoit une cité qui nage dans les brumes de l'horizon. C'est Durlach, Durlach délaissée, dédaignée, mais pourtant plus heureuse que sa rivale, car elle possède des eaux limpides et fraîches, dont Carlsruhe est absolument privée.

Il est en outre une vieille tour, dite le Thumberg, qui couronne une verte colline, et dont la ruine ajourée produit un effet magique pour l'artiste. Je vous la mentionne, chers lecteurs, quand vous aurez gravi un jour la Tour de Plomb du château de Carlsruhe.

Je m'oublie à vous signaler encore, à droite et à gauche, les jardins de la margravine Amélie, les thermes de Beïerthem, une chaumière dite la Maison de Promenade, et d'autres merveilles de paysages, et je ne vous dis rien du palais. Mais quand je vous signalerais des galeries, quelques tableaux, vous n'y attacheriez pas grande importance, et je préfère vous peindre les villes et les campagnes du Rhin, que des bijoux et des marbres.

ARRIVÉE A HEIDELBERG. — LA VALLÉE DU NECKAR. — SPLENDEUR DES RUINES DU CHÂTEAU. — HISTOIRE. — LES PALATINS ET LE PALATINAT. — MERVEILLES DE L'INTÉRIEUR DU MANOIR DES PALATINS. — HEIDELBERG VU DE JOUR ET HEIDELBERG VU DE NUIT.

Dans la vallée du Neckar, l'un des beaux affluents du Rhin, il est une montagne qui a nom Giessberg, qui ressemble à un promontoire, car il baigne sa base dans les eaux de la rivière, qu'il oblige à faire un détour.

On raconte qu'une sorte de magicienne, appelée Jelta, fit redire aux échos de cette montagne des accents prophétiques, au même temps que Velléda, elle aussi, attirait sur elle presque le culte des Celtes.

Dès lors le Giessberg perdit sa dénomination et ne s'appela plus que le Jeltenberg, du nom de la célèbre Jelta.

Cette femme mystérieuse aimait, paraît-il, à ne se montrer que le soir, alors que le soleil descendait à l'horizon et semblait aller se coucher dans les eaux du Rhin qu'il faisait rutiler de ses feux au dernier plan de l'horizon. Dans ces instants solennels où la nature parle tant à l'imagination, il n'était pas rare que, laissant flotter sa longue chevelure noire au vent de la nuit, le regard inspiré, le sourire de l'enthousiasme aux lèvres, elle fit entendre des paroles toutes à la gloire d'une famille illustre qui, d'après elle, allait venir placer son berceau sur la cime du Giessberg, au-dessus du Neckar. Elle lui prédisait une grandeur sublime qui lui ferait un nom fameux dans le monde, et des palais à éclipser Babylone, et des richesses à éblouir l'univers, et des hauts faits à rendre jaloux Cyrus et Alexandre.

Elle ajoutait que sous l'influence de cette noble famille, au pied même du Geissberg, et sur la rive gauche du Neckar, à sa sortie de la vallée, se formerait une ville qui deviendrait fameuse par les études que tout bon Allemand viendrait y faire, sous des maîtres habiles, des sciences les plus avancées.

On raconte enfin que, par une nuit noire, Jelta s'étant égarée dans les halliers de la forêt du Neckar, jamais plus n'avait reparu, mais qu'on avait trouvé des ossements déchiquetés par la dent féroce de loups rapaces, hôtes de la Forêt-Noire. C'était auprès d'une source limpide que le drame avait eu lieu. Aussi, je l'ai dit, la montagne prit le nom de Jeltenberg, et la source devint le Wolfsbrunn ou Fontaine aux Loups.

Or il advint, en effet, qu'un duc des Francs, Anthyse, vint habiter le Giessberg, en 510, et que pour Jutha, sa femme, qui était de la noble famille des comtes de Graihgau, le nouveau venu fit construire un burg sur la cime de la montagne, en face et au-dessus du Neckar. Il joignit une chapelle qui fut édifiée une demi-lieue plus loin, sur un point appelé Schlierbach.

Donc Anthyse construisit un château, qui devint celui de Heidelberg, berceau de princes et d'électeurs, dont le dernier descendant occupe de nos jours le trône de Bavière.

Et dans le même moment, ou bien peu après, commençait à sortir de terre, à un demi-kilomètre plus loin, la pittoresque cité qui porte, elle aussi, le nom de Heidelberg.

Tout d'abord le château occupa la pointe de la montagne la plus avancée vers l'ouest du petit Giessberg; mais comme ce point culminant n'offrait pas à beaucoup près la perspective des beautés que l'on pouvait obtenir dans cette admirable contrée, le manoir fut rapporté où il se trouve de nos jours, et il n'est pas au monde de site plus grandiose et plus admirable.

C'est donc vers cette ville de Heidelberg et vers le château du même nom que, en quittant Carlsruhe, le chemin de fer vous porte à toute vapeur.

Qui ne s'écarterait un moment du Rhin, pour aller voir Heidelberg? Heidelberg est le joyau de l'Allemagne, ou plutôt de l'Allemagne du Rhin, et d'ailleurs, on ne perd pas de vue ce fleuve, car du haut des tours du château, on le voit qui trace au loin son sillon d'or dans la plaine, vers Spire et Manheim.

Oui, certes, Heidelberg est le bijou du pays rhénan ! Vous allez en juger, ami lecteur.

Donc on quitte Carlsruhe, et la vapeur vous porte d'abord à Durlach, où il est de toute rigueur, pour quelqu'un qui se respecte, de s'arrêter pour visiter les antiquités romaines, fort nombreuses et très curieuses, trouvées dans le voisinage de cette ville, qui fut jadis une station romaine.

On atteint ensuite Bruchsal, qui fut autrefois la résidence d'été des princes-évêques de Spire. On y admire le grand château appelé la Réserve, une vénérable et fort belle église du quinzième siècle qui renferme toujours les tombeaux des princes-évêques, et un vaste édifice qui n'est autre qu'un pénitencier modèle.

Puis, voici venir le village de Mingelsheim, théâtre, en 1622, de la défaite de Tilly par le général de Mansfeld.

A gauche du rail-way, se montre ensuite le manoir de Kisslau, transformé en une prison d'État.

Puis encore Wiesloch, Saint-Ilgen, etc.

Bientôt la voie ferrée décrit une large courbe, et la voix du chef de train vous crie triomphalement :

— Heidelberg ! Heidelberg !

On voit à peine l'entrée de la belle vallée du Neckar ; le Neckar vous apparaît à demi roulant vers le Rhin ses larges lames limpides, et déjà vous vous trouvez sous le charme.

C'est que sur la montagne, en face de vous, un peu plus loin que la ville dont les clochers et les ravenelles ardoisées ne vous ferment pas la vue des hauteurs, vous apercevez de telles ruines, des façades tellement grandioses, de si formidables tours, de si merveilleuses dentelles architecturales, une masse si imposante et en même temps si hardie, si svelte, si élégante, que vous demeurez ébahi, bouche béante, l'œil fixe, l'esprit en suspens, et que, vous aussi, vous dites tout bas :

— Voici donc Heidelberg !

Vous sautez de votre wagon, wagon très confortable, car, en Allemagne, votre wagon est un véritable salon, avec divans, guéridons, mobilier fort commode, voire même balcon, d'où, protégé par une solide rampe de fer, vous pouvez assister au défilé des paysages sur toute votre route, et une fois à terre, vous vous mettez en quête d'un hôtel.

Si vous allez jamais à Heidelberg, croyez-moi, présentez-vous à l'hôtel Schreider, tout près de la gare, et mettez-vous dans les bonnes grâces de votre hôtelière afin d'obtenir la chambre n° 7. N'oubliez pas : n° 7. Il n'est pas possible d'avoir ailleurs un plus beau panorama que celui qui se développe sous les riches fenêtres de ce bienheureux n° 7. Le Rhin, au fond du paysage ; à gauche le Neckar ; en face la ville de Heidelberg ; au-dessus de la vieille cité les ruines du château, ou plutôt le château lui-même, car les ruines ne sont que des accessoires ; et puis comme toile de fond, le Giessberg ou Jeltenberg, une tour élancée qui s'appelle le Kœnigsthul, du côté de Bade, le Mont-Tonnerre qui sillonne le ciel de ses croupes bleuâtres, et enfin les profondeurs de la vallée du Neckar allant se perdre dans la Forêt-Noire.

Je vous fais grâce des repas, de ceci et de cela. Qu'est-ce qu'un dîner quand il s'agit d'aller visiter des magnificences? On le sacrifie au besoin, pour se hâter de se mettre en face des belles et grandes choses.

Donc, vite, au plus vite au château de Heidelberg!

Pour vous y rendre, laissez la ville de côté ; vous avez le temps de l'étudier. On trouve des villes partout, et il n'y a au monde qu'un château de Heidelberg. Prenez, sur la droite, une avenue bordée de tilleuls et de platanes, de villes et d'hôtels, d'abord ; et puis gravissez une rue qui fait ombre au tableau, car elle est toute capitonnée de hideuses masures, et peuplée de telles légions d'enfants immondes, hâves, chétifs, souffreteux, que malgré les hauts-le-cœur qui vous arrivent, vous vous sentez pris de compassion. En même temps, vous restez en extase. Imaginez que tout ce petit monde porte les plus jolis cheveux blonds d'or que l'on puisse souhaiter aux anges!......

Elle est bien longue cette rue escarpée, mal pavée, fétide et triste à voir. Mais aussi vous arrivez. Voici la plate-forme du Giessberg, et déjà la vision des ruines se fait à travers l'opulente végétation de bocages abandonnés aux soins de la nature.

Vous êtes en face du château de Heidelberg.

Dans la masse imposante que l'on a sous les yeux, les détails sont tellement nombreux qu'il est impossible de se rendre compte de l'harmonie de l'ensemble tout d'abord ; on ne voit que portes sculptées, poternes basses, édifices ajourés comme des dentelles, tours élancées, bastions, tours, ravenelles, etc. ; mais peu à peu l'œil s'habitue à contempler le colosse, et alors le jour se fait dans la perspective, et l'on se rend compte de l'immensité des parties composant un tout aussi majestueux et aussi splendide.

Le premier obstacle qui arrête et fixe l'attention du visiteur, c'est la Tour des Géants, principale porte du manoir, encore décorée des fières statues de chevaliers couverts de leurs armures et semblant tout prêts à dégaîner leur glaive pour la défense du palais de leurs suzerains.

Puis, quand on a franchi cette porte et passé sous les lourds arceaux de la tour, quand on a pénétré dans une première cour, et qu'on se trouve en face de bâtiments sculptés, bossués, vermiculés, ajourés, chargés de magnificences artistiques qui ont fait de la pierre une véritable guipure, et converti la simple margelle d'un puits en un objet d'art qui mérite toute admiration, on demeure ébahi, on reste comme en extase. C'est alors que l'on commence à voir que le château de Heidelberg, par l'entassement de palais accolés les uns aux autres et se reliant tous ensemble par de nombreuse cours et des galeries, est grand, étendu comme une cité.

Par exemple, tout d'abord, Rodolphe Ier dit l'Aveugle, devenu maître de Heidelberg par le traité de Pavie, à l'époque où Heidelberg venait de sortir du sol, vers 1300, élève le premier de ces palais, que son âge vénérable laisse encore très solide, malgré les coups qui lui ont été portés, et qui paraît fièrement campé toujours sur sa base de granit, nonobstant ses rides et ses crevasses.

C'est le même Rodolphe qui édifia également la chapelle dont j'aurai l'occasion de vous parler tout-à-l'heure.

Plus loin Ruppert, ou tout simplement Robert, fait bâtir l'aile dite l'aile de Ruppert, de son propre nom, et a l'heureuse idée d'y appliquer un balcon grandiose. Or, comme c'est sur la vallée du Neckar que se trouve dressée cette aile Ruppert, il s'ensuit que du balcon signalé l'œil des châtelains de Heidelberg, jadis, et de nos jours, l'œil du touriste, planent de haut sur la belle rivière du Neckar, sur la belle vallée de la Forêt-Noire qu'il parcourt, sur la cité de Heidelberg disséminée sur ses rives, sur le Rhin, au loin, sur les plaines qu'arrose ce fleuve, et s'étend jusqu'à Manheim qui brille dans les profondeurs de l'horizon, et jusqu'aux Vosges, dont les croupes bleuâtres sillonnent l'éther bleu à perte de vue.

Un souvenir historique se rattache à cette aile Ruppert.

Louis III, successeur de Robert, ne craignit pas d'enfermer dans les appartements de cette partie du château, et de tenir captif le pape Jean XXII.

Puis, Louis IV ayant hérité ensuite du domaine, ce noble palatin, dit le Débonnaire, rendit en 1425 les voûtes antiques de ces vastes appartements témoins de l'un de ces drames qui font frémir les froides murailles qui en furent les témoins.

Ce Louis IV avait un frère du nom de Frédérik, si fort aimé du palatin que celui-ci partageait avec lui son pouvoir. Malheureusement Frédérik était détesté des vassaux du domaine, à raison de la sévère et farouche raideur avec laquelle il réprimait les moindres exactions. Les plus turbulents, Guillaume et Jacques de Luzelsteen, le redoutaient ; mais audacieux à l'excès, comme ils prétendaient lui résister et que toujours le prince les humiliait, leur haine bientôt ne connut plus de bornes. Ils résolurent de se venger. La vengeance était facile en ces temps de barbarie, car le fameux tribunal secret de la Sainte-Vehesme, dont j'ai déjà dit un mot, existait alors. Guillaume et Jacques lui ayant dénoncé le comte palatin et son frère comme coupables d'hérésie et ayant commerce avec les esprits, les membres du tribunal résolurent de sévir. La difficulté consistait à se rendre maître de Frédérik.

Arrivent deux chevaliers armés de toutes pièces à la cour de Heidelberg, un matin ; ils sont annoncés par le son du cor. et on les reçoit avec tous les honneurs d'une hospitalité généreuse. Les deux étrangers affectent la plus grande magnificence, et Louis IV, ébloui par leur luxe, leur témoigne la plus vive affection et les entoure de soins. Toutefois, un soir. le secrétaire du palatin, Kormund, surprend des entrevues secrètes entre les deux chevaliers et une des dames du manoir; il devine que l'on médite un projet hostile à ses maîtres, et il se hâte d'en prévenir Frédérik, qui se fait accompagner dès-lors de ses deux amis les plus dévoués.

Un orage éclate pendant une nuit noire; la foudre gronde, les éclairs sillonnent la nue, la pluie tombe avec violence....

Tout dort dans le château de Heidelberg, et cependant, dans cette obscurité qu'interrompent parfois les sillons de la foudre, voici que se glissent cauteleusement, jusqu'à la chambre de l'électeur, à travers des corridors secrets, deux ombres dont les mains sont armées de glaives. Une lampe pâle luit à peine auprès du lit à haut baldaquin du noble maître, qui dort du plus profond sommeil. La cloche du beffroi venait de tinter minuit, et on venait de relever les sentinelles des petites tours du guet. L'orage touchait à sa fin; le calme commençait à se répandre sur le Jettenberg.

Tout-à-coup, un spectre se montre, en face du lit du palatin endormi. Cette apparition affecte les apparences de la Vierge Marie, et sa tête est entourée d'une auréole qui reflète la pâle lueur de la lampe.

— Lève-toi, Louis, et écoute ma parole... dit le fantôme.

A ces mots dits d'une voix sinistre, l'électeur se réveille; il regarde, étonné, puis se soulevant à demi :

— Qui es-tu ? fait-il.

— Ne crains pas, mon fils, reprend la voix sépulcrale : la bénédiction de la mère des hommes ne peut te nuire, je viens te la donner...

Alors, dans un langage insidieux, la prétendue Vierge des cieux déclare au comte palatin que Frédérik, son frère, est un traître à sa famille, un hérétique à la religion, un apostat à l'endroit de Dieu.

Louis IV, qui connaît les pensées les plus intimes de son bien-aimé frère, résiste à ces paroles et leur oppose les dénégations les plus formelles. Il repousse les révélations de la Vierge... Mais alors un affreux cliquetis de chaînes se fait entendre dans la grande salle qui précède, les draperies de la portière se soulèvent, et se montre soudain un horrible personnage qui remplit le rôle de Satan.

A cette vue, le naïf électeur demeure sans voix, ses cheveux se dressent sur sa tête, il tremble ; il s'évanouit.

Aussitôt s'avancent deux chevaliers dont les armes noires semblent sortir des profondeurs ténébreuses de l'enfer. Des poignards brillent en leurs mains à la pâle lueur de la lampe. Secouant rapidement l'électeur sur sa couche, pour le faire revenir à lui, les voici qui lui adressent la parole, et, au nom de la Sainte-Vehesme, ils lui donnent l'ordre le plus formel de leur livrer Frédérik, son frère....

Louis IV résiste...

Sans mot dire, la prétendue Vierge Marie montre du doigt la pièce voisine où dort, lui aussi, le pauvre frère du comte palatin. Le diable se dirige vers cette chambre, il y pénètre ; les chevaliers noirs le suivent.

Déjà leur poignard se lève sur la victime immobile, déjà des cordes sont préparées pour le lier et s'en emparer, lorsque tout-à-coup, de l'angle le plus obscur de la pièce, s'élance un des amis de Kermund et Kermund lui-même. Ils dégaînent incontinent, et, l'épée haute, ils s'avancent contre les ennemis de Frédérik. D'un coup d'estoc, le diable tombe égorgé... A cette vue, la fausse Vierge et les deux chevaliers noirs, devinant que leur trame est éventée, se hâtent de gagner l'escalier le plus proche, et une fois dans les cours, ils font seller leurs chevaux et s'enfuient au plus vite. Seule, la mère du Sauveur est arrêtée, empêtrée qu'elle est dans son déguisement. C'est la dame du château, qu'avaient gagnée à leur cause les deux émissaires du tribunal secret.

Le jour qui paraît achève d'éclairer le mystère. Louis et Frédérik tombent dans les bras l'un de l'autre, et le complot dirigé contre eux est décidément avorté..

Hélas ! peu après cette tragédie nocturne, Louis IV rendait son âme à Dieu, et Frédérik Ier devenait comte palatin à sa place.

L'escalier par où détalèrent les ennemis des deux frères, le voici ; et voici la chambre de Frédérik et la chambre de Louis IV. Voici même encore le lit à baldaquin de l'électeur, et voici les chaînes et les épées des conjurés.

Frédérik Ier dut faire la guerre. Vainqueur à Seckeinheim, près de Manheim, des ennemis qui ont affronté sa colère, il conduit ses prisonniers à Heidelberg et les invite, dans la grande salle de l'aile Ruppert, à un festin dressé tout exprès pour eux. On se met à table : les vassaux vaincus et humiliés demandent du pain, car, nonobstant l'abondance des mets, le pain manque.

— Du pain? répond le comte palatin ; mais comment voulez-vous qu'on vous en donne, puisque vos farouches soldats ont brûlé les moissons et saccagé les terres, pillé les granges et détruit toutes les ressources de nos cultivateurs ! vous causez dans les contrées les plus grands désastres, et vous leur demandez encore du pain ?

Mais à une autre fois les légendes, et revenons au château de Heidelberg.

Nous avons vu le palais et la chapelle de Rodolphe Ier, qui date de 1300 ;

Vous connaissez l'aile de Ruppert et son grand balcon, qui remontent à 1400 ;

Voici maintenant l'Arsenal du château,

La tour de Frédérik Ier dit le Victorieux, et qui, ayant subi le siège de Louis XIV de France, de manière à être fendue de bas en haut, demeure debout et porte le nom de Tour-Fendue. Or, à qui la gloire de l'avoir fendue de la sorte? Au brigadier des armées de Louis XIV, Mélar, dont le rude canon l'a ébranlée, décapitée et pourfendue, sans la faire tomber.

C'est ainsi que les souvenirs de la France se trouvent même à Heidelberg, au siège duquel elle fut appelée par la guerre du Palatinat.

Du reste, ce fut un coup de canon heureux, que celui de Mélar, car il produisit une ruine grandiose de l'effet le plus charmant. En effet, on en voit les trois étages superposés, ayant contenu chacun une ligne de batteries et montrant encore à leurs voûtes les anneaux de fer destinés à faciliter la manœuvre des pièces d'artillerie. Ainsi rien de plus curieux que cette large et indiscrète fissure de la Tour-Fendue.

La grande chancellerie ;

Le jardin de la douce Clara, qui viennent s'ajouter à la résidence de Heidelberg, par les soins de Frédérik, vers 1450.

Cette douce Clara est la belle Clara de Detten, femme de Frédérik-le-Victorieux.

Voici la superbe Tour Octogone, le bijou du château, dite aussi la Tour de la Cloche, à raison de la cloche qu'elle renferma jadis et qui salua pour la première fois, en juillet 1554, son illustre maître, à son retour d'une visite en Lorraine.

Je ne vais pas vous signaler tour à tour les mille édifices qui composent le château de Heidelberg, le nouveau palais dit le Palais de Louis, la Tour du Géant, dite encore la Tour du Guet; la Tour Jamais-Vuide, attendu qu'elle renfermait les principales richesses du château, et quelles richesses! le Bâtiment de l'Economie, où se trouvaient entassées les provisions de bouche de toutes sortes; la grande Place d'Armes, qui précédait le grand Rempart du Château ; la Rondelle, etc., toutes constructions œuvre de Louis V, vers 1550.

Othon Henri, en 1580, fait sortir de terre à son tour un édifice indescriptible, le Ritter-Saal ou Palais des Chevaliers. Essayer de vous peindre ses appartements gigantesques, ses cheminées immenses, ses admirables peintures, ses gloriettes, ses pignons, ses statues, les caprices et les fantaisies des plus exquises sculptures, serait impossible.

Puis, en 1590, voici venir Frédérik II qui fait surgir la Tour de la Bibliothèque, devenue plus tard la Tour de l'Apothicairerie, dont les noms vous disent suffisamment la double destination; la nouvelle Cour, les Murs du Manoir, la Porte Extérieure de cette vaste muraille d'enceinte, la Porte du Musée, munie de pont-levis, de courtines et de barbacanes.

Lui succèdent Frédérik III et Louis VI. Ces nouveaux électeurs palatins n'ajoutent rien aux splendeurs des bâtiments de Heidelberg; mais vient Jean Casimir, qui, devenu l'adepte des fameux réformateurs de l'époque, Luther, Calvin et Mélanchthon, leur donne l'hospitalité dans sa cour, et pour signaler ce fait, dont il tire une gloire ridicule, ordonne de construire une tonne tellement colossale qu'elle contiendra jusqu'à quatre-vingt mille bouteilles des vins de son crû. C'est un trop beau monument pour un souvenir aussi misérable! Cette cuve de Jean Casimir ne devait pas rester sans famille. Aussi d'autres palatins lui donnèrent pour compagnes jusqu'à douze autres tonnes d'une capacité progressive de vingt à quatre-vingt mille bouteilles.

Les caprices des électeurs tournèrent plus tard aux tonneaux merveilleux, car vint Charles-Théodore, qui fit construire une futaille de telle capacité qu'elle devait éclipser les tonneaux de ses prédécesseurs, recevoir le glorieux nom de *Tonneau de Heidelberg*, et contenir deux cent quatre-vingt-trois mille huit cents bouteilles. Cette cuve monstrueuse est renfermée dans les souterrains de l'ancienne chapelle de Ruppert.

De toute cette série de futailles gigantesques, il ne reste plus que trois, dont celle de Jean-Casimir est sans contredit la reine. Elle est fort curieuse, par son âge d'abord, mais aussi par son énormité. Mais ce qui la distingue plus encore, c'est la beauté du travail. Je ne puis vous en faire la description. Pour vous en faire comprendre le volume, sachez qu'un escalier, avec rampe richement sculptée, comme le tonneau lui-même, a été disposé pour en faire le tour et conduire sur sa plate-forme, où se trouve la bonde. Cette surface de la futaille est tellement large que, souvent, des sociétés joyeuses de visiteurs s'amusent à danser à l'entour de l'orifice, en chantant des rondes et des chansons bachiques. A pareil monument, il fallait une inscription. Aussi lisons-nous la devise appliquée aux parois du tonneau : *Par ordre de S. A. électorale, Charles-Théodore, ce grand tonneau a été construit par le maître tonnelier de la cour, Engler, en 1751. Il contient deux cent trente-six foudres, ou deux cent quatre-vingt-trois mille huit cents grandes bouteilles.*

Je dois ajouter qu'il fut un temps où les communes du voisinage d'Heidelberg venaient vider, dans ces tonneaux, leurs contributions en vins ; c'est ce qui explique leurs capacités peu ordinaires.

Enfin, je ne puis quitter le Grand Tonneau sans dire que l'on voit sur sa face principale de nombreux coups de hache assénés par des bras vigoureux. Ce sont des bras français qui ont tenté de défoncer cette cuve, pleine alors, mais dont on avait scellé la bonde. Lors de la prise du château de Heidelberg par les Français, sous Louis XIV, dans la guerre du Palatinat, nos soldats altérés éprouvaient le besoin et le désir assez naturels de goûter au vin des électeurs vaincus. Ils s'armèrent alors des haches des sapeurs. Mais, efforts inutiles! le tonneau résista, sans sonner le creux, le cruel ! Et nos braves vainqueurs furent contraints d'aller boire l'eau limpide de la source du Jettenberg. Ce n'était pas tout-à-fait la même chose !

En face du Grand Tonneau, les touristes avisent une statue grossière en bois, qui ne laisse pas de fixer leur attention. C'est la statue d'un nain, le nain Perkio, une sorte de bouffon, qui fit les délices de la cour de l'électeur Charles-Philippe. Tout petit et rétréci qu'il était, ce nain buvait comme un ogre : la chronique raconte qu'il ne reculait pas devant quinze grandes bouteilles du Tonneau de Heidelberg. Il les absorbait avant de se mettre au lit, paraît-il. Et si, par malheur pour lui, Perkio n'était pas d'humeur à boire, ou qu'il fût malade pour avoir trop bu, il n'en fallait pas moins qu'il s'ingurgitât les quinze bouteilles en question, en présence du comte palatin, des seigneurs et des dames de la cour, qui s'en amusaient fort, ou bien Perkio était fouetté jusqu'au sang. Pauvre nain ! il paraît que sa grimace quand il pleurait, ou bien, quand il buvait, son ivresse, étaient fort drôlatiques, puisque toute une cour s'en amusait. Il faut croire que l'on manquait d'autres passe-temps chez les électeurs de Heidelberg.

Si Jean-Casimir fut le flatteur des représentants de la doctrine protestante, ses successeurs ne partagèrent pas ses opinions à cet égard. En effet, Frédérik IV monte sur le siège des électeurs, et il se met incontinent à l'œuvre, en ajoutant à Heidelberg la nouvelle chapelle, qu'il dédie à saint Udalrich, et que sa splendeur architecturale et ses trésors rendent si célèbre, que le pape Jules III, qui la visite, la proclame la plus belle chapelle de l'Allemagne ; puis le petit Rempart, l'hôtel de la Monnaie, décoré de tourelles charmantes à chacun de ses angles, la porte du Nord ; la fontaine du grand Jet d'Eau ; la grande Halle, placée sous le balcon de Ruppert, et composée de piliers qui supportent ce balcon merveilleux ; et enfin les délicieuses guérites à quatre faces brodées, fouillées à jour, dentelées, qui décorent les extrémités de ce même balcon.

Ce même Frédérik IV imagine d'élever une terrasse immense, qui longe la vallée inférieure, se ramifiant avec la grande vallée du Neckar, et permet d'embrasser d'un même coup d'œil les ravissantes beautés champêtres qui l'entourent.

Vous figurez-vous quelque peu cet amoncellement de palais, d'édifices, de tours, de chapelles, de fortifications, de beautés de toutes sortes que je cherche à vous faire connaître, chers lecteurs? Je l'espère. Et cependant vous ne pourrez que très difficilement vous représenter et la magnificence des sites et des paysages, et la splendeur de toutes ces constructions groupées avec un art infini, et dont une seule, isolée, serait un chef-d'œuvre d'architecture, d'harmonie, de sculpture, de richesses de toutes sortes.

Mais je n'en ai pas encore fini avec les bâtiments du château de Heidelberg, que je vous ai annoncé vaste et grand comme une ville.

En effet, Frédérik V est à peine en possession du titre de palatin, qu'il édifie la Maison de Plaisance, puis le Bâtiment de la Tonnellerie; la Volière; la Ménagerie, entre la Terrasse et la Tour-Fendue; la Grosse-Tour, qui possède un tel écho que le visiteur, plaçant son visage contre le mur et parlant à voix basse, se fait entendre fort distinctement au côté opposé de la salle, à plus de cent pieds; puis encore la grande Grotte, dont le portail a perdu ses sculptures, mais a conservé ses belles lignes architecturales, et enfin la belle Porte Elisabeth, qui conduit à la terrasse de Frédérik IV.

Cette Porte Elisabeth a reçu ce nom de la femme de Frédérik V, fille de Jacques II, roi d'Angleterre, et petite-fille de l'infortunée Marie Stuart, reine d'Ecosse.

Le même Frédérik V construisit pour sa bien-aimée Elisabeth le Palais Anglais, dont, par galanterie, l'électeur voulut que sa jeune femme habitât exclusivement les somptueux appartements.

Charles-Louis succède à Frédérik V, et alors lui aussi se met à l'œuvre et produit le Jeu de Balle; la Ceinture des ouvrages avancés; le Bâtiment de Charles-Louis, et la Tour de Charles.

Malheureusement de cette tour reste, seul, l'emplacement, désigné par ce mot : « Où fut la Tour de Charles. »

En 1700, Charles-Philippe élève la Fontaine des Princes.

Puis, un peu plus tard, Charles-Théodore construit la Grande Guérite de pierre ; le Corps de Garde, et enfin le Grand Tonneau que nous avons mis sous vos yeux.

En dernier lieu, car le temps de sa décadence approche, Heidelberg est encore enrichi de la Maison du Plumage ; du Pavillon des Oiseaux et de la Ménagerie des Lions.

Toutes ces richesses étaient entassées dans ces innombrables bâtiments : mais combien auparavant furent pillées, arrachées, enlevées, soustraites et à jamais perdues ! Ici, on a fait un musée ; là, on a entassé des armures, des vêtements, des meubles, des tapisseries, des peintures, des statues, des monnaies, des fragments de sculptures, etc., toutes choses provenant du château. J'y passe de longues heures, tant il y a d'objets à contempler, de reliques à admirer, de curiosités à étudier. Par exemple, j'y vois une charte qui remonte à Charlemagne, dont je lis très distinctement l'étrange signature ; puis, une bulle du pape Alexandre IV, à la date de 1225. Ici, c'est l'anneau de Luther, avec lequel il cachetait ses lettres ; là, c'est un livre ayant appartenu à Calvin. Partout, ce sont mille bizarres débris d'un temps qui n'est plus, mais qui ont un nom dans l'histoire. Malheureusement je ne puis en faire le catalogue.

Vous m'avez vu en extase devant le merveilleux balcon de Ruppert, rendez-vous assez ordinaire du beau monde et des étudiants de Heidelberg, surtout aux heures du coucher du soleil, car le paysage est alors ravissant. Je me suis trouvé de même en admiration dans la chapelle de Saint-Udalrich, encore toute brodée des sculptures les plus ravissantes, et en possession toujours de son autel et de sa chaire.

Mais ce qui me semble le plus digne de l'admiration, dans le château de Heidelberg, par sa riche architecture et l'excellence de ses sculptures, c'est sans contredit le Rittersaal des chevaliers.

Rien de gracieux comme la belle façade italienne de ce bâtiment qui décore la grande cour. Son entrée est moins la porte d'un palais qu'un arc de triomphe. Ses quatre statues méritent toute l'attention des artistes, car ils y retrouveront le genre antique dans le dessin des chairs et l'application des draperies. Les deux gloires, séparées par une tête de faune, autour de la porte, sont des chefs-d'œuvre de grâce. Celle de gauche respire un abandon véritablement emprunté à la vie. On a épuisé de même toute la délicatesse de la ciselure dans la guirlande de fruits, de feuillages et de rubans qui surmonte cette gloire.

Les yeux ne s'arrêtent pas avec un moindre plaisir sur les trophées de musique et sur les rosettes qui décorent les bases et les chapiteaux des statues, ainsi que les parements de la porte.

L'entablement du portail est surmonté d'un grand cartel. Il contient dans un même rang les trois écussons de la famille palatine. On y retrouve, comme sur la plupart de ses bâtiments, à Heidelberg, les losanges, le globe d'empire et le lion. Ce lion est plein de fierté et de mouvement. Les autres lions qui occupent plus haut les cimiers des casques, se distinguent au contraire par le calme de leur repos. Tout l'ouvrage est en haut-relief et s'appuie sur un lit de feuilles d'acanthe taillées avec autant de hardiesse que de légèreté.

Deux figures debout et dans la plus noble attitude soutiennent le cartel. L'agrément des visages, celui des contours, et leur transparence sous un vêtement presque mobile, mettent ces statues au nombre des meilleures sculptures d'ornement. L'artiste les a accompagnées de supports où il a prouvé que là où il était besoin d'action et de force, son ciseau ne se sentait pas plus étranger qu'aux scènes d'immobilité. Ces supports représentent deux fois la lutte d'un homme contre un lion, et ces deux fois avec l'expression la mieux rendue des efforts des combattants et une éloquence de physionomie également appropriée à leur position et à leurs chances de dangers. Sur un de ces supports, le lion, symbole de la Bavière, est étouffé, et vainqueur dans l'autre, pour montrer les vicissitudes qu'a éprouvées la maison des comtes palatins avant de parvenir à fonder sa grandeur.

Un médaillon du fondateur termine le portail. Il est digne du prince qui a enrichi le domaine de l'architecture d'une des plus rares productions sorties de la main des hommes.

Le reste de la façade n'est qu'une continuation du même travail. On hésite à se prononcer entre les superbes frises qui la divisent : mais, parmi ses trois rangs de fenêtres, celle du milieu passera toujours et partout pour un modèle des plus belles proportions. On peut admirer aussi sans réserve les consoles, les niches des statues, les cariatides des fenêtres, leurs frontons, leurs frises et leurs chapiteaux. Toutefois, le travail des pilastres du premier étage doit être cité à part : le dessinateur et le sculpteur ont à l'envi fait assaut de supériorité, dans cette admirable guirlande d'arabesques.

Je ne puis prolonger ces détails qui ne donnent qu'une faible idée des magnificences de Heidelberg. Néanmoins, comme Heidelberg est certainement une des curiosités de l'Allemagne, il est essentiel pour que nos lecteurs le connaissent à peu près par l'imagination, que je leur dise que le château de Heidelberg forme un carré long, dont la cour si merveilleuse, dont je viens de peindre une des façades, occupe le centre. Des grands palais, celui de Rodolphe Ier se présente d'abord, en avant et détaché des autres, à l'ouest ; puis vient un peu en arrière et commençant l'aile occidentale, celui de Ruppert ; puis encore le Palais de Frédérik V, terminant la même aile occidentale, en arrière également du Palais de Rodolphe, qui les précède, en tenant le milieu.

Entre l'aile occidentale et l'aile méridionale, il y a un intervalle libre, auquel succèdent les Bâtiments de l'Economie, qui composent cette aile, et commencent l'aile orientale, continuée par le Palais de Louis et le Rittersaal.

Au centre de cette aile, à l'arrière se dresse la Tour de la Bibliothèque ;

A l'angle sud-ouest, la Tour-Fendue ;

Et à l'angle nord-est, la Tour de la Cloche, plus connue sous le nom de la Tour Octogone.

Enfin, au nord le Palais de Frédérik II, la Chapelle de Saint-Udalrich et le Palais de Frédérik IV,

Au-dessous desquels se trouvent le grand Balcon ou Galerie, et la grande Halle,

Et enfin, la vieille Chapelle, où se trouve le Gros Tonneau. Les autres bâtiments, moins importants que les palais, sont disséminés çà et là, dans le pourtour du château. Tout à l'entour la végétation règne, clair-semée, afin de ne point cacher le paysage. La grande Terrasse est au nord et domine la vallée. Les Jardins de Clara sont au levant.

L'entrée principale du château est au levant et permet de voir immédiatement la Tour-Fendue, qui produit un effet si pittoresque.

Dans les bosquets qui précèdent l'avant-cour, sur une pelouse verdoyante, et abritée par des orangers qui embaument l'air, se montre une petite maisonnette moderne qui porte écrit sur son front le mot *Restauration*. Eh bien ! vrai, c'est un grand plaisir d'aller s'asseoir sous l'une de ses tonnelles et de se restaurer ainsi en plein air en face du vénérable manoir et de cette Tour-Fendue qui, de sa lèvre béante, vous raconte les exploits de la patrie, mais aussi le deuil du glorieux manoir.

Le soir se faisait quand je prenais mon repas sur la verdure, au milieu de groupes d'autres touristes, et parmi des flots d'étudiants de la ville qui devenaient de plus en plus tumultueux.

Aussi je me hâtai d'aller saluer le soleil couchant, de cette partie du château où se trouvaient les Jardins de Clara de Detten.

Là, tout était solitude, calme et fraîcheur. Quel beau ciel en face ! comme le Rhin rutilait, comme le Neckar brillait, comme l'occident était merveilleux à contempler !

Bientôt, au rayonnement du soir succéda le crépuscule, un crépuscule doux, transparent, parfumé.

Puis la lune se leva, une lune blanche, pure, qui surgissant peu à peu au-dessus du plateau du Jettenbulh, se prit à argenter de ses pâles rayons la massive construction du château, mit loin en relief toutes ses parties, tours, créneaux, pignons ciselés, dentelles et guipures de ses tourelles. Ce devint un spectacle magique, sublime.

Au dernier plan du Giessberg, se trouvaient les ruines du primitif manoir, dont les ruines ponctuaient de blanc les ombres noires. Au second plan, s'estompaient en gris sur l'azur du ciel les mille aspérités du colosse Heidelberg. Plus loin, descendait vers la ville la longue route que j'avais gravie pour atteindre le plateau, capitonnée de ses masures, et dessinant les pentes de la colline du Heidelberg. Dans la vallée, entre les bois de Jettenbulh et le château, coulait silencieusement le

Neckar comme un long ruban d'argent sillonnant les prairies. Dans les profondeurs de l'horizon des blancheurs luciolantes me désignaient le cours du Rhin. J'étais absolument sous le charme. Et comme il soufflait de tièdes brises, que des senteurs parfumées couraient dans l'air, et que les splendeurs du vieux manoir étaient là debout devant moi, semblant me raconter leur gloire passée, je rêvais, en les écoutant me dire :

— Sur cette montagne fameuse, jadis Jupiter et Mercure ont eu des autels dressés par les Romains, ces insignes envahisseurs !

Clovis se construisit en ces mêmes lieux un palais qui fut habité par les Mérovingiens d'abord, puis par les Carlovingiens ;

Louis de Germanie le convertit en un monastère ;

Ensuite cette montagne du Heidelberg vit passer Attila ;

Charlemagne vint s'y reposer ;

Frédérik-Barberousse y dormit pendant une nuit d'orage ;

Charles-le-Téméraire vint y serrer la main de Frédérik-le-Victorieux ;

Gustave-Adolphe y campa ;

Turenne l'assiégea ;

Et Custine le prit et s'en rendit maître.

Que sont-ils devenus, tous ces héros qui ont foulé de leurs pas cette terre de gloire ?

Des nombreux palatins qui ont fait leur cour de Heidelberg, le plus grand nombre a porté la pourpre impériale ;

Un pape, Jean XXII, y fut tenu en prison par Louis III, dit le Barbu ;

Deux fois le Dieu du ciel a lancé ses feux sur ses murailles féodales et les a incendiées ;

Puis Mélanchthon, le farouche prédicateur de la réforme, y a fait ses études ; on y voit encore sa chambre ;

Jean Huss y fut mis en un cachot, que l'on montre au touriste curieux ;

Luther et Calvin y ont trouvé un asile près de Jean-Casimir, qui, en souvenir de leurs entretiens qui avaient sa faveur, éleva le monument du premier Grand Tonneau, source d'une gaîté sans contrainte.

Enfin la guerre de Trente-Ans a fait tomber ses bombes et ses boulets sur ce musée des merveilles architecturales de toutes les époques.

Mais aussi pourquoi les électeurs comtes palatins de Heidelberg s'exposaient-ils aux anathèmes répétés de Pie II, en caressant la réforme qui allait porter de si rudes coups à la religion de Jésus? pourquoi bravaient-ils Louis de Bavière, Adolphe de Nassau et Léopold d'Autriche, obligés de se faire raison en venant mettre le siège devant ces puissantes murailles?

Pourquoi s'attirait-il cette guerre terrible, l'ambitieux Frédérik V, en usurpant la couronne de Bohême, contre le gré de son suzerain l'empereur d'Allemagne, Ferdinand, en l'an de grâce 1619? Et pourquoi encore, en 1687, Philippe-Guillaume, le nouvel électeur palatin, en voulant garder le domaine de Heidelberg et son château, s'attira-t-il, dans la guerre de la succession d'Orléans, les violences de notre Louis XIV, à qui revenait cette terre, par le fait du mariage de son frère Philippe d'Orléans avec Elisabeth-Charlotte, fille de Charles-Louis de Heidelberg, qui, par sa mort, en mettait la France en possession?

Aussi ce fut là, précisément sur les Jardins de la belle Clara de Detten, que campa Mélac, le brigadier des armés du formidable Louis. Ce fut là-bas, sur la hauteur, qu'il plaça les canons de son artillerie que commandait M. de Chamilly. Ici se tenait le régiment de Picardie, sous la direction de de Coste et de Despic. Et c'est sous le feu d'une bombarde française que cette vaillante Tour de Frédéric devint la charmante Tour-Fendue.....

Et si tous ces comtes patatins qui ont eu leur cour sur ce plateau, maintenant désert, venaient à sortir de leurs sépulcres glacés, et à entr'ouvrir les ronces et les orties qui voilent leurs tombeaux, et que, un à un, reparussent Ruppert, Louis-le-Barbu, Frédérik-le-Victorieux, Jean-Casimir, Othon-Henri, Louis V, et Charles-Théodore, que diraient-ils en voyant ces murs crevés, ces poternes éventrées, ces voûtes effondrées, cette bibliothèque enlevée et dispersée partout, cette gloire de leur race ternie, ces jardins fleuris changés en une lande, et de quel deuil sinistre ne seraient-ils pas à jamais enveloppés, comme d'un suaire plus funèbre encore que celui qui entoure leurs squelettes décharnés ?

Mais tel est le destin ! Et nous devons dire avec l'Ecclésiaste : *Vanitas vanitatum et omnia vanitas !*

LA FONTAINE-AU-LOUP. — LA VILLE DE SPIRE. — MANHEIM. — WORMS. — IMPRESSIONS. — DARMSTADT. — PAYSAGES. — MONTAGNES. — ARRIVÉE A FRANCFORT-SUR-LE-MEIN. — ASPECT GÉNÉRAL DE LA VILLE. — QUARTIER DES JUIFS. — CE QU'EST UNE VILLE LIBRE. — LE RIEMER. — MONUMENTS ET LÉGENDES. — LA BULLE D'OR.

Avant de quitter Heidelberg, nous devons aller saluer quelques-uns des souvenirs de son plus vieil âge.

Nous avons dit que le château de Heidelberg n'a pas toujours occupé le plan actuel. Avant de le fonder de nouveau sur la base de granit de la longue montagne du Giessberg, dans la partie dite Heidelberg, qui a donné son nom à la ville et au château, il était placé sur la pointe la plus avancée vers l'ouest du petit Giessberg. Ce qui reste de ses ruines produit un certain effet vu à distance ; mais de près, ce sont des débris insignifiants.

Le seul objet qui mérite une visite, c'est la Fontaine-au-Loup, ou Wolfsbrunn.

Elle est située dans un vallon, au-dessous de l'ancien château ; on la trouve facilement, quoiqu'elle ait perdu le tilleul centenaire qui voilait de son feuillage la mystérieuse retraite de Jetta, la magicienne. Ce fut là, sur les bords de la source, que fut dévorée la prophétesse par une louve furieuse, qui donna dès-lors son nom à la fontaine, Wolfsbrunn. C'est au moins une remarque à faire : il plane sur ce vallon solitaire une douce teinte de mélancolie que ne peuvent égayer et dissiper les rayons du soleil.

Le Wolfsbrunn fut un des lieux de délassement des princes palatins. On l'orna de bosquets, de jets d'eau, de viviers dont on voit encore les vestiges : mais on ne peut obtenir de l'art ce que donnait la nature.

Le tilleul de Wolfsbrunn était un véritable monument, et le plus curieux assurément. D'abord l'âge lui avait donné une stature colossale; ensuite, les Francs fondateurs du manoir, Clovis, Charlemagne, et plusieurs générations de palatins s'étaient assis sous son épais ombrage. Mais ce précieux et vénérable souvenir a reçu les morsures d'une hache impie, sous le prétexte ridicule qu'il nuisait aux truites, en privant de soleil un bassin qui recevait l'eau de la fontaine. En même temps que ce doyen des âges, tous les arbres du Wolfsbrunn, qui comptaient des milliers d'années, furent également jetés bas. La spéculation effrontée ne s'arrête jamais devant les plus nobles souvenirs !

En descendant de la Fontaine-aux-Loups, on prend un chemin qui descend vers le moulin du Wolfsbrunn ; puis on arrive au hameau de Schlierbach, sur la route de Stuttgard, et on se trouve alors en face de l'abbaye de Neubourg, sur la rive du Neckar, où un bac permet de franchir à toute heure cette large rivière.

Cette abbaye de Neubourg est assise sur un plateau détaché de la montagne, à mi-côte, et commande tout le vallon de Heidelberg, ainsi que le Neckar et les admirables collines qui captivent ses bords. A chaque pas, le long de cette rivière, de nouveaux paysages charmants se présentent aux regards du touriste.

Il faut visiter aussi le Kœnigstuhl, la montagne la plus élevée des alentours, et celle qui offre la vue la plus étendue. On y trouve une voie composée de pierres polygonales tellement bien encastrées les unes dans les autres, qu'il est évident que c'est le tronçon d'une antique voie romaine.

Une excursion plus intéressante encore est celle du Riesenstein, ou Pierre du Géant. Ce rocher apparaît couché dans toute sa longueur, et il est en effet de dimensions gigantesques. Il s'est détaché d'un massif de roches qui émergent de la montagne, et il s'est arrêté à une assez notable distance. Une ouverture étroite, ménagée par le hasard entre ce rocher colossal et une parcelle d'un autre rocher qui tient le premier suspendu, permet d'entrevoir par cet interstice un coin du paysage que présente la ville d'Heidelberg, et c'est d'un effet fort original.

C'est du Riesenstein que Heidelberg se montre à l'œil du touriste sous son jour le plus favorable. A la voir de ce point, on croirait que la ville ne renferme que des palais, et Dieu sait, ainsi que le voyageur, qu'elle contient d'affreuses masures, surtout dans la rue montante qui conduit au château. Mais surtout ce dernier et la colline du Jettenbuhl y apparaissent comme sur leur véritable lieu de triomphe.

Le site le plus riant, le plus gracieux, une rivière aux rives pittoresques, des plaines et des montagnes, des prairies et des ruisseaux, des collines et des vallées, tel est le cadre dans lequel se montre la vieille cité de Heidelberg. C'est une habitation de plaisance au milieu d'un immense jardin.

En visitant la belle église du Saint-Esprit, placée sur le marché, on est surpris de la voir séparée en deux parts, afin de laisser une moitié de la nef aux protestants, et l'autre moitié aux catholiques. Cet édifice élégant est une œuvre de la fin du xve siècle : elle fut construite par l'électeur palatin Ruprecht, que vous connaissez maintenant; mais il ne put l'achever. Cette tâche fut réservée à son fils l'électeur Louis III, dit le Barbu.

La guerre de la succession d'Orléans apporta dans Heidelberg non-seulement le fer, mais aussi la flamme. Toute la ville fut brûlée, et ce fut grand dommage, car, à en juger par l'unique relique de la vénérable cité que le feu ait laissé debout, Heidelberg, comme beaucoup d'autres vieilles villes, devait être fort belle et très curieuse. Je comprends que les artistes regrettent les choses du temps passé.

Cette relique, qui porte le nom de Maison des Chevaliers, fait précisément face à l'église du Saint-Esprit. C'est une maison dont la façade est un véritable musée. Dire ce qu'elle présente de sculptures flamboyantes, de rosaces, de culs de-lampes, d'arabesques, de niches, de guirlandes, etc., serait impossible. Il y a du burlesque dans cette magnificence, mais ce burlesque fait ombre au tableau. La facilité, la grâce et l'élégance du dessin le disputent au talent du burin. Les sculptures tiennent le milieu entre la bonne époque de l'art, sous Frédérik II, et sa décadence, sous Frédérik IV. Cette maison artistique porte la date de 1592 On voit ce chiffre gravé sur un écusson tenu par un ange, et que remplit un lion debout. C'est grâce aux voûtes qui composent tous les étages de cette ravissante demeure, qu'elle dut d'être épargnée par les flammes.

Jadis, les Jésuites ont édifié une église dans Heidelberg, et cette église des Jésuites, avec sa façade à hauts pilastres et ses fenêtres festonnées, en font un monument très imposant. Les prêtres de cette société élèvent leurs édifices comme ils élèvent les hommes, avec simplicité, mais avec une solidité que rien n'ébranle. Or, ce fut un Jésuite qui non-seulement construisit cette église, mais aussi la maison des aliénés, et l'église des Jésuites de Manheim. Il avait nom Meyer ; on ne peut que le féliciter de son goût. Deux rangs de majestueuses colonnes soutiennent la voûte de l'église en question, et une sobriété égale d'ornements sur toutes les parties de l'édifice semble accroître l'air de grandeur naturelle de sa distribution.

En quittant le pont qui couvre le Neckar, en passant au-dessous du Jardin de Clara de Detten et en tournant à gauche, on s'engage dans un sentier bordé de haies vives qui conduit à une promenade solitaire appelée le Chemin des Philosophes. Quelle surprise bientôt, quand la végétation s'entr'ouvre ! La ville de Heidelberg, le château, les bois, la montagne, la plaine, le Neckar et les plus délicieux lointains y apparaissent peu à peu, avec des détails infinis qui charment le regard.

Le chemin aboutit au village de Neuenheim. Là, il faut chercher la dernière maison, qui s'écarte un peu de la route, tout en arrivant. Cette demeure faisait autrefois partie d'un couvent. De nos jours, ce n'est plus qu'une chaumière ; mais cette chaumière est devenue fameuse depuis qu'elle servit de retraite à Luther, qui s'y tint caché assez longtemps, après l'assemblée de Worms, convoquée en 1521 par l'empereur Charles-Quint. On désigne les deux fenêtres du premier étage comme étant celles de la chambre où ce moine se déroba aux poursuites dirigées contre lui.

Dixi. C'en est bien assez sur Heidelberg.

Maintenant, amis lecteurs, veuillez me suivre dans mon retour vers le Rhin, qui brille là-bas, au travers des arbres de la plaine, et rendons-nous ensemble

A Spire, la tant célèbre cité de Spire, la *Neomagus* des Gaulois.

D'après Tacite, les Romains avaient élevé à Spire la plus formidable de leurs forteresses. Ce fut Drusus qui l'édifia, et Jules-César, le fanatique conquérant des Gaules, vint camper sous ses murs.

Mais ses puissantes murailles ne la défendirent pas contre l'invasion des terribles Huns, qui brûlèrent la cité désolée.

Spire fut alors rebâtie par Constantin, et changea son nom d'*Augusta Nemetum* en celui de *Spira*, à raison de la petite rivière ainsi nommée qui coule dans la plaine.

De nos jours, les Allemands l'appellent Speyer.

Du temps que la Gaule devint France, Dagobert ayant trouvé à Spire un temple élevé par les Romains en l'honneur de Mercure, imagina d'utiliser cet édifice abandonné par son dieu, en le convertissant en un couvent dédié à saint Germain. Alors, à son exemple, les Carlovingiens vinrent y résider quelquefois, et, après eux les empereurs saxons en firent leur demeure habituelle.

Ce fut à Spire que Othon Ier, grand esprit chevaleresque, donna son premier tournoi.

Conrad-le-Simple édifia la cathédrale de la nouvelle cité impériale, et il déclara Spire capitale de ses Etats.

Conrad II décida, lui, que Spire serait le Saint-Denis des empereurs d'Allemagne, et, en effet, occupent les souterrains de l'arrière-chœur les dépouilles mortelles de Conrad II, de Henri III, de Henri IV, de Henri V, de Conrad III, de Philippe de Souabe, de Rodolphe de Habsbourg, d'Adolphe de Nassau et d'Albert d'Autriche.

Assiégée onze fois par les Vandales, les Huns, les Allemands et les Français, Spire s'est toujours relevée de ses ruines. Après avoir eu la cour impériale, elle est devenue le siège de la Diète de l'empire. Maintenant que la Diète est transférée à Francfort, elle est réduite à l'état de bourgade.

Ainsi finissent les cités. Bâle a eu la gloire de ses Conciles, Francfort celle des élections, Aix-la-Chapelle l'honneur des sacres, et Spire celui des Diètes, et à cette heure ce sont des cités calmes et paisibles dont on parle peu ou prou.

La haute église cathédrale de Spire se montre de loin, émergeant de la plaine, et nageant dans la lueur vaporeuse du matin.

A peine a-t-on franchi le Rhin dans un bac, que, réfection prise, on se sent attiré vers cet édifice qui tout-à-l'heure semblait étaler complaisamment ses splendeurs au soleil. De loin, le munster de Spire (munster est le mot allemand qui veut dire cathédrale), de loin, le munster de Spire faisait des promesses de magnificences dont il faut aller étudier la réalité ; car rien n'est trompeur comme un monument. Vu à distance, il produit le plus charmant effet : regardé de près, il perd la moitié de son élégance. Donc, le touriste se hâte d'aller à la cathédrale, œuvre de Conrad Ier dit le Salique, ai-je dit.

Ce qui inspira au généreux empereur l'idée d'élever cet édifice, ce fut la chute de son fils aîné, qui tomba du haut de la plateforme du château de Limbourg et mourut du coup. Alors, sur les instances de sa femme Giselle, l'empereur édifia ce monument grandiose à la gloire de la Vierge Marie. Hélas ! Conrad et Giselle ne virent pas l'achèvement du travail. Conrad II, Henri III et Henri IV le menèrent à bonne fin, et alors leur premier soin fut d'y faire placer dans des cryptes sépulcrales le fondateur et sa femme, tout en s'y réservant des places pour eux-mêmes.

Le munster de Spire est sans contredit l'un des beaux monuments du XIe siècle, mais elle subit une première restauration au XVe Puis, Louis XIV de France ayant enlevé et fait transporter à Wetzlaar le siège de la chambre impériale, les armées françaises, nonobstant leur discipline, dévastèrent la cathédrale en 1689. Elle subit donc une nouvelle restauration en 1772 ; mais alors les Français, les Français encore ! en 1794, la saccagèrent complètement. Enfin, en 1816, le roi de Bavière a été assez bien inspiré pour la sortir de ses ruines et la relever de ses désastres.

Ce fut alors que cette noble église fut décorée de fresques magnifiques.

Je dois vous rappeler un grand souvenir qui se rattache au munster de Spire : c'est que ses voûtes ont entendu la voix éloquente de saint Bernard, alors qu'il vint y prêcher une croisade devant Conrad III de Hohenstaufen. Le noble prédicateur réussit à souhait : l'empereur prit la croix. Puis à la sortie du saint de l'église, le peuple, qui s'était pris d'un ardent enthousiasme pour le pieux Bernard, voulut le porter en triomphe. Ce fut un moment terrible, car le prédicateur de la croisade faillit être étouffé. A cette vue, Conrad s'empara de saint Bernard, et le mettant sur son propre dos impérial, le déroba en toute hâte à la foule.

Un autre souvenir du même saint et de la même église. Ce fut dans le sanctuaire de Spire que Bernard fit ajouter au sublime cantique *Salve, Regina!* ces mots : *O dulcis Virgo Maria!* Pour en consacrer la mémoire, on les a gravés sur une plaque de cuivre scellée sous les dalles, de telle sorte que le mot *Maria* est placé juste devant l'image de la Vierge.

Maintenant visite à la crypte qui renferme les sépulcres des empereurs. Les sarcophages sont en marbre rouge, et des épitaphes font connaître les noms des personnages.

En 1794, Spire devint le chef-lieu du Mont-Tonnerre ; elle appartint alors au vaste empire français. Mais 1815 l'a rendue à la Bavière.

Nous pouvons y trouver quelques antiquités, une vieille tour qui ne manque pas de caractère par exemple, et que l'on désigne sous le nom de *Porta-Alta*; puis la Tour des Païens.

Dans nombre de contrées, on trouve une Tour des Païens. Ainsi, sur le Giessberg, non loin de Heidelberg, j'ai visité le Trou des Païens. Je sais que nous visiterons la rue des Païens, à Winkel, et le mur des Païens, à Wisbaden. Cela démontre que le paganisme régna longtemps dans ces contrées et que son souvenir s'y est perpétué par des décombres que le temps n'efface qu'avec lenteur. Notre religion chrétienne n'a laissé subsister des divinités païennes, dépossédées des lieux qu'elles avaient occupés, que des monuments ruinés comme leur Olympe.

J'ai déjà dit que ce fut à Spire que Othon IV dit le Grand donna le premier tournoi, dont il fit une fête brillante.

Il faisait en ce moment-là le siège d'Eberstein, ce vieux château qui domine la ville de Bade et dont nous avons visité les ruines. Quand cette fantaisie d'un tournoi lui passa par la tête, il suspendit contre toute attente l'attaque de la place et fit annoncer partout la célébration de son festival équestre dans la ville de Spire. Les assiégés d'Eberstein, alléchés par un plaisir nouveau, qui était fort dans les goûts de l'époque, profitèrent de la suspension d'armes et se présentèrent aussi à ce tournoi, auquel voulaient assister tous les chevaliers de l'Europe. Au tournoi donné de jour, succéda une fête de nuit, bal et festin. Or, voici qu'à l'instant même où l'assistance était tout entière au plaisir, un complaisant vint dire bien bas à l'oreille des Ebersteins que, profitant de leur présence à Spire, Othon avait donné l'ordre de reprendre les hostilités aussi subitement qu'on les avait interrompues.

Au lever du soleil, le lendemain, la lice était ouverte de nouveau pour la continuation du tournoi, et Othon, faisant appel aux chevaliers, somma les comtes d'Eberstein de comparaître et de rompre des lances sur l'arène, ainsi qu'ils s'y étaient engagés.

Etonnement général ! Les trois Ebersteins ont disparu. Nul ne les a vus depuis la veille. Ivre de fureur, Othon fait partir un courrier pour ordonner à ses troupes de livrer au plus vite le plus formidable assaut au château assiégé. Ainsi dit, ainsi fait. Mais les trois frères étaient sur le qui-vive, et se précipitant avec rage sur l'ennemi, ils lui passent sur le ventre, l'écrasent et remportent une victoire décisive.

Emu de ce beau fait d'armes, loin de s'en offenser, l'empereur offre la paix à ses vainqueurs et donne même à l'un d'eux sa fille en mariage.

De Spire à Manheim, rien qui éveille bien l'imagination, et qui mérite d'être célébré, en prose ou en vers. D'ailleurs ces deux villes sont assez peu éloignées l'une de l'autre.

Sa cathédrale signale de loin l'approche de Spire. Manheim est annoncé à distance par quelques flèches de clochers et les façades blanches de ses maisons, qui se mirent dans les eaux du Rhin, dont la rive droite est mise en communication avec la ville, qu'elle baigne, par un pont de bateaux. Quant au Neckar, il est décoré d'un pont suspendu qui se balance au dessus de son lit. Néanmoins, malgré ses clochers, ses maisons blanches, le pont de bateaux du Rhin et le pont suspendu du Nec-

Excursions.

kar, Manheim est loin d'offrir l'aspect pittoresque des autres villes riveraines du Rhin.

Dans son ensemble, Manheim affecte la forme d'un œuf. La ville est coupée en quatre parties par les deux plus larges rues. Ses différents quartiers portent le nom, inscrit sur les murailles, de quartier A, B, C, D, etc.

Manheim est une ville fort antique, à juger la chose par ses fort vieilles maisons des autres. Le fait est que Manheim remonte si haut dans les vieux âges, que certains antiquaires la confondent avec le Mannheim dont parlent les mythologues dans les théogonies du Nord, et qui signifie : la demeure des hommes.

Il est question de Manheim dans les chartes de 765 : ce n'était alors qu'un misérable village. Elle doit son importance politique à l'électeur palatin Frédérik IV, qui, en 1606, y construisit un château et y donna refuge aux gens de la réforme.

Assiégée, prise et mise à sac par le redoutable Tilly, en 1622, elle fut relevée de ses ruines, en 1652, par Charles-Louis, fils de l'électeur de Heidelberg, Frédérik V.

Mais là aussi vinrent les armées françaises, appelées par les démêlés de la succession d'Orléans, et celles-ci la détruisirent complètement.

Rebâtie une fois encore par Frédérik-Guillaume, en 1698, Charles-Philippe, en 1720, vint d'Heidelberg à Manheim établir sa cour, et dès-lors la ville jeta un certain éclat. Mais Charles-Théodore, le facteur du Grand Tonneau de Heidelberg, ayant délaissé cette cité désolée et étant allé se fixer à Munich, Manheim redevint pauvre et triste.

En dernier lieu, assiégée, plus qu'assiégée, bombardée puis prise par les Français et les Autrichiens, en 1794, 95 et 96, Manheim ne joue plus qu'un rôle de dernier ordre.

Actuellement elle appartient au grand-duc de Bade, et sans esprit politique aucun, elle a pour toute gloire son commerce et son industrie.

Tel est le théâtre des magnificences de l'admirable poète Schiller. Manheim vit représenter pour la première fois, en 1782, sa célèbre pièce des *Brigands*. Ce fut à Manheim également que l'illustre écrivain épousa Laure Schwan, qui lui avait inspiré de nombreuses poésies par son noble caractère.

Manheim possède une merveille, quoique nous ayons peu vanté cette cité déchue. Cette merveille, c'est son Château. Ce manoir ne compte pas moins de quinze cents fenêtres sur sa longue façade, douze pavillons, et cinq cents chambres. Pour être aussi vaste, ce manoir ne laisse pas de plaire assez peu à l'œil, par suite de la monotonie qui résulte de son immense développement.

Quand on est à Manheim, à défaut de curiosités, on va frapper à la porte du cimetière. Ce n'est pas que le cimetière possède des tombes et des monuments qui appellent beaucoup l'attention ; mais c'est qu'il renferme la dépouille mortelle d'un jeune étudiant que le fanatisme de la liberté rendit fou, et dont la folie fit un assassin. Sand, tel est le nom de cet infortuné. Un soir, Sand pénétrait cauteleusement dans une maison voisine du théâtre, à quelques pas du collége et de l'église des Jésuites. Là, se glissant dans la chambre occupée par un écrivain qui travaillait dans l'ombre, il le frappa à la poitrine de quatre coups de couteau, et le laissa mort.

Sand fut décapité sur la place publique de Manheim, et la justice demeura satisfaite. Mais tout le peuple de l'Allemagne fit à l'assassin des funérailles qui font encore sa gloire.

C'est que Kotzbue, la victime de l'étudiant d'Iéna, avait usé de son talent d'écrivain pour jeter le venin du mensonge et de la haine sur les hommes et les choses de son temps. Il avait visité la France et l'Italie, et après y avoir été parfaitement accueilli, son esprit bilieux lui avait fait honteusement dénigrer les deux pays. Après avoir travaillé à répandre l'amour de la liberté en Allemagne, sa patrie, il avait ensuite écrit contre la liberté et flatté le despotisme de l'empereur de Russie. Aussi paya-t-il de sa vie cette réaction défavorable aux idées libérales ; et de préférence on se rend au cimetière de Manheim pour saluer les cendres du meurtrier, tandis qu'on néglige celles de la victime.

A présent, adieu à la grande et unique rue de Manheim, rue droite, il est vrai, mais rue trop régulière précisément, et s'arcboutant à peine sur quelques tronçons d'autres rues, et en avant !

Dirigeons-nous vers la fameuse cité de Worms.

Worms n'offre pas une simple rue tirée au cordeau, elle, le vaporeux berceau des Niebelungen ! C'est une vénérable ville qui conserve toute sa physionomie moyen-âge, sous laquelle elle s'est rendue célèbre aux yeux de l'univers. Représentez-vous de vieux remparts ébréchés, pourfendus, mal étayés par quelques tours en ruine, dix-huit à vingt. Dans cette ceinture d'antiques fortifications, comptez les restes de nombreuses églises, dont les plus remarquables furent l'élégant munster de Sainte-Cécile, puis Saint-Mung, puis Saint-Jean. Mais contemplez et admirez ces tant vieilles maisons à pignon qui dentellent l'éther bleu de leurs étranges arabesques ; examinez ces palais chargés des végétations mousseuses de la vétusté; enfoncez-vous dans des rues sombres, étroites, s'entrelaçant l'une l'autre, montant ou descendant au gré du sol ; telle est la ville de Worms.

Mais ce qui la rend intéressante et lui donne une vie à part, plus fantastique que réelle, ce sont les souvenirs qu'elle invoque et qui la peuplent de personnages imaginaires qui ne sont plus depuis longtemps.

Groupée sur la rive gauche du Rhin, et laissant ses maisons regarder dans ce fleuve les épaules des unes par-dessus celles des autres, la vénérable Worms pourrait raconter bien des pages de l'histoire qu'elle a vu écrire par la main de bronze du temps, et dont elle fut, elle aussi, quelque peu le théâtre.

Tour à tour elle fut aux Gaulois, aux Romains, aux Barbares, aux Français et aux Allemands.

En cherchant bien dans ses rides, on trouverait des débris qui ont appartenu à tous ces peuples.

De son amphithéâtre, elle a vu César dompter les rudes et vaillants Celtes, adorateurs de Teutatès.

Les Vangions, la peuplade gauloise qui l'habitait alors, la dénommait Vormatia.

Un jour, Attila fut vu dans la plaine, monté sur son grand cheval de bataille, qui ne laissait rien repousser partout où il avait passé.

Le romain Drusus, le grand distributeur des forteresses du Rhin, la nomma *Varmitomagus*, quand elle eut perdu ses Gaulois et qu'elle subit le joug de la puissance romaine.

Aussi Worms possède une voie romaine qui côtoie le fleuve :

Elle devint ensuite la capitale des rois francs ; ainsi notre reine Brunehault y eut sa résidence ;

Charlemagne y épousa la reine Fastrade, dont les ossements reposent dans le munster de Mayence ;

La légende raconte que Sigefried vainquit un horrible dragon dans le Jardin des Roses de Worms.

Sous le portail du munster, une princesse osa dire à sa rivale, d'après le poème des Niebelungen :

— Arrière, vassale ! Personne ne passe ici avant la reine !

Avant d'arriver à la Diète de Worms, où l'on devait agiter la question de ses nouvelles doctrines, Luther, que l'on détournait de s'y rendre, répondit :

— Y eût-il à Worms autant de diables que ses toits comptent de tuiles, j'irais de même...

Il y vint en effet, et ne craignit pas de discuter avec Charles-Quint lui-même.

Worms fut en possession de la cour judiciaire des empereurs ;

Elle est le point de départ de la célèbre épopée des Niebelungen, que j'ai déjà nommée, et dont il faut que je vous entretienne un instant, afin de compléter votre éducation littéraire.

Le chant des Niebelungen porte ce nom d'une ancienne et puissante tribu des Burgundes, appelée Niebelungen, dérivant du mot *Nibullunan*, mot qui veut dire intrépide. Le sujet du poème est la lutte des Burgundes, et particulièrement de la famille des Niebelungen, contre la famille Etzel ou Attila, et la destruction de cette tribu, victime des violences de Sigefried et de Gunther, deux de ses principaux chefs. Le premier de ces deux guerriers, fils de Sigismond, roi de Santen, sur le Rhin, doit épouser Chriemhild, sœur de Gunther ; et celui-ci, de son côté, veut obtenir Brunhild, fille d'un roi d'Islande : mais la main de cette dernière ne peut s'obtenir que par la force. Alors Gunther promet sa sœur à Sigefried, s'il veut l'aider à obtenir Brunhild. Celle-ci est en effet vaincue par Sigefried, qui lui arrache un talisman dont elle tirait toute sa force, et le donne à sa fiancée Chriemhild. Brunhild, furieuse et jalouse, fait assassiner Sigefried par Hagen, et Gunther n'ose pas s'opposer à ce meurtre. Devenue veuve, Chriemhild brûle à son tour de se venger. Elle épouse Etzel ou Attila, roi des Huns, et fait inviter les Niebelungen au festin des noces. Mais, à un signal donné, tous sont massacrés par les Huns : Hagen et Gunther sont faits prisonniers et mis à mort par Chriemhild.

Les événements de ce vieux poëme épique de l'Allemagne remontent au ve siècle de notre ère et se passent à la fois à Worms, sur le Rhin, et sur les frontières de l'Autriche et de la Hongrie. Il a pour fondement les sagas ou traditions germaniques mêlées à celles du Nord. On pense qu'il a été écrit au xiiie siècle par un minnesinger nommé Henri d'Ofterdingen. Il a été traduit en français par madame Moreau de la Meltière.

Hélas! Worms n'a plus son fabuleux Jardin des Roses, ni sa Tour Neuve, New-Thurm, avec sa flèche aiguë et les huit tourelles qui terminaient la pointe orientale de ses fortifications.

Elle ne possède plus sa porte de Mayence, relique architecturale fort regrettable, ni le superbe cloître du munster de Sainte-Cécile ; mais elle montre avec orgueil des fresques bizantines, de délicieuses peintures flamandes, et de curieux bas-reliefs des anciens temps. On voit dans les églises des chapelles d'un vrai gothique fleuri, des palais aux armoiries coloriées, de charmants péristyles aux colonnes entremêlées de statues...

J'ajoute spécialement, car cela fait battre mon cœur, que l'horizon qui se déploie derrière Worms me présente les Vosges de France.

On aime toujours à voir, même en rêve, les choses de la patrie. Car, de la terre étrangère, contempler le pays qui vous a vu naître de loin, à travers la brume, c'est presque rêver.

On a aussi de Worms une vue charmante du Taunus d'Allemagne.

Du reste, je n'ai pas encore énuméré tous les titres de gloire de Worms.

Elle ne fut pas seulement colonie romaine, chef-lieu des Celtes-Vangions ; saccagée par les Huns et relevée par Clovis, puis élevée au rang d'évêché par un prince de la famille de Dagobert, elle devint un jour une des villes libres de l'empire germanique ; elle fut témoin de la paix faite entre le Saint-Père et Henri V, au mauvais temps des investitures. Worms fut le théâtre de tournois, de conciles et de diètes. La ligue des villes du Rhin la compta dans sa légende. Combien de sinistres l'éprouvèrent ! Brûlée par les armées de la Suède, en 1602, elle fut ruinée par la guerre de Trente-Ans, livrée de nouveau aux flammes par l'autre guerre non moins fatale de la succession d'Orléans. Aussi, par-dessus ses murailles tombées, voit-on, non sans douleur, les traces de ses calamités. Toutefois elle fait voir encore, avec un certain orgueil, nombre de monuments échappés aux désastres.

Le voyageur qui se rend de Worms à Darmstadt, passe au pied du Mélibocus, qui compte cinq cent trente-trois mètres d'altitude, et que l'on aime à contempler à raison de ses gracieux paysages.

Après quelques heures rapides, on arrive à Darmstadt, capitale du grand-duché de Hesse-Darmstadt, et étalant ses grands palais et ses charmantes maisons sur les dernières rampes de la belle chaîne du Mélibocus, dont je viens de parler, et qui dentelle l'horizon de ses cimes sourcilleuses.

Jadis une tribu fort turbulente, celle des Katz, occupait cette contrée, et pour la contenir dans le devoir les Romains avaient dû élever une citadelle puissante. Cette citadelle a disparu, mais comme il s'était formé tout à l'entour des maisonnettes qui composaient un village, peu à peu le village se transforma en ville, et à partir du XIe siècle Darmstadt prit naissance. En 1530, on lui accorda les droits de cité, et bientôt elle devint la résidence du landgrave Georges Ier. Elle était dans toute sa splendeur vers 1567. Mais près de cent ans ensuite, elle fut prise par les Français. Heureusement les dégâts de l'assaut furent beaucoup moindres qu'ailleurs, et, après 1814, Darmstadt reprit toute sa prospérité.

Les rampes de la montagne qui servent de base à la ville font qu'elle est partagée en deux parts ; la partie haute, qui portait jadis l'*arx* romaine, demeure la vieille ville ; et la partie basse, la plus jolie mais la moins pittoresque, constitue la ville neuve. Dans la première, rues nombreuses, étroites et sombres ; dans la seconde, avenues larges et joyeuses.

La première de toutes, celle qui fait face à l'embarcadère, a nom Luidgstrasse. Elle ne manque pas d'un aspect imposant et noble ; cela se conçoit : elle conduit à une place assez vaste que décore une colonne de bronze qui supporte la statue du grand-duc Louis I*er*, d'où lui vient son nom ; Schwanthaler est l'auteur de cet ouvrage d'art.

Louis I*er* mérite du reste les honneurs de la statuaire, car c'est par lui que Darmstadt est devenue une ville de charmant aspect, et presque monumentale.

Je me donnai le plaisir de gravir l'escalier en spirale de cette colonne Vendôme de la capitale de Hesse-Darmstadt, et vrai, cela en valait la peine. L'horizon qu'on y rencontre est admirable. La vue se promène du Rhin à la chaîne du Taunus, au nord, puis à celle du Mélibocus, à l'est; puis elle rejoint les formes grandioses du Mont-Tonnerre, qui heureusement ne lance ni foudres ni volcans; et enfin elle s'arrête sur les talus des ondulations du Mélibocus, appelées Bergstrasse et Odenwald, autour de la statue et de la colonne qui la porte.

Le château du grand-duc est de fort belle apparence, mais n'a rien cependant qui mérite qu'on le signale. Je dois dire toutefois qu'il contient de très riches collections d'objets d'histoire naturelle, de fort rares et très précieuses antiquités trouvées dans le pays même, une bibliothèque de cent soixante mille volumes, des manuscrits au nombre de vingt-quatre mille, et enfin une magnifique galerie de tableaux.

Le nouveau palais, l'arsenal, l'église catholique, le palais des Chambres et le Théâtre, méritent bien une visite. Je la leur rends, et en sortant du dernier édifice, je pousse ma promenade sur les pelouses et sous les ombrages du Pavé, où m'attirent les fanfares d'une musique allemande.

La vapeur siffle, la chaudière gronde, la cloche sonne! En wagon pour Francfort.

Quels charmants paysages de Darmstadt à Francfort! Rien n'est beau, malgré la mélancolie qu'elle inspire, comme la verdure des végétations de ces rives du Rhin. Déjà la rouille de l'automne s'attache aux branches des plus hauts arbres. Mais ces teintes diverses charment le regard, et leur poésie descend dans le cœur. Comment ne pas être ému par ces riches décors de la nature. D'un côté, les croupes des montagnes s'allongent et vont s'effaçant dans les brumes bleuâtres des profondeurs de l'horizon. De l'autre, des villes, des villages, des hameaux et des fermes capitonnent les sites les plus variés, vallées et collines. A quelque distance, le Rhin fait entendre son murmure véhément, que couvre à peine le ronflement de la puissante machine. On le voit de loin qui sillonne la plaine de sa large écharpe d'eaux azurées...

Mais silence! voici qu'apparaissent, s'estompant sur un ciel laiteux, les tours, les clochers et les dômes de Francfort. Nous avons subitement tourné le dos au Rhin, et nous nous acheminons avec une rapidité vertigineuse vers le Mein.

Quels magnifiques hôtels servent de bordure à cette belle rivière! quelle rue populeuse, animée, opulente, que celle de Zeil, où je vais prendre gîte! Me voici donc dans une ville libre!

C'est étrange, ceci! je me figurais qu'une ville libre était une cité ne relevant que d'elle-même, se gouvernant par ses propres lois, se gardant elle-même surtout! Mais point, je ne rencontre que soldats prussiens, le chef couvert de ce casque de cuir bouilli surmonté du paratonnerre que vous savez; je ne vois que soldats autrichiens dont l'uniforme blanc me fait croire que la neige tombe en plein automne. Ainsi donc, Francfort-sur-le-Mein est une ville libre, moyennant que Prussiens et Autrichiens la protègent et la défendent. En effet, voici un, deux, trois, quatre corps de garde prussiens; et un, deux, trois, quatre, cinq corps de garde autrichiens. Bougez donc, libres citoyens de la ville libre de Francfort!... En ce moment, peut-être est-elle annexée purement et simplement à la Prusse, au nom de la liberté!

Mais enfin, n'y regardons pas de trop près, et hâtons-nous de nous installer dans l'hôtel du Cygne, afin de nous réconforter et d'aller ensuite circuler à l'aventure dans une ville libre.

Ma première course au clocher tout au travers de Francfort est complètement à son avantage. Je viens de parcourir dans son entier une splendide allée qui forme une ample ceinture à la ville, et qui n'est autre qu'un magnifique boulevard planté d'arbres vigoureux. D'un côté de ce beau promenoir, hanté par le meilleur monde, et le plus élégant, se dressent en bordure d'un côté, de riches hôtels, de gracieuses villas, et de l'autre, parmi des bosquets et des tapis verts d'une verdure d'émeraude, la vue peut s'égarer au loin sur des collines et des plaines charmantes qui forment l'horizon.

Une musique allemande stationnait auprès de la porte de Bockenheim, et certes, je dois dire que les Autrichiens ont du goût; c'est l'exécution la plus parfaite que l'on puisse souhaiter dans les belles partitions qu'ils nous ont fait entendre.

Le hasard d'une promenade à l'aventure me fait arrriver au beau milieu du quartier des Juifs. C'est un vaste labyrinthe de rues étroites, sombres et malsaines. Les maisons en sont basses, humides, malpropres. A toutes les fenêtres sont suspendus des haillons sans nom, des loques sordides. L'air est chargé de miasmes délétères. Sur toutes les portes apparaissent de pâles physionomies de femmes et d'enfants, d'hommes et de vieillards mal vêtus, les cheveux en désordre, la figure hâve et flétrie. A l'entrée de l'une de ces maisons, dont les carreaux de vitres sont presque tous cassés, se présentent, faisant l'effet et ayant la pose de cariatides, deux vieilles misérables femmes éclopées, jaunes, privées de dents...

La curiosité que mon visage exprime sans doute fait que les deux matrones me regardent à leur tour, et l'une d'elles me dit :

— Monsieur cherche certainement la maison du fameux banquier Rotschild? Les étrangers, les Français surtout, ne viennent visiter notre quartier que pour cela. Eh bien! c'est cette maison même, Monsieur, qui, telle que vous la voyez, a vu naître ce roi des banquiers et ce banquier des rois....

La vieille fait une affreuse grimace, en voulant rire du calembourg qu'elle commet, et en même temps elle me tend la main; j'y dépose, sans la toucher, une piécette d'argent : le nom d'un Rotschild ne permet pas la monnaie de billon. Puis je m'éloigne en comparant en esprit le somptueux hôtel de la rue Lafitte, à Paris, de notre fameux capitaliste, avec son affreux berceau de Francfort. Mais je me rappelle que le Pactole ne sort de ses rochers que sous la forme d'un mesquin filet d'eau, et puis qu'il devient ensuite un large fleuve charriant l'or et répandant la fortune sur ses bords.

Quel contraste! en sortant de cette immonde cité des Juifs, je me trouve soudain dans une partie de la ville que l'on nomme Bellevue; et, en effet, ce nom lui convient parfaitement, soit qu'on l'applique au tableau qui charme le promeneur, soit qu'on l'adresse aux habitants de cet heureux séjour, qui, de leurs fenêtres, de leurs terrasses ou de leurs balcons, peuvent reposer leurs yeux sur les cimes bleuâtres et les paysages des montagnes de l'Odenwald et les vallées supérieures que sillonne la rivière du Mein.

En face de soi se présente un pont qui chevauche hardiment sur le Mein et rattache la ville à l'un de ses faubourgs, celui de Suchsenhausen ; ce pont, tout en granit, remonte à 1340. La statue colossale de Charlemagne, montée sur un socle qui occupe le centre du pont. Mais l'érection de cette statue est de beaucoup postérieure à l'édifice : elle est de 1846.

Autrefois, du parapet de ce vénérable pont sortait un gros bras humain en pierre qui tenait une hache, et à l'entour on lisait cette légende : « Celui qui rompra la franchise de ce pont aura sa main sacrilège coupée. »

La franchise de ce pont quelle était-elle ? C'est que personne ne devait y être frappé. Malheur à qui, dans un sentiment de vengeance, venait l'idée de malmener un ennemi quelconque : pour une simple chiquenaude, il avait le bras coupé. L'histoire ne dit pas s'il arriva souvent que l'on dut faire subir cette amputation.

Je remarque que le pont en question est surmonté d'une tige de fer qui porte un coq faisant briller au soleil les plumes d'or dont il semble tout fier. Là-dessus je me renseigne, et c'est toute une légende que l'on me raconte. L'entrepreneur du pont était convenu avec les autorités de la ville de terminer ses travaux pour une certaine époque. Malheureusement pour lui ses ouvriers ne répondirent pas à son zèle, et il ne lui resta bientôt plus que deux jours à employer pour mettre à fin l'achèvement du pont, ou bien il lui faudrait payer la somme convenue. Dans son désespoir, et en face de l'impossibilité d'obtenir le résultat désiré, l'architecte invoqua maître Satan. Celui-ci ne se fit pas appeler deux fois. Il se chargea séance tenante de terminer le pont pour le jour et l'heure fixés par les notables de Francfort, mais à une condition : c'est que l'entrepreneur lui abandonnerait le premier individu qui passerait sur le pont. En effet, ce qui fut dit fut fait ; et le pont, une fois mis à bonne fin, au point du jour où il devait être livré aux habitants, Satan, déguisé en porte-faix, attendit le passage de l'individu promis. Paraît bientôt, à son tour, l'architecte, enveloppé d'un manteau. Le diable s'approche, passant sa langue sur ses lèvres affriandées, et déjà les bras en avant pour saisir d'autant plus volontiers sa proie que c'était l'entrepreneur du pont lui-même. L'architecte arrive ; il va franchir le pont, et Satan le suit de près. Mais, tout-à-coup, au moment où déjà la griffe du diable allait le saisir, l'artiste se baisse, pose à terre et fait passer devant lui, en le pourchassant, un coq de la plus magnifique encolure....

Satan était volé. Il le comprit, et, maugréant contre l'ingratitude des hommes, il harponna le coq, l'éleva d'un bras nerveux et colère au-dessus de sa tête, et le lançant sur le tablier du pont il le fit passer au travers, ce qui produisit un trou par lequel disparurent à la fois et le coq et le diable lui-même.

Ce qu'il y eut de curieux dans l'affaire, c'est que, en cet endroit du pont, qui était le milieu, toute la maçonnerie s'écroula, et on dut couvrir de planches la malencontreuse fissure faite par le démon.

Un passant bien avisé m'apprit que, jadis, on ne couvrait de planches le milieu de ce pont que pour pouvoir, en temps de guerre par exemple, les enlever au besoin, et protéger ainsi la ville. En attendant, pour amuser le peuple, on a planté un coq doré sur le beau milieu du pont, et il sert à signaler le courant du vent, qui souffle là sans aucune gêne, tant est large le quai du Mein.

C'est seulement sous Charlemagne, dont je vous ai signalé la statue tout-à-l'heure, que le nom de Francfort fait son apparition dans les chartes et les chroniques. En effet, ce fut à Francfort même que Charlemagne traversa le Mein pour aller battre les Saxons, qui voulaient se soustraire à sa domination.

Francfort reçut, en 833, le droit de cité, que lui octroya l'empereur d'Allemagne Louis-le-Dévot.

Elle devint capitale de l'Autriche par le fait de Louis-le-Germanique, fils de Louis-le-Débonnaire.

Or, comme nos rois carlovingiens résidèrent autrefois à Francfort, sur le lieu même que leur palais occupa, on voit encore une vénérable tour et une antique chapelle, œuvres de ce même Louis-le-Germanique ; ce lieu a nom Sualoff.

Vous savez tous qu'il se tient annuellement une grande foire qui attire à Francfort des marchands de toutes les contrées de l'Europe. Ce fut l'empereur Frédérik II qui la créa, en 1249. Vous voyez que son origine remonte déjà très loin.

Dans sa fameuse Bulle d'or, Charles IV déclara Francfort ville électorale de l'empire, et ce à perpétuité.

Francfort fut témoin de sacres d'empereurs, et de très nombreux congrès de princes, de rois et d'empereurs de l'Europe y eurent lieu au XVIe et au XVIIe siècle.

Elle fut prise, en 1792, par une armée française commandée par le général de Custine.

Elle devint capitale de la Confédération des villes du Rhin, en 1806.

Puis, en 1810, elle fut le chef-lieu du nouveau duché de Francfort.

En dernier lieu, le traité de Vienne de 1815 la nomma ville libre et en même temps siège de la Diète germanique.

C'est dans le Rœmer que se font les élections. Le Rœmer est un monument assez remarquable par son architecture, mais plus fameux par ses souvenirs historiques. Tout le premier étage est occupé par la salle du trône : elle montre, peints à fresque, les portraits de tous les souverains qui ont occupé le trône impérial, de Conrad Ier à François II, de qui reçut le jour notre infortunée reine de France Marie-Antoinette. C'est dans cette salle que les empereurs élus couvraient leur tête de la couronne du Saint-Empire. Mais la salle des élections a ceci de plus curieux, que ses tentures et son mobilier sont les mêmes que dans les âges reculés et furent souvent les témoins des scènes historiques du moyen-âge. Le cicerone du lieu m'y présente la fameuse Bulle d'or de Charles IV. Elle est écrite en latin sur un solide vélin, et un sceau y est appendu à l'aide d'un fil également d'or. Paris posséda jadis cette Bulle précieuse, alors qu'il possédait les choses les plus curieuses de l'Europe entière. Mais les traités de 1815 les ont fait rendre à qui de droit, et la Bulle de Charles IV est revenue à Francfort.

Le Rœmer est précédé d'une place assez peu vaste, et c'est

là que se donnaient en faveur du peuple les réjouissances qui suivaient les élections, dont le résultat était annoncé de la marche la plus élevée du perron de l'édifice.

Je vous signale, amis lecteurs, à l'angle d'un rue très voisine du Rœmer, une petite maison à tourelles, que décore au-dehors un portrait de Luther. Il paraît que le réformateur l'habita pendant un temps.

Il est, à l'une des sorties de la ville, une tour d'Eschenheim, qui, honorée d'une légende, mérite que je vous en dise aussi quelques mots. Cette tour est surmontée de cinq flèches; quatre d'entre elles font cortège à la cinquième, que surmonte une girouette en fer dont la surface est percée à jour par des trous qui produisent le chiffre 9. Voici l'histoire de ce 9. Un braconnier, plus terrible encore que le Nemrod de l'histoire, Jean Winkelsee, mérita par ses très nombreux exploits cynégétiques d'être enfermé dans cette tour féodale faisant partie jadis de l'enceinte fortifiée de la ville. Il avait tué trente-deux chevrettes et chevreaux dans un parc réservé, l'audacieux tireur! Donc, le voici enfermé dans sa tour, depuis neuf jours déjà, et le sommeil fuit constamment sa paupière, non point par la pression du remords, mais parce que, chaque fois qu'il va fermer les yeux, la terrible girouette qui surmonte sa prison grince sur sa tête et le rappelle à la vie. De guerre las, notre homme écrit aux juges et leur propose une transaction. Si on lui rend sa liberté, il offrira à la ville entière le spectacle d'une adresse peu commune. Il s'engage à tracer sur la terrible girouette le chiffre des nuits d'insomnie qu'il a passées dans la tour, c'est-à-dire un 9, moyennant neuf balles qu'on lui donnera, et sa carabine qu'on lui remettra. On lui répondit : Les neuf trous décrivant un 9, ou la pendaison!... Pas d'alternative. On lui apporte son arme, on lui remet neuf charges de poudre et neuf balles, et le voilà se mettant à l'œuvre, en présence des magistrats de la cité et de tout Francfort assemblé au pied de la tour. Eh bien! le Nemrod allemand ne fut point pendu, car avec ses neuf balles il traça, sur la girouette, le plus beau 9 que puisse exécuter le plus habile calligraphe. Aussi proposa-t-on à Jean Winkelsee d'être nommé capitaine des arquebusiers de la ville. Il n'accepte pas, et aimant mieux entendre le murmure du vent dans les bois que les cris aigus d'une girouette féodale grinçant au-dessus de sa tête, il alla s'établir et chasser dans les profondeurs de la Forêt-Noire.

Des édifices religieux de Francfort, le plus intéressant à visiter est, sans contredit, la cathédrale. Fondée par l'empereur Louis-le-Germanique, autrefois elle était sous le vocable de la Vierge Marie : cette dénomination catholique déplut aux luthériens, et elle porte maintenant le nom de l'église du Saint-Sauveur. On y remarque de superbes tombeaux, parmi lesquels il faut distinguer spécialement celui de Gunther de Schwartzbourg. Les vitraux du chœur sont une œuvre admirable. Ils représentent différentes scènes de la vie de saint Barthélemy. En fait de peintures, on s'extasie devant un tableau de l'Annonciation et la scène où Jésus dit à Madeleine qui le reconnaît enfin : *Noli me tangere* : Gardez-vous bien de me toucher.

Du sommet de la tour, qui remonte au XVe siècle et que ne couronne plus sa flèche tombée, on découvre le plus bel horizon. C'est ici le Taunus encadrant au loin le bassin du Mein qui brille au loin ; c'est là le Mont-Tonnerre ; et puis voici les sommets de l'Odenwald ; les cimes du Vogelsbirge ; et enfin partout la verdure, partout la culture, partout les plus délicieux paysages.

Quand on séjourne à Francfort, il est du devoir d'un honnête touriste d'aller saluer la statue de l'immortel Goethe, l'auteur de *Faust*, dont la gloire rejaillit sur la ville qui fut son berceau. Elle décore l'une des plus belles places de la ville libre, et sur cette place on ne trouve que soldats prussiens et autrichiens qui se regardent quelque peu de travers, en même temps qu'ils suivent d'un œil défiant l'allure débonnaire des citoyens de la cité tudesque.

HOMBOURG ET SES JEUX. — LE TAUNUS. — MAYENCE. — SES MONUMENTS. — WIESBADEN. LA CHAPELLE RUSSE. — LES POPES. — LE MÉLIBOCUS. — VOYAGE SUR LE RHIN. — DÉFILÉ DES CITÉS RIVERAINES DU RHIN. — RIBERICH. — EBERBACH. — INGELHERM. — WINKEL. — LE JOHANNISBERG. — RUDESHEIM. — BINGEN. — CREUZENACH. — BACCHARACHT.

Il n'est pas possible d'avoir mis le pied à Francfort, sans faire une excursion à Hombourg, où, comme à Bade, on voit de nombreux joueurs venir mettre l'enjeu de leur bonheur sur un misérable tapis vert.

Hombourg se compose d'une longue et interminable rue passablement maussade, d'un château muni d'un donjon, résidence du landgrave de Hesse-Hombourg, dont Hombourg est la capitale, et du palais des jeux, car pour attirer les gobe-mouches autour d'un tapis vert, il faut une demeure splendide qui hallucine les infortunées victimes destinées à être dépouillées de leur fortune et de leur avenir.

Ce qui m'appelle à Homberg, moi, modeste touriste, ce ne sont point ses Bains, presque aussi fréquentés que ceux de Wiesbaden et de Bade, ni ses jeux, que je maudis pour les douleurs que je leur ai vu causer, et les ravages dans les familles dont ils sont cause ; mais ce sont les admirables paysages dont on est entouré de toutes parts. Le chemin de fer qui amène de Francfort à Hombourg est une avenue ravissante, qui donne déjà à elle seule un avant-goût des belles pages que la nature se prépare à déployer sous les yeux.

Quand on a suivi la rue qui porte le nom de Hombourg, on avise à sa gauche un donjon féodal serré contre les flancs d'un antique manoir assez peu gracieux. La tour est antique, mais le château est seulement du xvii° siècle.

Evidemment il remplace un *castellum* romain, et pour peu que l'amour des antiquités vous domine, vous obtenez facilement de S. A. le landgrave l'autorisation de descendre dans les souterrains de sa résidence, qui s'étendent fort au large et portent tous les caractères des constructions romaines.

Aussi le manoir possède-t-il une galerie dans laquelle on a établi une riche collection d'objets antiques romains trouvés dans le voisinage.

Au centre de la cour du château, se dresse la statue équestre, en bronze, du landgrave Frédérik II.

La beauté du lieu est le Parc, parc très vaste, fort accidenté, et sillonné par un cours d'eau où des carpes de tous les âges batifolent et appellent l'attention des promeneurs. Mais ce qui excite surtout l'admiration, c'est la longue chaîne du Taunus, dont les dernières rampes servent de base à la ville, et qui sert d'encadrement aux plus heureuses perspectives que le regard cherche toujours et dont il ne se lasse jamais.

Une avenue magnifique conduit de Hombourg au sommet du Rathemberg, dont l'altitude est de cent quatre-vingt-dix-sept mètres. C'est une pérégrination qu'on ne peut se refuser, d'autant plus qu'on se trouve dans des sapinières charmantes, qu'on y trouve des lacs où truites et saumons s'ébattent à l'envi, qu'on y rencontre un rendez-vous de chasse où l'on peut *luncher*, et qu'on y jouit d'une vue rare.

Parmi les paysages qui capitonnent l'horizon, on peut choisir entre le Teldberg, le point culminant du Taunus, à huit cent trente-quatre mètres au-dessus du niveau de la mer, d'où le plus merveilleux panorama se déploie aux yeux éblouis; le Scalberg, dont la cime est couronnée des ruines d'un antique château-fort teutonique; et du Feldberg, d'où émerge un rocher à pointe grise qui a nom Lit de Branchilde, sans que je puisse en donner le motif. On découvre aussi le Hahstein et le Reifenberg, autres ruines d'antiques manoirs huchés comme des nids d'aigles à des hauteurs qui semblent vertigineuses.

Enfin, l'on promène le regard dans des vallons romantiques et de pittoresques collines, d'où émergent tour à tour le château de Kœnigstem, le village de Epstem, et puis les sites magiques de Lorsbach et de Bisbach.

Les hasards du retour vers la ville me font arriver à un endroit funèbre auquel je ne songeais guère : vous comprenez qu'il s'agit du cimetière. J'avise un fossoyeur à demi plongé dans une fosse qu'il creuse avec effort, et, franchissant la porte, je m'avance jusqu'auprès du travailleur, qui me sourit. La conversation s'engage, et grâce à quelques mots de français que le bonhomme possède et à quelques expressions allemandes que j'ose aventurer, nous voilà jasant sur les hôtes de ce triste séjour.

— Ah! Meinherr, me dit le fossoyeur, si vous saviez quelle affreuse passion que celle de l'or? Tenez, voyez-vous ces huit tombes tout fraîchement remuées : ce sont les jeunes victimes de cette année seulement. Ces pauvres jeunes gens sont venus jouer; ils ont perdu tout ce qu'ils avaient apporté, et bien plus encore. Alors, ne pouvant payer, ayant peu d'espoir dans leur famille ruinée par eux, ils se sont tués, et maintenant ils reposent là, loin de leur patrie. Il y a là, notamment, trois Français, beaux, jeunes, richement vêtus, quand ils sont arrivés très joyeux, qui dorment sous la terre, le crâne fracassé, les joues déchirées ! Oh ! dans quel état je les ai relevés, après qu'ils se furent brûlé la cervelle... comme on dit dans votre pays !... Voilà où conduit la soif de l'or !...

J'avais des larmes aux yeux quand je quittai cet homme, et, pour m'arracher à mes noires idées, je partis en hâte, à l'instant même, pour Cassel et Mayence.

Cassel est un grand faubourg de Mayence, assis sur la rive droite du fleuve, et formant la tête de pont qui couvre le Rhin en face de cette ville.

Dans ces noms on trouve facilement l'étymologie de *castellum moguntiacum*, cette fameuse forteresse que le gendre d'Auguste, Martius Agrippa, éleva en face de Mayence, pour éloigner les Germains des rives du fleuve.

Quant à Mayence, assise sur de charmantes collines, celles qui portent le nom de Hunsruch et de Westreich, en face du Taunus, et non loin du Mélibocus, elle baigne ses pieds dans le bassin du fleuve qui lui sert de ceinture, et elle apparaît de loin, toute hérissée de flèches aiguës, de clochers et de tours.

Moguntia, comme l'appelaient les Romains, occupait la rive gauche du Rhin, et fut fortifiée par Drusus, afin d'être l'un des anneaux de cette chaîne de *castella munita* qui furent édifiées pour protéger le fleuve et en éloigner les Barbares qui s'en rapprochaient de plus en plus.

Aussi retrouve-t-on un souvenir de Drusus, dans une masse de pierres informe maintenant, qui, placée dans le voisinage des remparts, porte le nom de Dusustein. En outre, près de Zalbach, à quelque distance de Mayence, on trouve un aqueduc de construction romaine qui est l'œuvre du même général, et dont on compte encore cinquante-neuf piliers.

Ce n'est pas du reste le seul débris laissé par la domination romaine, car l'empereur Trajan dompta le Rhin, lui, et contraignit ses eaux tumultueuses et arrogantes à subir le joug d'un pont, assez voisin du pont nouveau qui unit Cassel à Mayence, dont on voit encore les ruines quand le fleuve subit une baisse quelconque.

Enfin, comme le Mein vient se jeter dans le Rhin, près de

Mayence, au confluent même de leurs eaux, sur la langue de terre qui les sépare encore au moment de leur réunion, Trajan éleva aussi un *castellum*, dont nos rois carlovingiens firent leur résidence, alors qu'il était encore bien conservé, sous le nom de Kufstem. Maintenant que cette sorte de burg a subi des transformations, il porte le nom de Gustavburg.

Vos souvenirs en histoire doivent vous rappeler que Titus, un des empereurs de Rome, assiégea Jérusalem, peu après la venue de J.-C. La 22e légion faisait alors partie de son armée. Or, cette même 22e légion tint garnison dans la ville de Mayence.

Mais, en pénétrant dans les Gaules et en s'établissant à Mayence, elle fut suivie par un disciple de la nouvelle religion, l'évêque Crescentius. Ce pieux missionnaire du Christ fit briller le flambeau de l'Evangile, et bientôt la population de Mayence et celles d'alentour se rangèrent sous le drapeau du Crucifié ! Hélas ! les païens furieux se levèrent contre les nouveaux chrétiens, et une terrible persécution éclata. Le sang coula dans Mayence, et Crescentius lui-même, puis Hilarius, un autre pionnier de la civilisation évangélique, en furent les dolentes victimes. Mais le sang versé fécondait le sol, et il surgissait de riches moissons de nouveaux convertis.

Cependant le sol tremblait sous les pas nombreux des Barbares qui se mettaient en mouvement dans l'Asie, pour fondre sur l'Europe et l'envahir.

Voici d'abord que se précipitent sur Mayence les Huns, les Vandales et les Allamans, dans le courant du ve et du vie siècle. Mayence devient leur proie.

Mais au viie siècle, un de nos rois francs, Dagobert, la leur enlève et s'y établit.

Charles-Martel, en 720, en expulse les Burgondes qui l'avaient prise ; puis Pépin et Carloman y font élever un vaste palais ; et Charlemagne y bâtit un pont qui remplaça celui de Trajan, comme le sien sert de substruction au nouveau pont.

Ce fut à Mayence que la femme bien-aimée de ce prince, Fastrade, fut enterrée.

Un poète fameux parmi ceux que l'on nomme trouvères, y a également son tombeau.

Ce fut encore la ville de Mayence qui fonda la ligue des Cités du Rhin et se mit à leur tête pour assurer leur liberté par la confédération de leurs armes. C'était en 1247.

Mais voilà que, en 1606, la guerre de Trente-Ans vient l'éprouver d'une façon cruelle. Les Impériaux et les Français s'en emparent successivement, en 1635 et en 1644.

Enfin, en 1792, dans les guerres de la république française, elle est prise de nouveau par notre habile général de Custines.

Malheureusement, devenue le domaine des Français, jusqu'en 1815, puis redevenue la ville forte de la Hesse-Darmstadt, alors que sa splendeur lui était rendue, un misérable soldat, en 1857, porte une main criminelle sur la poudrière, et en y mettant le feu, fait sauter les deux tiers de la ville, ébranle tous ses monuments et sème le deuil et la mort, avec les décombres, dans cette ville opulente.

Quand on arrive à Mayence par le magnifique pont qui couvre le Rhin, et qu'on voit ses riches casernes, ses formidables bastions, le bel aspect que présente la ville bâtie en amphithéâtre au-dessus du fleuve dont les belles eaux reflètent la physionomie altière de la noble cité, on éprouve un saisissement et on admire cette attitude superbe.

Il émerge des massifs de maisons qui semblent l'obstruer, les clochers et les tours de la cathédrale ; le palais des électeurs, qui se dresse sur la droite du large quai, et le château, qui étale sa façade sur le côté gauche. C'est vraiment d'un grand effet.

L'une des rues principales, Grosse-Bleiche-Strass, est vaste, longue, et décorée de beaux magasins : mais elle est silencieuse comme un sépulcre. On y voit cependant de nombreux édifices, des palais seigneuriaux, des hôtels, des casernes, où vont et viennent des hulans autrichiens, reconnaissables à leurs bonnets de fourrures. La belle place de la Fontaine, l'autre place qui a nom Obélisque, les musées, les bibliothèques, se recommandent tous à l'attention du touriste. En dernier lieu, l'artiste qui aime les cités moyen-âge peut être satisfait, car combien de petites rues tortueuses, étroites, sombres, visqueuses, surtout en descendant vers le fleuve, ou en remontant autour de la cathédrale, à demi enfouie sous des échoppes indescriptibles.

Quant aux rues qui centralisent le commerce et ont un mouvement et une vie qui égaient le regard, ce sont les fameuses rues Thiermansbestrasse, Weibergartenstrasse, Ludwigstrasse, Augustinergasse et Schustergasse. Tirez-vous d'affaire avec tous ces jolis noms, si vous pouvez.

Tel est l'aspect général de Mayence ; maintenant pénétrons dans l'intérieur de quelques monuments, et si vous le voulez bien, suivez-moi à la cathédrale.

Une première cathédrale bâtie par l'évêque Willigis, fut brûlée le jour même de son inauguration. On utilisa les deux tours rondes, qui étaient demeurées intactes, et les portes, que le feu ne put attaquer, attendu qu'elles étaient en bronze.

Vers 900, on se mit à l'œuvre, et on édifia le munster actuel, composé de deux chœurs surmontés l'un et l'autre de coupoles, et ces deux coupoles accouplées aux deux tours de l'évêque Willigis produisirent la nouvelle église, bâtie en forme de croix, ayant deux chœurs représentant la tête et les pieds, et deux tours figurant les bras. Les portes de bronze de l'édifice incendié fermèrent l'ensemble de cette construction hybride.

La foudre du ciel à différentes époques, l'incendie par trois fois, et les bombardements des Français, nuisirent beaucoup à cette cathédrale de Mayence par trop éprouvée. Néanmoins, c'est toujours un monument qui commande le respect et inspire l'admiration. L'originalité des deux chœurs, munis d'autels l'un et l'autre, sans un sanctuaire proprement dit ; la disposition du public qui assiste aux messes qui s'y disent simultanément, et la disposition oblique qui le force à se placer de côté ; la position de l'orgue placé lui aussi entre les deux chœurs, tout concourt à donner à l'intérieur de la cathédrale une physionomie excentrique.

Je vous signale les magnifiques boiseries qui décorent les chœurs ; mais je soumets surtout à votre examen un très grand nombre de tombeaux en marbre noir et blanc qui ornent les colonnes élancées de cet étrange munster.

Vous savez déjà que Fastrade, épouse de Charlemagne, est enterrée dans cette église. Mais son sépulcre ne figure point parmi les tombeaux dont je vous parle. Le cénotaphe de la reine est appuyé à la muraille du pourtour de l'édifice. C'est une simple pierre murale dont l'antiquité et les ossements qu'elle dérobe aux regards obtient naturellement plus d'attention des curieux que les tombeaux eux-mêmes, nonobstant l'art qui a pris soin de les décorer.

Le tombeau du trouvère Frauenlob n'est non plus qu'une pierre couchée. Voici ce que m'a appris la légende que l'on vend dans le voisinage du munster, sur ce vieux troubadour :

« L'an du Seigneur 1317, la veille de saint André, Frauenlob a été inhumé avec de grands honneurs dans le cloître de l'église principale de Mayence. De sa maison jusqu'à son dernier asile, il fut porté par des femmes qui firent entendre de sinistres exclamations, à cause des louanges exaltées que ce trouvère avait décernées dans ses poésies au sexe féminin en général. En outre, il fut répandu sur sa tombe une telle quantité de vin, que ce liquide coula partout et inonda le cloître.... »

Voilà qui est noble et beau ! Des femmes témoignant de tels regrets au poète qui les avait chantées...

C'est bien autour de la cathédrale que se trouve l'antique Mayence. Quels fouillis de vieilles maisons ! quelle population de vieux Allemands, de vénérables femmes, jadis blondes, dans tous les nids à rats qui pullulent à l'entour de l'édifice !...

Je pourrais bien vous montrer encore quelques édifices de Mayence, tels que la petite église de Saint-Ignace, dont les peintures qui décorent la voûte sont splendides, et le maitre-autel orné d'une auréole resplendissante ; et l'hôtel des Trois-Couronnes, vieux monument de 1315, qui fait la gloire d'une place triangulaire d'un effet assez original, tient lieu d'hôtel des Postes, et aux jours de guerre du temps de l'empire, était l'asile ordinaire de notre grand empereur Napoléon Ier.

Mais je préfère vous conduire à Wisbade, l'Enghine de Mayence, et vous faire juger le contraste des deux villes de bains, Hombourg et Wisbade. Au point de vue de l'établissement des jeux, c'est le même enfer ; mais au point de vue de ces deux petites cités, autant la première, composée de son unique rue, est disgracieuse nonobstant le délicieux paysage qui l'entoure, autant Wisbade est charmante, coquette, élégante.

A cette heure capitale du grand-duché de Nassau, Wisbade doit son origine aux Romains qui, en découvrant ses eaux thermales, surent les apprécier, et leur donnèrent le nom de *Fontes-Mattiaci*.

D'abord le site que Wisbade occupe au pied du Néroberg est d'un aspect romantique qui séduit le regard. C'est une miniature d'oasis dans une immense et délicieuse oasis. L'encadrement est merveilleux, et, dans cet encadrement, les groupes des maisons fraîches et riantes à l'œil, le château du grand-duc, le Kursaal ou établissement de jeux, les Bains, le Promenoir et la place qui précèdent ou entourent ces édifices, un ou deux boulevards qui y conduisent, en traversant la ville, tout cet ensemble est d'un goût exquis.

Le Kursaal, que je viens de nommer, est précédé, comme à Bade, d'une fort belle colonnade. Des boutiques, où l'on vend toutes les curiosités possibles, sont placées sous les arcades de ce portique, et, à l'intérieur, une riche ornementation en fait un palais féerique.

Ce qui me fait venir à Wisbade, alors que je réside encore à Mayence, c'est la foule je vois un matin se porter au chemin de fer qui y conduit. Rien n'est contagieux comme l'exemple. D'autre part, à ce nom de Wisbade, je pars enchanté. En outre, c'est un dimanche qui signale le jour où la foule se rue vers le rail-way, en vrais moutons de Panurge que nous sommes tous. Le ciel est bleu, le soleil rutile, la verdure resplendit. On rit, on chante, on jase sur toute la ligne. La mélancolie allemande disparaît, tant est grande l'influence d'une belle nature! On se croirait en France, en route pour Versailles ou Saint-Cloud.

Le chemin de fer promène ses voyageurs entre les paysages les plus ravissants. Du reste, le trajet est tellement court, que j'entends crier : Wisbaden! Wisbaden! alors que je me crois encore dans la gare de Cassel, où on prend le train.

Ma poitrine jubile, tant le tableau de Wisbade me semble délicieux. Rien n'est beau comme les plantations qui l'entourent, les collines qui l'enveloppent, le Néroberg et le Schonnemberg, les vallées qui se creusent dans leurs plis, les lacs que l'on voit briller comme des miroirs de Venise, le château d'hiver, dans la ville, le château d'été sur la crête du Schonnemberg, la chapelle russe dont les croix et les chaînes d'or émergent d'un océan de verdure, en un mot la ville entière et dans toutes ses parties.

Une musique prussienne fait entendre ses symphonies, dans les bosquets et sur les pelouses vertes comme l'émeraude du Kursaal. Des visiteurs se répandent non-seulement dans la ville, mais surtout sur les collines, le long des lacs, à travers les prairies, et l'on entrevoit les vives couleurs des toilettes allemandes qui brillent çà et là, au loin, dans des massifs de végétation. La joie est partout. L'air apporte constamment à l'oreille de frais éclats de rire, et les échos de musiques champêtres et de fanfares retentissantes. Des groupes d'hommes ne s'avancent qu'en chantant en chœur. On sent, on comprend, mieux qu'ailleurs, qu'on se trouve en Allemagne. En tout cas, en-dehors de l'instinct musical des populations, l'énorme quantité de bière et les monceaux de choucroute que l'on voit absorber et manger devant les tavernes et les brasseries, à l'ombre de vieux arbres, le disent assez éloquemment.

Je jouis de ce spectacle enchanteur, et préférant aux jeux du Kursaal les beautés de la nature, je gravis peu à peu le Schonnemberg, et du Schonnemberg je descends vers le Néroberg pour l'escalader à son tour. Ce mouvement, cette vie, ces chants, cette joie publique, cet amusement de la foule qui est venue demander aux champs les plus purs délassements, m'amusent et m'intéressent. Je regarde, en passant, les guinguettes où s'agitent les danseurs; je ne fuis pas la foule, mais je ne la cherche pas non plus.

Me voici bientôt dans un endroit écarté, en face d'un édifice dont la façade me rappelle le style grec, mais que surmontent cinq coupoles dorées, dont l'une, gigantesque, occupe le centre des quatre autres. Des croix dorées, reliées l'une à l'autre par d'énormes chaînes également dorées, s'élèvent sur ces coupoles que le soleil illumine de tous ses feux. Un escalier somptueux, en marbre blanc, permet de monter sur le podium ou soubassement de l'édifice. Et comme les portes sont ouvertes, je vais pénétrer dans l'intérieur...

Mais alors un gardien m'arrête dès les premiers pas, et se mettant à genoux devant moi, il enferme mes pieds dans des pantoufles de lisière, afin que marbres, tapis, bronzes et dorures soient à l'abri de toute offense, et enfin il me laisse la liberté de pénétrer dans le sanctuaire.

Ce sanctuaire est un vaste tombeau, car sur un sarcophage de marbre est couchée la blanche et exquise statue d'une femme...

Cette femme, dont les restes mortels sont enfouis dans le marbre, est celle du grand-duc de Nassau, le prince régnant du pays, morte à la fleur de l'âge, car elle comptait à peine vingt ans. Si l'on peut juger des regrets d'un époux par la splendeur du monument qu'il élève à l'objet de sa tendresse, assurément le grand-duc chérissait sa femme. Comme la princesse, de famille russe, appartenait à la religion grecque, le grand-duc a érigé une église grecque pour tenir lieu de sépulcre à la pauvre fleur tranchée si vite par la faux de la mort : Des prêtres de la même communion, appelés popes, font le service de cette chapelle mortuaire, dont l'ornementation intérieure répond parfaitement à la richesse extérieure.

Ce ne sont que festons, ce ne sont qu'astragales...

On me signale, sur les rampes du Taunus, un point qu'il m'est impossible d'aller visiter, à cause de sa distance. Au moins puis-je dire ce qu'on m'en raconte, car c'est un généreux souvenir de la France. Il parait qu'en cet endroit, appelé par les Allemands *le Trompeter*, un trompette français fut cerné par tout un régiment d'Autrichiens. Cinquante sabres furent dirigés sur sa poitrine, et le pauvre enfant, car ce trompette comptait à peine dix-sept ans, allait périr sous les coups des ennemis lorsqu'il implore d'eux une faveur suprême, avant de fermer pour toujours les yeux à la lumière. Son jeune âge et la pitié qu'il inspire font qu'on la lui accorde. Aussitôt notre bambin sonne son air favori sur son instrument. Les Allemands croient que c'est pour lui son chant du cygne. Mais voilà que, à ce signal, arrivent comme une trombe vingt-cinq à trente cavaliers français cachés par un bois taillis, et je vous laisse à penser comme ils tombent sur les Autrichiens. Ceux-ci sont mis en déroute et s'enfuient, tandis qu'on félicite le brave petit trompette, que venait de sauver sa présence d'esprit.

Une fois rentré à Mayence, après que la ville est bien connue, il ne me reste plus, comme à tous les touristes, que de déguerpir au plus vite. On ne peut toujours, quand on a l'humeur vagabonde, se contenter sans fin de contempler le Taunus, et le beau Mélibocus, dont tous les peuples des temps passés se sont disputé les rampes fécondes pour y fixer leurs demeures.

Donc je dis adieu à Mayence, et je montai sur le bateau à vapeur qui de cette ville descend le fleuve pour faire escale dans toutes les cités rhénanes qui désormais vont former comme un chapelet sur ses bords, et au pied de tous les burgs fameux qui ont choisi leur gîte sur les pics dénudés des montagnes, dont les bases, comme une enceinte continue, servent de bordure au fleuve jusqu'à un immense éloignement.

A partir de Mayence, le Rhin change complètement d'aspect. Jusque-là il a roulé ses larges nappes d'eau à travers des plaines immenses et de splendides collines largement ouvertes. Maintenant le voici resserré entre des montagnes rocheuses aux formes fantaisistes, et dont les cimes hardies sont couronnées de vieux manoirs déchirés par la main du temps et des hommes, et dont les ruines en se détachant en gris sur l'azur du ciel, présentent des aspects pittoresques d'un effet saisissant.

Nous voici entraînés vivement par la *Concordia*, dont la vapeur siffle et dont l'hélice refoule les eaux du fleuve. Un dernier salut à la ville du Mein, Maintz ou Mayence, car telle est l'interprétation de ce nom, et disparaissons dans l'étroite vallée que le Rhin s'est creusée entre les montagnes.

Biberich est le premier bijou qui frappe nos regards dans cet écrin en velours vert que l'on nomme le cours du Rhin. Biberich est la résidence d'été du duc de Nassau. Il n'est au monde plus charmante habitation princière; on en peut voir de plus vastes, de plus grandioses, mais aucune de meilleur goût et dont la physionomie et l'aménagement charment davantage. Placée à l'ombre d'antiques châtaigniers et de massifs de saules qui voilent ses ondes, la noble façade de ce palais semble vous sourire en tapinois, lorsque vous passez devant elle. Du milieu du parc s'élève un château dont les allures gothiques se dessinent en un blanc mat sur les sapins qui l'entourent.

Puis, voici d'autres joyaux qui commencent à défiler tour à

tour. C'est d'abord le gracieux village de Schierstein, puis les ruines du manoir de Frauenstein, sur la rive droite, comme Biberich.

Sur la rive gauche, apparaît Niéderwallof, assis, comme un vrai nid d'alcyons, sur une langue de terre qui s'avance curieusement dans les eaux du Rhin. Au sommet de la colline qui le domine, l'œil contemple avec plaisir les restes d'une chapelle dédiée à saint Jean, que l'on dit la plus ancienne de la contrée.

Le paysage permet encore de voir des massifs de chênes qui capitonnent des montagnes reculées dans des gorges, et des vignes dont la verdure tendre fait contraste avec celle bronzée des autres arbres.

Nous passons devant Eberbach, antique abbaye, qui jadis contenait des moines pieux, et maintenant ne renferme plus que des gens tarés, car elle est devenue une maison pénitentiaire. Une vénérable chronique nous apprend qu'Eberbach fut autrefois une solitude entourée de montagnes et d'épaisses forêts. On était assuré d'y rencontrer toujours le calme le plus profond, qu'interrompaient à peine le bruit du travail des mains et les chants des reclus.

Nous entrevoyons ensuite une vieille tour penchée, déchiquetée, qui se dresse comme un fantôme au centre de magnifiques villas dont elle est entourée. On raconte que ce fut dans cette tour que le roi Gunther de Schwartzbourg se démit de son autorité en faveur de Charles IV. On dit aussi que son médecin présentant au prince une coupe de vin du Rhin dont il exaltait la saveur, le roi le lui fit boire. Le médecin obéit et passa la coupe au prince, qui l'acheva. Aussitôt l'un et l'autre se tordirent dans les inexprimables tortures de convulsions qui amenèrent la mort en quelques minutes. Cette tour, témoin du drame, a nom Eltwil.

Voici maintenant Kiderich, dont la chapelle de Saint-Michel, surmontée d'un clocher gothique, était jadis un pèlerinage fameux. Les arabesques du clocher et les ogives des croisées y sont incomparables.

Au-dessus s'élance une ruine hardie qui s'appelle Schafenteim.

Nous défilons ensuite devant la montagne de Johannisberg, et à ses pieds on distingue Oestrich, et Winkel, jadis demeure de l'évêque Rabanus de Mayence. Il est à son occasion une courte légende qui affirme, de la façon la plus officielle, que ce pieux pontife chassa de son château tous les rongeurs qui y pullulaient et qui eurent l'audace de ronger son bréviaire.

On signale, sur la rive gauche, Nieder-Ingelheim, un château que Charlemagne, en 770, fit construire pour son usage et qu'il habita en effet. Les plus belles colonnes de cette royale résidence, maintenant en ruines, ont été transportées à Heidelberg, où elles font l'admiration des connaisseurs.

Il est, sur la route qui se dirige d'Ingelheim à Mayence, un obélisque de granit sur lequel on a gravé ces mots : « Route de Charlemagne, achevée par Napoléon Ier, empereur des Français. » C'est par cette route que l'épouse de Charlemagne, Fastrade, fut transportée à Mayence, pour y être inhumée, car ce fut dans le palais dont les ruines célèbres attirent le regard de tous les voyageurs, qu'elle rendit son âme à Dieu.

Mais les vignobles du tant renommé Johannisberg, domaine du prince de Metternich, nous appellent à leur tour, sur la rive droite.

Puis voici Rudesheim, dont la situation, sur les bords du fleuve, rétrécit le cours du Rhin.

On y voit une tour et un castel du IXe siècle.

Mais l'œil est attiré soudain par des croupes de montagnes qui leur sont superposées et qui se nomment Niederwald. Elles sont couronnées des restes d'un ancien temple des Romains, jadis splendide, mais à cette heure n'offrant plus qu'un amas de décombres...

Vient Bingen, une charmante cité mignonne du grand-duché de Nassau. Il en émerge une église fièrement campée qui atteste sa richesse architecturale. Bingen reçut son berceau des Romains qui peuplèrent tous les bords du Rhin.

Une éminence se dresse derrière cette ville et il s'élève sur son plateau une admirable ruine qui a nom Klopp. On prétend que l'empereur d'Allemagne Henri IV y fut enfermé par son fils, trop peu respectueux.

Mais voici que, au-delà de Bingen, s'ouvre une belle vallée

que sillonne un large cours d'eau. C'est la Nahe, qui vient apporter au Rhin le tribut de ses eaux. On aperçoit un pont qui met en communication les deux rives de cette rivière. Il repose, paraît-il, sur les piles antiques d'un autre pont jadis élevé par Drusus, car Drusus a érigé toutes sortes de monuments sur les bords du Rhin.

Lorsqu'on s'éloigne de Bingen, le grand fleuve se rétrécit d'une façon remarquable, et surtout on est frappé de la quantité de roches volcaniques qui hérissent ses rives. L'œil ne se lasse pas de contempler les aspérités singulières de ces sortes d'émergences, de leurs cratères éteints, de leurs physionomies sauvages, des formes bizarres et souvent fort pittoresques dont la nature les a douées. On peut même remarquer que, dans les temps bien reculés où ces volcans étaient en éruption, le Rhin ne coulait pas à leurs pieds et qu'il prenait une autre direction que peut suivre et deviner le regard. C'est fort curieux de nos jours de voir combien les burgraves, les landgraves et les margraves, en un mot les seigneurs du temps passé, ont trouvé moyen d'aller construire leurs forteresses et leurs burgs jusque sur les cimes les plus inaccessibles de ces rochers fantastiques. On se demande comment on a pu y transporter les masses colossales de matériaux nécessaires, par quel moyen les ingénieurs de l'époque parvenaient à tracer des chemins sur ces escarpements abruptes afin d'atteindre ces nids d'aigles, et on n'est pas étonné que, dans les légendes du Rhin, à la puissance humaine on substitue souvent celle d'esprits supérieurs qui auraient accompli ces tâches pénibles. En tout cas, l'artiste, le poëte, le touriste, jouissent de ces prodigieux édifices qui surmontent les pics et les mamelons de ces rochers sortis du sein de la terre par l'effet du soulèvement des feux intérieurs de notre globe, et comme c'est une immense avenue que forment ces vieux manoirs aériens en ruines, on passe d'un paysage à un autre paysage, sans solution de continuité, de telle sorte qu'il semble que ce soit tout le vieux monde du moyen-âge que l'on passe ainsi en revue, sans quitter le bateau qui descend le fleuve.

Apparaît Creuzenach, enrichi par la nature de sources minérales et de sites incomparables.

Puis voici que sur une roche de porphyre s'élèvent, à une altitude de deux cent quarante-cinq mètres, les prestigieuses ruines d'une ancienne résidence des rhingraves, le Rheingrafstein. Au moment où nous passons devant cette masse imposante, la nuit tombe, on va faire escale et s'arrêter un peu plus loin ; les ténèbres planent déjà sur le fleuve, mais les magnifiques ruines du Rheingrafstein sont encore noyées dans les reflets d'or du soleil qui se couche, et vrai, il est heureux pour des amateurs des beautés de la nature d'avoir sous les yeux un spectacle aussi parfaitement enchanteur.

LA TOUR DES SOURIS. — EHRENFELS. — RHEINSTEIN. — SOONECK. — STAHLECK. — BACHARACH. — PFALZ OU LE CASTEL DES EAUX. — OBERWESEL. — LA TOUR DES BŒUFS. — LES SEPT-SŒURS. — LURLEXBERG. — LE KATZ ET LE MANOIR DE THUREMBERG. — SAINT-GOAR. — RHEINFELS. — BOPPART. — LE KŒNIGSTHUL OU SIÉGE DES ROIS. — STOLZENFELS.

Nous avons dit qu'à partir de Mayence les bords du Rhin sont jalonnés de rochers bizarres dont la cime s'élève à une très grande hauteur, et qui tous portent des manoirs féodaux dont les ruines, de la physionomie la plus pittoresque, tiennent constamment le regard en extase et le livrent à une hallucination perpétuelle qui le rapporte en plein moyen-âge.

Chacun de ces castels singuliers possède sa légende, d'après laquelle il fut jadis le théâtre de drames sanguinaires, de faits étranges ou d'événements historiques très intéressants.

Le manoir de Rheingrafstein, devant lequel passait hier soir notre steamer la *Concordia,* est farci de mille histoires, dont je vous fais grâce, en vous demandant de vouloir bien agréer l'unique historiette qui va suivre.

Le suzerain de Rheingrafstein avait un jour fait appel à toute la fleur des chevaliers de la contrée. Il s'agissait d'un festin pantagruélique. En effet, nombre de seigneurs viennent prendre place à la table du rhingrave. On touchait à la fin du banquet, lorsque le rhingrave, frappant du poing le couvert de façon à faire trembler les dames, s'écrie d'une voix vibrante :

— A celui qui videra cette coupe, mon village de Huffelsheim.

Huffelsheim est un délicieux vignoble du voisinage.

En prononçant cette offre étrange, le noble personnage fait apporter, en guise de patère, une énorme botte oubliée par un courrier qui avait perdu l'une de ses jambes.

A la vue de cette coupe d'un nouveau genre, les chevaliers se taisent : les plus intrépides buveurs reculent.

Mais voici que se lève lentement Boos de Waldeck, un capitaine rude joûteur, et prenant la botte qu'il manie comme un vidrecome allemand de taille moyenne, il fait emplir incontinent l'amphore de cuir dont l'odeur était fort peu engageante, et portant la santé des convives qu'il salue tour à tour :

— Sire rhingrave, pour faire la paire, n'avez-vous pas une autre botte de même capacité ?...

Et, ce disant, il boit, jusqu'à la dernière goutte, le liquide contenu dans la coupe de cuir....

Puis, il ajoute : Je voudrais bien, à Huffelsheim, joindre l'autre village de Roxheim !

Vous comprenez quel fut le rire homérique des convives...

Mais laissons les histoires des bords du Rhin, et continuons de naviguer sur le fleuve.

Se montre à nous une tour qui émerge du milieu des eaux du fleuve. C'est la Tour des Souris !.. dit-on de toutes parts. On ajoute que Halto Ier de Mayence, baron sans pitié ni merci, voyant un jour, alors qu'il résidait dans cette tour, venir à lui une légion de vignerons et d'hommes des champs dans l'intention de lui demander du pain, car l'année était mauvaise, les fit tous entrer dans une grange, dont il ferma solidement les portes. Puis il mit le feu à la grange, qui était en sapin. Je vous laisse à penser quel incendie ! Alors, pendant que ces pauvres gens brûlaient, le baron Halto comparait leurs cris à ceux des souris, et depuis son abri d'été fut appelée la Tour des Souris.

Nous passons sur le Bingenloch, ou, si vous aimez mieux, le Trou de Bingen, ainsi nommé à cause de l'étroite issue que les montagnes, fort rapprochées en cet endroit, laissent au cours du Rhin.

Il se montre alors sur la rive droite un château qui a nom Ehrenfels, et que porte vers le ciel la cime aiguë d'un rocher. Ce fut autrefois la résidence des évêques de Mayence, qui cachèrent dans les souterrains les moins connus le trésor de leur église, alors que la guerre de Trente-Ans exerçait dans ces contrées les plus grands ravages. C'est la première demeure seigneuriale que l'on trouve en pénétrant dans la contrée qui se nomme le Rhingau, et dont Ehrenfels est en quelque sorte la porte, car il domine le Bingenloch.

Dans cette partie des bords du Rhin qui a nom Rhingau, le fleuve change de physionomie en effet, et d'une manière frappante. Ainsi, après les campagnes qui offraient d'immenses étendues de l'origine du Rhin jusqu'à Mayence, à partir de cette ville, il a commencé à couler entre les montagnes. Mais ces montagnes ouvraient encore quelque peu leurs flancs pour le laisser passer. Tandis que, maintenant, à partir d'Ehrenfels, il est fort à l'étroit dans les talus rocheux qui le bordent. Au moins l'œil gagne au point de vue pittoresque des détails d'une fraîcheur pastorale et d'une grâce charmante, quoique souvent sauvage, que l'on ne retrouve nulle part ailleurs. Rochers sourcilleux qui menacent le ciel de leurs dents aiguës, vénérables burgs se détachant en gris sur l'azur, avec leurs tours ruinées, leurs bastions effondrés, leurs chapelles ajourées ; et puis des villages qui se penchent sur les rampes des montagnes et semblent descendre en courant comme pour se précipiter dans le fleuve. Ici, sombres gorges qui ouvrent leurs pertuis dans les angles les plus obscurs des rives du courant d'eau qui murmure et gronde d'être ainsi mis à l'étroit dans un défilé, quand il a besoin d'air, de lumière et d'espace, pour s'avancer majestueusement, tel qu'un souverain redoutable. Enfin, que l'on porte les yeux des larges lames du Rhin aux pics inaccessibles dont ses rives sont hérissées, partout le mouvement et la vie de l'homme, car il n'est pas un site qu'il ne fréquente, pas un coin de terre qu'il n'emploie pour y faire fleurir la végétation, pas un rocher, celui même que l'on peut croire inviolable, qui ne soit couronné, comme d'un diadème, de hardis manoirs dont les ruines charmantes fascinent et convient le regard.

Ce sont tour à tour :

Reinstein, naguère encore ruine splendide, mais depuis peu magnifiquement restauré, ancien domaine de Waldeck, dont je vous ai signalé le haut-fait bachique, car ce fut lui qui vida la botte du courrier pleine de vin, et gagna ainsi la possession de tout un village.

Sooneck, manoir du XIIe siècle, l'une des plus délicieuses et des plus vastes résidences de tous ces domaines qui bordaient le Rhin. La famille royale de Prusse, à qui ce château appartient, en a fait une admirable maison de plaisance qu'elle n'habite que trop rarement, car on y jouit d'une vue ravissante.

Furstemberg, en ruines, ainsi que Stahleck, antique demeure des Hohenstaufen, dont la reine de Prusse a fait l'acquisition. De Furstemberg, il reste des parties notables encore en bon état de conservation : du second, se dressent fièrement encore deux bastions formidables. C'est de là que partit la première étincelle de la terrible guerre des Guelfes et des Gibelins qui remua notre Europe occidentale. Les décombres qui les entourent sont immenses. Quand on les a franchis, on peut pénétrer dans quelques salles dont les murailles attestent l'antique splendeur ; et de leurs fenêtres ouvertes depuis longtemps, hélas ! on peut se rendre compte de la perspective merveilleuse dont on jouissait de ces parages privilégiés.

Puis Bacharach, ville moyen-âge, s'il en fut, et d'une telle physionomie gothique que l'imagination fascinée par les murailles antiques reliées par douze tours, dominées par les ruines fortement accentuées d'un vieux castellum, capitonnées d'arceaux ajourés, de clochetons, de coupoles, de lanternes, de pignons, de façades vénérables de maisons croulantes, on se croit un instant appartenir à cette époque des temps passés, et on cherche sur sa tête le feutre à plumes, sur ses épaules le pourpoint, le haut-de-chausses plus bas, et à son côté la formidable rapière.

Jadis Bacharach fut une cité romaine, possédant un temple dédié à Bacchus, *ara Bacchi*, d'où dérive évidemment son nom. Cet autel du dieu du vin était placé sur un rocher qui s'élève du sein des eaux lorsque la sécheresse de l'été fait baisser le fleuve.

Mais ce qui frappe davantage encore, en passant devant Bacharach, ce sont des ruines d'une magnificence sans égale qui surgissent au pied du vieux château, et qui proviennent d'une élégante chapelle dédiée à saint Werner, un martyr de la pieuse cité, aux temps de la généreuse ferveur chrétienne.

De la rive gauche, passons à la rive droite.

Voici Caub, dont le nom veut dire cuve. Sa décoration consiste dans la ruine magique que le soleil éclaire de ses feux, et qui a nom Guterfels. Le grand roi de Suède, Gustave-Adolphe, habita quelque temps cette résidence alors habitable encore, pendant la guerre de Trente-Ans.

Mais voici que s'élève, du milieu d'un rocher qui occupe un des côtés du fleuve, le pied battu par les eaux qui l'entourent, un édifice antique d'une forme toute particulière, et qui s'appelle Pfalz, ce qui veut dire Palatinat. Œuvre du xive siècle, cette étrange construction fut élevée par Louis de Bavière, et devint un bureau permanent pour le prélèvement de l'octroi.

C'est à Pfalz même, point très précis, que le général prussien Blücher passa le Rhin en 1814. Il se dirigeait alors sur Paris.

Vient ensuite Oberwesel, où la magnificence des paysages est telle qu'on en éprouve une sorte de vertige. Vieilles murailles crénelées, tours ébréchées, églises élégantes, collines vertes à ravir, ravins mystérieux, treilles et pampres des vignobles, bouquets de bois et de sapins, tout y est à souhait.

C'est encore une ville romaine, qui se nommait *Vesalia*. Elle fut le théâtre de terribles drames. Dans ces derniers temps, en 1689, elle devint la proie des Français, qui la pillèrent et la livrèrent aux flammes.

Il est dit que nous ne passerons pas dans une seule ville où les Français n'auront pas planté leur glorieux étendard.

Tout près du Rhin, pendant que le bateau s'éloigne, on découvre une petite chapelle en ruines, qui signale le point où fut martyrisé saint Werner, dont nous parlions tout-à-l'heure. La pieuse victime fut entraînée jusque-là par des Juifs furieux.

qui l'y attachèrent à un pilier que l'on voyait naguère encore, et où ils lui firent endurer des tourments inimaginables.

Mais l'attention des voyageurs est appelée bientôt sur une tour ronde, assise sur une lourde roche escarpée et qui est désignée dans le pays sous la dénomination de Tour aux Bœufs.

Défilent tour à tour le château des Schomberg, dont le nom patronymique remonte jusqu'à Charlemagne ;

Puis, sur un rocher à pic, sis en face d'Oberwesel, la construction pittoresque dite le Rostein ;

Orben, hissé sur des roches qui lui servent de forum ;

Toute une série de collines appelées Saint-Goarsbelt, parce que la chronique raconte que ce fut en ce lieu solitaire, et même stérile, que saint Goar vint vivre dans l'isolement, et se fixa pour prêcher l'Évangile à toute la contrée ;

Sept rochers à fleur d'eau, rescifs très dangereux, que l'on appelle les Sept-Sœurs. Or, comme il faut des légendes aux Allemands, on dit que, jadis, sept jeunes filles qui habitaient le manoir de Schomberg, cité plus haut, s'étant montrées fort cruelles vis-à-vis de pauvres fermiers qu'une mauvaise année avait éprouvés, furent transformées en sept roches cachées sous les eaux du Rhin les trois quarts de l'année, et exerçant sur les navires qui passent les perfidies les plus désastreuses.

Mais que signifie cette détonation de couleuvrine qui s'échappe des flancs de notre steamer ?

C'est une surprise que l'on ménage aux touristes du vapeur, en leur faisant entendre et admirer le plus bel écho de l'Europe. En effet, le roulement du tonnerre de bronze est répété jusqu'à cinq fois avec un fracas épouvantable. La cause de ce phénomène se trouve dans un détour subit que fait le fleuve pour aller baigner le pied d'une énorme roche de basalte qui émerge du Rhin, et qui s'appelle le Lurléxberg. Naturellement les gens du pays en ont fait une sirène, qui, dans un désespoir de tendresse, s'engloutit dans le fleuve et devint ce redoutable rocher.

Voici venir le Chat et la Souris, deux châteaux en ruines, mais deux châteaux qui durent être superbes, car leurs ruines sont magnifiques. Nécessairement une légende explique leurs noms bizarres.

Deux frères, suzerains du domaine du Katz ou du Chat, un beau matin, virent que l'on bâtissait, sur l'autre côté d'un ravin qui fortifiait leur manoir, un autre manoir destiné à un archevêque de Trèves, appelé Cuno. Dans leur mauvaise humeur, ils appelèrent le nouveau castel la Souris, et ils s'écrièrent : « Oh ! la Souris sera bientôt mangée par le Chat. » Mais ır raillerie se perdit dans l'air, et fut vaine, car la Souris demeura en face du Chat, sans que celui-ci osât lui déclarer la guerre. Seul, le temps a porté les mains sur ce domaine ; mais il ne ménagea pas plus le Chat que la Souris.

Vient Saint-Goar, qui dut son origine au vénérable solitaire dont je vous ai peint la thébaïde. On y admire l'église, qui est du VIIe siècle, et que les incendies et son grand âge ont quelque peu modifiée.

Le fleuve s'élargit après Saint-Goar ; on sort de l'espèce de pertuis dans lequel on navigue depuis Bingen. Alors se montrent ici et là :

Hirzenach, sur la rive gauche ;

Rheinfels et le couvent de Bornhofen, qui possède une église d'une architecture fort intéressante et peu commune.

L'attrait général se porte alors sur les débris pittoresques de deux châteaux antiques, qui occupent les pointes extrêmes de deux rochers sis sur la rive droite.

Ce sont Liebestein et Sternfelds, ou les Deux Frères. Vous attendez une légende ; la voici :

Ces deux châteaux sont l'œuvre de deux frères dont l'héritage paternel fut partagé entre eux avec une sœur qu'ils avaient, mais qui était aveugle. La malheureuse idée de tromper la pauvre infirme vint aux deux frères, et, en effet, ils ne lui donnèrent qu'une part insignifiante. Mais la Providence qui veille punit bientôt les misérables égoïstes. Tandis que leur sœur, avec son petit avoir, faisait édifier trois modestes chapelles en faveur des paysans du voisinage, les deux frères, plus avides encore, devinrent ennemis acharnés, car ils usaient mutuellement de tous les moyens pour se tromper et se dépouiller. Ils se rencontrent un jour, dans les bois, alors qu'ils chassaient, et, dans un bon mouvement, ils se donnent rendez-vous pour une battue faite de concert, le lendemain. Ils conviennent même que le premier qui s'éveillera ira éveiller l'autre. Liebestein s'étant levé le premier, alla droit au château de Sternfelds, et trouvant ses volets clos encore, il eut l'idée de lancer une flèche contre eux afin de prévenir son frère. Mais en cet instant même, celui-ci poussait les volets, de sorte qu'il reçut la flèche en pleine poitrine et expira sur l'heure. On raconte que pour expier ce crime involontaire, Liebestein partit bientôt pour la Terre-Sainte, où il périt dans une attaque armée.

Encore une ville antique, la Bodobriga des Romains, résidence du capitaine des balistaires de l'armée romaine, la Boppart des Allemands, mais toujours avec sa physionomie d'autrefois. Des clochers en pierre ajourée, de forme pyramidale, et reliés entre eux par une galerie délicatement œuvrée, distinguent Boppart. A part ce monument, qui plaît et charme, la vieille cité n'offre qu'un aspect sinistre. Ville impériale jadis, elle ne compte plus aujourd'hui parmi les cités importantes. Autrefois elle comptait un certain nombre de couvents, et particulièrement celui de Marienberg, qui domine la ville de toute la hauteur de ses murailles : actuellement ce n'est plus qu'un établissement hydro-thérapique.

Peu après Boppart, le Rhin promène ses eaux redevenues majestueuses à travers des prairies fertiles qui se prolongent jusqu'au village de Kemp, qui occupe le pied de délicieuses collines. L'étymologie de ce nom n'est pas difficile à trouver ; elle provient du mot *camp*, et l'on prétend que les Romains eurent en effet, à cet endroit même, un campement dont on trouve encore, comme on a déjà trouvé, non-seulement des traces, mais des preuves par des monnaies et des ustensiles propres aux soldats.

Après Marxburgh, château de l'électeur du palatinat, Brunbach, à qui Marxburg, devenu prison d'Etat, appartient, et Rheuse, qui, en 660, échut aux électeurs de Cologne, et fut érigée au XIVe siècle en un lieu de réunion pour l'élection des empereurs, vient

Le fameux Kœnigsthul, ou Siége des Rois, près de la ville, à l'ombre de trois noyers centenaires. Vous vous rappelez que ce siége des trois électeurs se compose tout bonnement de trois bornes, et que le premier empereur qui y fut élu fut Henri VI de Luxembourg. Mais combien ce primitif Kœnigsthul est différent du Kœnigsthul tel que le luxe des électeurs l'avait édifié, après les premières élections.

C'était une sorte de couronne de granit, construite en forme circulaire, et composée de sept routes ouvertes et superposées, que supportaient neuf piliers, dont un occupait le centre. Que l'on sonnât de la trompette du milieu du Siége des Rois, de leurs châteaux voisins pouvaient l'entendre et répondre à son appel : l'électeur de Mayence, de Lahneck, un manoir de la rive droite du Rhin, au-dessus de Branbache; l'électeur de Cologne, dont Rheuse était la résidence ; et l'électeur de Trèves, qui habitait Stolzenfels, sur la rive gauche.

Au xixe siècle, la superstition populaire fait du Kœnigsthul, rendu à son état premier, le rendez-vous du sabbat des sorciers, depuis que, surtout, en 1400, les électeurs prononcèrent la déchéance de Wenceslas, du perron d'une petite chapelle qui fait face aux trois noyers circulaires.

Stolzenfels, dont nous venons de parler, est remarquable par ses tours, qui dominent un rocher altier qui a donné son nom, Fier-Rocher, au château. Un sentier qui monte derrière le village de Capellen, conduit à Stolzenfels, fondé par l'archevêque Arnold de Trèves, et qui fut dès-lors la résidence des archevêques de cette ville. Il eut beaucoup à souffrir des Français en 1688. Mais Coblentz ayant fait hommage de ses ruines, que cette cité avait achetées, au roi de Prusse actuel, ce prince, ami des souvenirs historiques et des magnificences de l'art et de la nature, fit restaurer ce vénérable manoir dans le style antique, et il en a fait la véritable perle du Rhin. Aussi, pendant chaque été, vient-il passer quelques jours à Stolzenfels. Les salles y sont véritablement royales, et les galeries d'une splendeur d'autant plus merveilleuse, que le roi de Prusse y a entassé un nombre infini d'objets d'art, des antiquités, des armes rares. Je cite particulièrement comme une curiosité la salle des Chevaliers, car, chers lecteurs, pour visiter une résidence aussi artistique, je ne puis vous en donner le détail : mais je vous avouerai que ce qui me charma le plus, ce fut l'incomparable paysage que l'on a sur le Rhin, des fenêtres et des terrasses de

Sotlzenfels. Le Kœnigsthul, ses noyers, sa chapelle, sont bien une page historique de l'album qui s'ouvre là sous vos yeux, mais l'immensité des sites, les mille accidents de sol et de paysages qui en diversifient la poésie, les profondeurs de la vallée que sillonne le fleuve, les perspectives splendidement éclairées ici, là plongées dans un délicieux clair-obscur, tout y est ravissant et sublime.

Voici bientôt, sur la même rive gauche, la redoutable forteresse prussienne d'Ehrenbreistein, la clef de l'Allemagne ; et, sur la rive droite, au confluent de la Moselle et du Rhin, la ville de Coblentz.

Le vapeur s'arrête ; permettez-moi d'en descendre.

COBLENTZ, PROMENADE DE JOUR, PROMENADE DE NUIT. — EMS ET SES BAINS. — L'ILE DE NIEDEWERTZ. — WEISSENTHURM. — NEW ED. — ANDERNACH. — REMAGEN. — ROLANDSEK. — LES SEPT-MONTAGNES. — COLOGNE ET DEUTZ. — CURIOSITÉS DE COLOGNE.

Coblentz ne signifie autre chose que confluent, et les Romains nommaient cette ville Confluentes.

L'infatigable Drusus ne pouvait avoir oublié de construire un castellum à Confluentes ; aussi l'éleva-t-il d'autant plus formidable, que cette citadelle devait défendre le confluent des deux grands cours d'eau, la Moselle et le Rhin.

Cette puissante forteresse romaine est remplacée aujourd'hui par Ehrenbreistein.

De très nombreux souvenirs se rattachent à Coblentz.

Ainsi, à l'époque de la conquête des Gaules, Jules César y fit passer son armée sur un pont de bateaux.

Les rois d'Austrasie appelèrent cette ville Conphunci, et ils y construisirent un palais qui, plus tard, servit de résidence aux empereurs d'Allemagne.

Un grand concile, auquel assistèrent trois rois et onze évêques, fut tenu, en 816, dans l'église collégiale.

Charles-le-Chauve y fit la paix avec Louis-le-Germanique en 860.

Les Normands, dans leurs déprédations en Europe, n'allèrent

pas plus loin que Coblentz, qui toutefois ne fut pas épargnée.

Coblentz appartint tantôt à la France, tantôt à l'Allemagne, jusqu'en 1018 ; puis elle devint la possession de l'archevêque de Trèves, Pappo, qui l'éleva au rang de ville épiscopale.

Elle ne fut entourée de murailles qu'en 1252. Mais alors elle subit des sièges qui la réduisirent à la dernière extrémité. Les Suédois l'attaquèrent en 1632 ; puis les Français la prirent, et ensuite les Impériaux, en 1636. C'était alors la guerre de Trente-Ans, et toute cette partie de l'Allemagne avait à souffrir de cette guerre.

En 1688, Louis XIV en personne l'attaque de nouveau. Boufflers commande les troupes françaises et Vauban assiste le roi. La pauvre cité est cruellement bombardée, mais elle résiste avec courage.

Le prince Clément la relève de ses ruines en 1779 ; elle n'est bientôt plus reconnaissable, tant on la décore avec élégance. On change même son nom en celui de Clémenstadt, et on nomme Altastadt la vieille cité, et Newstadt la nouvelle ville : mais peine inutile, Clémenstadt reste toujours Coblentz, et nul au monde ne la désigne autrement, nonobstant les édits.

Vous vous rappelez qu'à l'époque de la Révolution française, Coblentz devint le point de réunion de toute la noblesse de France, qui s'éloigne de la patrie livrée à la violence des tyrans qui la déchirent : aussi est-elle vigoureusement attaquée par notre jeune et habile général Marceau, qui s'en empare après quelques heures de siège.

En 1814, Coblentz, appartenant à la France, devint le chef-lieu du département de Rhin-et-Moselle.

Mais, en 1815, elle fut rendue à la Prusse.

La vieille cité, malgré quelques rues fort irrégulières et qui attestent leur antiquité par de vénérables maisons aux façades grimaçantes et aux rides éparses, ne laisse pas d'offrir un coup d'œil qui plaît aux regards. Il est une des artères principales qui est pleine de mouvement et de vie : c'est la grande voie qui, partant du Rhin, va joindre le pont très curieux qui chevauche sur la Moselle ! Ce pont fut bâti par l'archevêque Baudouin, en 1343 : c'est vous dire qu'il est très vieux ; mais comme il se compose de quatorze arches, il offre un certain caractère, malgré son étroitesse. Le touriste qui se place au centre même de ce pont jouit d'un des plus magnifiques aspects que le Rhin, vu à distance, puisse présenter aux curieux.

Le monument le plus remarquable de la ville est, après ce pont très pittoresque, la cathédrale, placée sous l'invocation de saint Castor. Elle fait l'ornement de la place de ce nom. Elle remonte au ixe siècle, et cette date est une recommandation en sa faveur. Le portail seul est de 1803.

Elle est élevée sur un soubassement auquel conduisent sept marches spacieuses ; et à peine a-t-on pénétré dans l'intérieur du vieil édifice, qu'on subit l'impression de sa majesté.

La voûte est supportée par des colonnes de style corinthien. De riches peintures décorent les murailles, et quantité d'œuvres d'art ajoutent à la richesse de cette belle basilique.

C'est, ici, le mausolée de sainte Rizza, petite-fille de Louis-le-Dévot.

C'est, là, le tombeau de l'archevêque Cuno de Falkenstein, et, plus loin, celui de Werner de Kœnigstein.

Des souvenirs historiques planent dans l'espace, sous ces magnifiques lambris qui ont vu passer tant de générations.

Ainsi, c'est dans cette enceinte que l'empereur Henri IV voulut bien accorder un pardon généreux à un fils rebelle ;

Que Louis de Bavière reçut le serment d'hommage que lui firent les princes de l'empire ;

Et que saint Bernard entonna un *Te Deum* après avoir prêché la croisade dans le cimetière voisin de la cathédrale, que tout voyageur visite curieusement en mémoire de ce fait.

Dans l'ancien château archiépiscopal, on admire un fort bel escalier en spirale. Malheureusement on n'obtient l'entrée de ce palais que très difficilement, attendu que le xixe siècle, tout à l'industrie, en a fait un établissement commercial où les jets de vapeur remplacent les foudres des anciens prélats.

Je pourrais vous signaler l'église des Jésuites, qui mérite l'attention de l'artiste, à cause de la fusion des styles gothique et néo-italien qui la composent.

Le palais électoral, construit sous le gouvernement de Clément Venassas, et qui fut le refuge, en 1792, des comtes de

Provence et d'Artois, devenus plus tard notre Louis XVIII et Charles X ; la chapelle est décorée de fresques splendides.

Enfin, le palais de l'ordre Teutonique ; le tribunal des Echevins et la halle des Marchands : mais, je préfère m'en tenir là pour Coblentz.

Et puis, ne devons-nous pas un regard à la nouvelle ville ?

On y arrive par une voie opulente, très animée, véritable mosaïque de têtes vives et rieuses, de toilettes tapageuses, et toute bordée de fort beaux magasins. C'est la rue de la Paix de Coblentz, et on peut s'y croire un moment à Paris.

A l'extrémité de cette rue splendide, en tournant à gauche, on se trouve sur une vaste place vraiment royale, plantée d'arbres touffus, capitonnée de gazons, et bordée de magnifiques hôtels, de casernes et d'édifices de toutes sortes. C'est la place du Château. On y fait de la musique ; les promeneurs se coudoient ; on y boit de la bière allemande en telle quantité, que l'on pourrait croire que le Rhin en approvisionne les innombrables brasseries de Coblentz.

Comme cette place occupe un point culminant sur la rive droite du fleuve, l'œil s'égare au-dessus du Rhin qu'il franchit pour aller tomber sur la rive gauche en plein sur les formidables remparts d'Ehrenbreisicin, dont je vous ai déjà parlé. En face de ce colosse de granit, aidé par les souvenirs historiques qui s'y rattachent, on se rappelle que ce rocher fut tout d'abord l'assise d'un burg gaulois; puis un castellum, sous les Romains ; ensuite l'Irmstein, aux jours du moyen-âge, et enfin de nos jours la forteresse d Ehrenbreistein. C'est une véritable masse titanique que cette citadelle, qui domine le Rhin de huit cents pieds, et que.... nos soldats français ont trouvée imprenable !

C'est très rare que les Français trouvent une ville, une redoute, un citadelle imprenable... Mais cela eut lieu cette fois. Et cependant Ehrenbreistein était entouré par 40,000 de nos meilleurs soldats. C'était à l'époque de la guerre avec la Suède.

Plus tard, en 1795, le général républicain Marceau l'assiégea durant un mois : mais il ne put davantage s'en emparer. Et pourtant il avait pris Coblentz en quelques heures! mais à Ehrenbreistein, ce n'étaient pas les Prussiens qu'il fallait vaincre, c'était la nature, c'était le granit.... Or, luttez donc contre les œuvres de Dieu !...

A propos du jeune et vaillant Marceau, disons tout de suite que ce fut à Coblentz qu'il perdit la vie, enseveli dans le triomphe.... Aussi plaça-t-on son tombeau, composé d'une pyramide, à gauche de la route, en quittant le pont de la Moselle. On y lit cette inscription : « Ici repose Marceau, né à Chartres, » soldat à seize ans, général à vingt-deux. Il mourut en com- » battant pour sa patrie, le dernier jour de l'an IV de la Répu- » blique française. Qui que tu sois, ami ou ennemi de ce » jeune héros, respecte ses cendres. »

J'en ai dit assez sur Coblentz.

Traversons maintenant le Rhin, sur le pont de bateaux qui le couvre, passons à travers les plus charmants paysages, enfonçons-nous dans une profonde vallée que couronnent des pics sourcilleux, eux aussi, portant des castels en ruines, des manoirs pittoresques et des lambeaux de pages de l'histoire de l'humanité.

Voici la rivière de la Lahn, charriant un minerai qui teint les eaux d'une forte couleur de rouille. Aussi entend-on retentir le marteau de forges et de hauts-fourneaux. La métallurgie règne en souveraine maîtresse dans cette contrée nouvelle.

Apparition d'une ville assise en coquette qu'elle est au pied ombragé de collines abruptes. Assurément c'est une ville de bains, car voici de nombreuses jeunes femmes qui vont puiser une nouvelle vie et la guérison de leurs pâles couleurs ou de leurs gastrites aux sources ferrugineuses du coteau : voici des messieurs qui cherchent aux mêmes eaux le remède à leur goutte ou à leurs rhumatismes. Il n'est pas jusqu'à des chevaux et des mulets que l'on attache dans le lit de la rivière pour y prendre le rétablissement de leurs forces.

Nous sommes à Ems.

Délicieux séjour que celui de Ems, quand on ne le voit qu'à la surface, quand on ne considère que la magnifique nature et les sites admirables qui l'entourent ; mais autre enfer, aussi terrible que celui de Bade, de Hombourg et d'ailleurs, quand on sait qu'il y a des jeux, et quand on trouve que ces jeux font, comme partout, la ruine des niais qui vont y porter leur fortune et y compromettre leur bonheur.

Il s'agit actuellement de reprendre le Rhin, pour achever d'en connaître les curiosités, jusqu'à Cologne, point précis où nous ferons notre entrée dans les Pays-Bas. Alors nous dirons adieu à ce volume pour en commencer un autre, qui aura pou titre HOLLANDE ET BELGIQUE.

Donc voici déjà l'île Niederwertz.

N'est-ce pas une ravissante solitude que cette île bercée par le remous de la vague, entourée de verdure, toujours solitaire, et voyant passer, comme une image de la vie, steamers et nacelles qui s'approchent et qui fuient, pour disparaître ? Aussi ne suis-je nullement étonné qu'on y ait édifié un monastère, pour y abriter ceux qui voudraient vivre de la vie contemplative. Elle doit être charmante et pleine de poésie, dans cette thébaïde.

Après un vieux mur, qui a nom mur d'Engers, et qui est évidemment de construction romaine, et un vénérable manoir, le manoir d'Engers, on touche à un banc de sable qui signale l'endroit où César passa le Rhin jadis, et où, dans les temps modernes, le général Hoche le traversa lui aussi.

Le souvenir des Français vaut bien celui des Romains.

Voici Weissenthurm, ou la Tour Blanche. C'est là que meurt ce même général Hoche, comme Marceau, enlevé à la fleur de l'âge, mais par le poison d'un rival, lui ! « Au général Hoche, l'armée de Sambre-et-Meuse ! » lit-on sur le socle du monument funèbre élevé en l'honneur de ce généreux fils de Versailles.

Apparaît Newied, le plus délicieux des sites qu'offre le Rhin. Rien de gracieux comme les collines qui l'entourent ; rien de poétique comme le nid donné par la nature aux maisons blanches, à l'église de l'établissement des Frères Moraves, à tout ce qui compose le beau Newied.

Vient Andernach, déjà remarquable en 359, sous le nom d'*Antonacum*. Elle posséda un des cinquante castels de Drusus, que bientôt fit tomber le batave Civilis, dont le *tumultus gallicus* fut si terrible, sous le règne de Galba, que Rome en trembla.

Andernach, merveilleuse cité s'élevant avec un sourire parmi les fleurs qui bordent le Rhin et qu'entoure une enceinte de montagnes de noir basalte qui en font ressortir le frais aspect, fut jadis une ville frontière de l'empire romain et devint le quartier général d'un préfet militaire.

Les rois d'Austrasie y habitèrent un palais dont Sigebert fut le dernier possesseur.

Certaines chroniques d'Andernach prétendent que l'on pouvait pêcher dans le Rhin des terrasses de ce palais austrasien. Il est présumable que le fleuve s'est quelque peu éloigné, car les ruines du palais de Sigebert sont à peu près à quinze mètres du fleuve.

Andernach, comme Newied, possède beaucoup d'antiquités romaines. Je signale notamment des thermes qui appartiennent aux constructions de l'hôtel-de-ville.

Passons tour à tour devant les ruines du burg d'Hammerstein, où le pape Grégoire VII fut enfermé;

Le lac de Luach, qui semble occuper le cratère d'un ancien volcan, ce qui n'étonne nullement, attendu que cette contrée est essentiellement volcanique;

Les vieux châteaux d'Osbruck et de Landskron, dont les hauts bastions plongent leurs têtes dans les nuages;

Sinzig, au confluent de l'Ahr et du Rhin, dont la vieille église possède une momie trouvée dans ses cryptes;

Le rocher de Hummelsberg, qui domine le fleuve de six cents pieds;

De la cité, romaine encore, comme à ses plus beaux jours d'autrefois, de Remagen, l'antique *Rigomagum*, riche en débris du vieux temps, et possédant une église du XIe siècle;

Okkentels, tout fier encore du colosse de ses ruines amoncelées;

Les colonnes de basalte, dressées par la nature, et émergeant du sein de la terre, appelées Unkelstein;

L'île de Nonnenwertz, d'origine volcanique, et qui porte un hameau noyé dans la verdure;

Rolandsek, fondé par Roland, selon la croyance populaire, taillé sur la pointe d'une montagne, et détruit par Charles-le-Téméraire;

Puis Drachenfels, en face de Rolandsek, sur l'autre rive du fleuve, et dont le nom signifie Rocher du Dragon. Le rocher qui le porte est en effet élevé de deux cent soixante-treize mètres au-dessus du Rhin. Et comme il possède une caverne nommée Dombruch, les légendes y ont placé le dragon, tué par Siegfried, dans le chant des Niebelungen, dont je vous ai parlé en traitant de Worms.

Depuis longtemps déjà le Rhin coule plus librement. Ses rives se sont élargies, d'immenses horizons se sont ouverts, et des paysages lointains apparaissent aux flancs des collines et des montagnes. Les sites les plus enchanteurs ne se voient plus qu'à distance. C'est ainsi que l'on découvre dans une brume euâtre la chaîne des Sept-Montagnes, dont le Drachenfels fait partie, et c'est une des plus gracieuses perspectives que l'on puisse imaginer. Des ruines dessinent leurs profils pittoresques sur presque toutes les crêtes de ses éminences. En donner le détail, avec leurs noms et leurs légendes, serait impossible et me forcerait à agrandir le cadre de cet ouvrage.

J'aime mieux arrêter un moment votre attention sur la belle ville de Bonn, que nous signalent bientôt les deux hauts clochers aigus de sa riche cathédrale.

Bonn n'est autre que l'antique *Ara Ubiorum* souvent citée par les auteurs romains. On la nomma jadis Bonna, puis *Bonnensia castra,* car la 16ᵉ légion romaine campa longtemps sous ses murs.

Cette ville fut appuyée par une des cinquante forteresses élevées par Drusus, qui couvrit le fleuve d'un pont pour établir une communication facile entre Bonn et Gesonia, de nos jours Gesen, où la légion avait son campement.

Après cent alternatives de splendeurs et de décadence, Bonn, prise, perdue et reprise, par les ennemis de l'Allemagne, finit un jour par appartenir à la France, qui la posséda de 1795 à 1814.

La cité est encore couverte du voile gris des villes de l'antiquité ; mais ce qui la distingue, en lui donnant une élégance toute particulière, ce sont les églises qui en émergent, et surtout les hauts clochers en pierre ajourée de son munster. Le vaisseau lui-même de l'édifice, qui domine les maisons de son voisinage comme un géant surpasse des nains, est du plus bel effet.

Bonn est le dernier endroit qui flatte le regard du voyageur. Depuis cette ville jusqu'à Cologne, le sol devient plat, les paysages sont insignifiants.

On serait même porté à dormir sur le pont du vapeur, car la nuit tombe quand s'achève la navigation, si, tout-à-coup, comme dans un spectacle féerique, l'œil n'était appelé au loin sur d'innombrables fanaux allumés dans l'éther et ruisselants de tous les feux du gaz.

C'est une ville qui annonce ainsi son approche, et cette ville, c'est Dentz, c'est Cologne, le premier simple faubourg de la seconde ; celle-ci placée sur la rive gauche, celui-ci sur la rive droite ; les deux réunis par un pont de pierre, qui a remplacé le pont élevé jadis par César pour joindre *Tuitium*, devenu Duitch, puis Dentz, à la *Colonia Agrippina*, transformée en Cologne.

Avant de vous dire rien de Cologne, plongée du reste dans une profonde obscurité, malgré ses becs de gaz, quand nous y arrivons, laissez-moi vous dire que, descendu à l'hôtel du Rhin, sur la place du Marché-Neuf, avant de me coucher, je mets le nez à la fenêtre, en vrai curieux que je suis.

Or, en cet heureux moment, la lune se levait, mais blanche, pure, admirable globe d'argent qui commençait à faire ruisseler sa lumière sur la ville endormie et ses nombreux monuments. Alors devant moi, sous mes yeux, se développe peu à peu la plus charmante apparition.

C'est la fameuse cathédrale de Cologne, inachevée sans doute, mais déjà merveilleuse à contempler. Elle s'élance du fouillis de mille maisons basses, dont les toits sinueux simulent les innombrables carapaces de léviathans endormis autour d'un rocher gigantesque. De son incomparable masse surgissent, comme une armée rangée en bataille, des aiguilles, des clochetons, des pyramides, des statues. Puis, à son extrémité, semble se balancer au vent comme une aigrette sur le casque d'un guerrier. Cette aigrette formidable n'est autre que la grue qui attend la main de l'ouvrier pour monter au sommet de l'édifice les pierres dont il a besoin.

Le lendemain, au point du jour, je reprenais mon poste à la fenêtre, et mon rôle d'observateur continuait.

Mais alors ce n'étaient plus les aspects fantastiques de la cathédrale qui occupèrent mon esprit ; c'était la physionomie même du marché, sur lequel plongeait mon regard ; c'étaient les autres monuments de la ville, dont je voyais les silhouettes dorées par le lever du soleil, c'étaient les habitants eux-mêmes.

En face de tels spectacles, l'esprit entame volontiers la revue rétrospective du passé. Aussi me disais-je à moi-même :

— Voici donc la fameuse *Colonia Ubiorum*, cette colonie des Ubiens, devenue ensuite la *Colonia Agrippina*, alors que la fille de Germanicus, Julia Agrippina, reçut le jour dans ses murs.

Ces murs ont vu l'empereur Claude, le malencontreux époux de cette peu commode Agrippina, qui donna le jour à Néron et tua le pauvre Claude.

Ce fut ici, dans cette ville de Cologne, que Vitellius, l'insatiable gourmand, se fit proclamer empereur.

Constantin vint y déployer sa gloire, et remplacer le pont en bois de Jules César par un pont en pierres.

Puis les Francs enlevèrent Cologne aux Romains, et Clovis y ceignit la couronne.

Notre roi Pépin y fut sacré, et les Normands y apportèrent le fer et le feu.

Ce fut en 1280 que l'on posa la première pierre de sa cathédrale, qui attend toujours, et attendra peut-être encore longtemps la dernière.

Cologne compta dans son enceinte jusqu'à trois cent soixante-cinq églises, autant que de jours dans l'année : aussi l'appela-t-on la Ville-Sainte. Elle repoussa les doctrines de Luther et de Calvin, et demeura fidèle à la foi catholique.

Elle compte nombre de grands hommes qui lui doivent leur naissance :

Rubens y reçoit le jour, dans une maison dite Jabach, près de l'église Saint-Pierre, en 1575,

Et la même maison Jabach est témoin de la mort de l'infortunée Marie de Médicis, jadis reine de France ;

Adam Schule, un illustre mathématicien, naît aussi à Cologne ;

Et puis le poète Vondel ;

Et Caxton, qui imprimait ses œuvres de ses propres mains.

Je l'ai dit : la cathédrale de Cologne est entourée d'un dédale de masures, de monceaux de ruines. Le dehors est encore trop imparfait pour qu'on puisse en dire les beautés futures, que l'on devine du reste. Mais l'intérieur est déjà d'un effet saisissant. On croit entrer dans une forêt pétrifiée, tant il y a de colonnes, de pilastres, de retombées de voûtes, de nombreux arceaux, de magnificences architecturales. Les vitraux sont en place depuis longtemps déjà, et ils répandent par torrents leurs feux de toutes couleurs sur cette forêt magique. Ajoutons que l'église est en fête : l'encens fume et ses nuages voltigent sous les voûtes sublimes ; l'orgue soupire ses plus suaves mélodies ; les chants des enfants de chœur s'élèvent vers les cieux et vont porter au Très-Haut les hommages de la terre. Toute cette théorie de splendeurs est inimaginable, disposée dans l'immensité de l'édifice, et cependant de l'église on ne possède encore qu'une moitié imparfaite... Que sera-ce donc un jour ?

Ce splendide munster, qui compte cent soixante-quatorze mètres de longueur, et cinquante-quatre de largeur, mesure de son élévation, a pour objet principal conviant la piété des fidèles, le tombeau des trois Mages.

Je n'ai pas besoin de raconter ici l'histoire des Mages, qui vinrent de l'Orient adorer l'enfant Jésus, à Bethléem.

Comment les reliques de ces Mages sont-elles arrivées à Cologne, pour y recevoir les hommages des chrétiens ? c'est ce que je ne saurais dire.

Donc, je me dirige vers l'extrémité de l'église, où se trouvent ces reliques, dans une chapelle qui n'est autre qu'une vaste chambre, au centre de laquelle se dresse un reliquaire byzantin de la plus belle forme, dans le métal précieux duquel (il est en or) sont sertis des diamants, des perles, des pierres précieuses de toutes sortes, pour une valeur que l'on prétend s'élever à plus de six millions.

Les portes de ce reliquaire une fois ouvertes sur la demande du fidèle, une inscription toute en diamants éblouit aussitôt le regard, et on lit les trois noms des Mages, Gaspard, Melchior, Balthazar. Trois lampes d'or brûlent au-dessus des trois ouvertures dans lesquelles apparaissent trois têtes. Ce sont les restes des trois Mages.

Au pied du reliquaire, et devant ces trois reliques, une plaque de bronze signale l'endroit où venait s'agenouiller notre exilée de France, Marie de Médicis, quand elle venait invoquer les trois adorateurs du Christ enfant.

La cathédrale de Cologne possède un trésor ; c'est ainsi que l'on nomme les richesses artistiques ou les souvenirs historiques dont une église est en possession. Je vous signalerai :

Un christ du viiie siècle ;

Un ostensoir du xve ;

Une mitre et une crosse du xe et du viie, qui montrent la différence de celles que l'usage a introduites dans le culte catholique ;

Un splendide reliquaire de saint Engelbert ;

Une épée de justice qui doit remonter à une haute antiquité;

Et enfin une foule d'objets, rares et précieux, dont l'énumération nous conduirait trop loin.

Bâtie sur la rive gauche du Rhin, Cologne affecte la forme d'un croissant, résultat de l'amphithéâtre qui la porte et qui a lui-même cette figure. Les rues de la vieille *Colonia Agrippina* sont sinueuses, sombres, généralement tristes. Il y a pour l'œil qui plonge dans l'intérieur des maisons quelque chose de sinistre dans l'humidité des allées, l'étroitesse des escaliers et la physionomie des cours. Mais ce qui rachète amplement ces aspects lugubres, ce sont les nombreux spécimens des restes du moyen-âge. A chaque pas, on se trouve arrêté par une demeure antique à haut pignon aigu, à façade dentelée, à capricieuses décorations, arabesques, ciselures, dentelles, toutes choses ouvragées dans la pierre avec un art infini.

Je vous recommande de visiter l'église de Saint-Gérion, fondée, dit-on, par l'impératrice Hélène, en 320 ;

L'église de Sainte-Ursule et des onze mille vierges qui la suivirent dans son pèlerinage ;

Celle de Sainte-Marie, élevée sur les substructions du capitole de la cité, quand elle cessa d'être romaine ;

La maison Jabach, dont je vous ai déjà dit quelques mots ;

L'hôtel-de-ville et son beffroi, curieux travail des temps anciens ;

Le musée Wallraff, où l'on conserve précieusement une quantité de débris romains, d'armures, etc.

Sur ce, je m'abstiens de rien ajouter sur Cologne.

Notre travail sur les sites pittoresques, les beautés splendides et les curiosités des bords du Rhin serait incomplet, si nous ne traitions de certaines contrées accessoires, car elles se rattachent au grand fleuve et en sont comme les ramifications.

Aux nombreux touristes qui ont visité ces bords heureux, je puis bien demander s'ils connaissent de plus poétiques régions, des paysages plus charmants et des souvenirs plus grandioses que ceux que l'on rencontre à chaque pas? N'est-ce pas un véritable Eden que ce Rhingau, si justement surnommé le jardin de l'Allemagne? Où trouver une nature plus riche et plus variée que toute cette ligne gracieuse de territoire qui s'étend de Mayence jusqu'à Bingen? Ici, des prairies parsemées de villages; là, le merveilleux Taunus, cette chaine de montagnes que les naturalistes, les antiquaires, les poètes devraient tous aller parcourir. Je voudrais y envoyer tous ceux qui aiment à vivre!

Au moins m'est-il permis de peindre ici les magnificences de ces contrées, et c'est particulièrement du Taunus dont je fais choix. Là, les tableaux les plus admirables attendent le visiteur, comme aussi les plus grands souvenirs, car tous les sommets du Taunus parlent de la gloire romaine et des exploits de l'antique chevalerie.

Donc, amis lecteurs, permettez-moi de mettre sous vos yeux quelques-unes des perspectives de ce cher et beau Taunus.

Les bras du Taunus s'allongent sur les rives du Rhin, du Mein à la Lahn.

A sa naissance, à quatre lieues de Francfort, il offre déjà des points fort élevés. Le Feldberg est le premier qui se présente, et j'aime à le citer ici, parce que j'y ai contemplé, du point culminant de cette montagne, un des plus ravissants spectacles dont l'homme puisse jouir, le lever du soleil. Le lever du soleil impressionne toujours la créature qui pense, parce qu'il la met en présence pour ainsi dire du créateur des mondes.

Je m'y étais rendu en nombreuse compagnie, comme cela m'arriva aussi au Righi, en Suisse. Il y avait même plusieurs jolies femmes, bien frêles et bien délicates, qui ne craignirent pas de gravir le Feldberg pour se donner la jouissance d'un spectacle divin, au risque de passer la nuit dans une assez mauvaise auberge, située sur le penchant de la montagne.

Vous dire avec quelle ivresse, avec quel enthousiasme nous saluâmes l'astre du jour serait impossible. Il est de ces choses qui ne peuvent se raconter : pour les comprendre, il faut les voir.

Les Romains ont laissé sur le Taunus d'impérissables traces de leur passage.

On y voit entre autres une chaussée appelée la Platerstrass, qui conduit de Sarrebourg à Hœdernhein, où Trajan avait fait construire un camp. Elle est coupée, sur plusieurs points, par un fossé assez profond, allant du Rhin au Danube, et qui est aussi un ouvrage des Romains. Tout le long de cette immense chaussée, comme le long du Taunus, pour peu que l'on fouille le sol, on peut trouver encore des médailles antiques, des urnes curieuses, des poteries, des statuettes, des armes, etc.; l'amateur de ces souvenirs des vieux temps peut y faire une abondante moisson.

Le Taunus possède des mines d'argent. D'après une tradition populaire, ce fut un Romain qui les découvrit le premier, cinquante ans après Jésus-Christ.

Nous allons pénétrer dans ces montagnes par un étroit sentier qui commence près d'Ehrenbreistein, cette forteresse prussienne que je vous ai dite dominer la rive gauche du Rhin, en face et au-dessus de Coblentz.

Après avoir grimpé pendant deux heures, puis descendu, puis escaladé encore les rochers brûlants, on est bientôt dédommagé de ses peines, car peu à peu le sentier s'élargit, et on atteint une vallée dans laquelle se dressent trente à quarante maisons, le long d'une rivière, au milieu d'une double rangée de roches. Cette rivière c'est la Lahn ; ce groupe de maisons, c'est Ems, Ems le plus ancien des bains du Taunus.

Une autre voie, tout aussi pittoresque, celle d'une route charmante qui prend son point de départ au pont de Coblentz, sur le Rhin, conduit à la même ville. J'ai fait cette excursion d'Ems par ces deux chemins, et en vérité je ne saurais lequel recommander de préférence à l'autre, tant ils sont tous les deux pleins de charmes et d'aspects variés et poétiques.

En avant d'Ems se présente tout d'abord un rocher isolé,

qui a nom Baderleg, et dont l'assise penchée semble toujours faire croire qu'il va tomber et ensevelir dans sa chute les curieux trop empressés de s'en approcher. Rien n'est effrayant à voir comme la caverne creusée dans le flanc de ce monstreux géant de granit. Assurément une histoire de voleurs ou d'apparitions fantastiques, racontée d'une voix sourde dans les profondeurs de cette grotte sombre, rendrait pantelants et terrifiés les auditeurs qui consentiraient à prêter l'oreille.

Comme j'ai déjà eu le plaisir de vous conduire à Ems, cher lecteur, et que vous connaissez cette jolie petite ville d'eaux, je m'abstiens de vous en parler davantage, et je continue la visite que je veux vous faire faire aux thermes du Taunus.

A peine a-t-on quitté Ems, que l'on aperçoit dans le lointain les ruines de deux vénérables manoirs :

Le burg Nassau, berceau de la famille régnante des ducs de Nassau ;

Et le burg Stein, assis sur une immense portion de rocher qui jadis se détacha de la masse principale au sommet de laquelle se dresse le premier burg. Le second fut édifié en 1101, et quoique de nombreux siècles aient passé sur ses murs, une de ses tours est encore debout, aussi intacte que si sa construction datait de quelques années seulement.

A mesure que l'on avance, toujours de hautes montagnes rocheuses, toutes crevassées, toujours des vallées profondes, tantôt assombries par d'épaisses forêts, tantôt couvertes de verdure et de fleurs et sillonnées par de frais ruisseaux. Tout-à-coup une petite chapelle, entourée de quelques restes de vieux murs, s'offre aux yeux du touriste. Si c'est un dimanche, on y voit réunis tous les paysans des villages et des fermes d'alentour. Ils attendent debout, devant la porte, l'arrivée du vieux curé qui bientôt s'avance monté sur son âne, distribuant à toutes ces bonnes gens des sourires, des poignées de main et de douces et simples paroles. Autrefois, à la place de ce modeste sanctuaire et sur toute la montagne au pied de laquelle il est bâti, s'étendait le château des comtes d'Arstein. Le comte Ludwig, dernier rejeton de cette antique famille, n'ayant pu trouver le bonheur dans son union avec Juta de Bonneburgh, résolut de se consacrer à la vie religieuse. A cet effet, il transforma le manoir en monastère et y resta enfermé pendant quarante ans avec son chapelain, son intendant et cinq des officiers de sa maison, sous l'habit des moines de saint Norbert.

Peu après, quelques ceps de vigne commencent à se montrer, et donnent aux rochers qui bordent la route un aspect moins monotone. C'est que l'on approche de Geilnau.

Vins du Taurus et eaux minérales de Geilnau permettent de se rafraîchir selon le goût de chacun. Franchement les vins l'emportent sur les eaux : pourtant, je puis vous affirmer que ces dernières, pétillantes et mousseuses comme le meilleur champagne, ne sont pas sans agrément.

Après le joli bourg de Geilnau, la nature redevient bientôt silencieuse et solitaire. Vous suivez alors un sentier qui vous promène, en décrivant mille détours, à travers ce qu'il y a de plus sauvage, et comme vallées et comme bois. Ici, vous vous retrouvez sur les bords de la Lahn, dont les eaux à fleur de rives vous permettent de les toucher ; là, vous vous trouvez transporté sur le sommet d'un rocher presque à pic. C'est bien un peu fatigant, mais on jouit mieux alors du plaisir d'arriver à Fachingen.

Fachingen est célèbre par ses sources. Depuis plus de deux siècles, on y puise continuellement la santé, dans des eaux bienfaisantes et bénies. Plus de six cent mille flacons des eaux de Fachingen sont expédiés, chaque année, dans tous les pays du monde et jusqu'au cap de Bonne-Espérance. Cette eau, sans contredit une des meilleures eaux minérales qui existent, peut se boire pure. Mais mêlée avec du vin sucré ou avec du lait, c'est une des boissons les plus agréables que l'on puisse imaginer.

Non loin de Fachingen on retrouve de fort belles ruines. Ce sont les restes du château de Langenau, sur les bords de la Lahn, et ceux de Laurenberg, au plus haut point d'une montagne très escarpée. On voit ensuite dans toute leur splendeur, comme contraste, deux autres châteaux, dont l'un est habité par la comtesse de Schaumbourg, et l'autre appartient au prince d'Orange.

Enfin le paysage prend un autre aspect. Les rives de la Lahn sont unies et la rivière coule à pleins bords à travers de vastes campagnes parfaitement cultivées. A chaque pas on se trouve en face de fermes, de villages et de hameaux, où le travail actif se produit par un mouvement sans fin et enfante une aisance heureuse.

On arrive alors à la ville de Limbourg, célèbre par ses fromages et la grande quantité de céréales que fournissent ses environs.

C'est à trois lieues plus loin que l'on trouve la source d'eau minérale si connue dans le monde entier sous le nom d'eau de Seltz. Elle s'échappe, en bouillonnant, des flancs d'un monticule et s'avance dans une large vallée qu'arrose la petite rivière d'Ems. Cette source ne fut découverte qu'au commencement du XVIe siècle, et encore s'écoula-t-il bien du temps avant qu'on sût en apprécier l'excellence. Au milieu du siècle dernier, elle n'était affermée que cinq francs ; mais vingt ans plus tard, elle rapportait déjà plus de trente mille francs. De nos jours elle donne à son heureux propriétaire une somme annuelle de plus de cent mille francs.

L'eau de Seltz contient beaucoup de natron, qui favorise la dissolution du fer. Natron est un nom donné par les anciens au sesquicarbonate de soude naturel. Le mélange de cet élément avec le gaz acide carbonique fait qu'on peut boire cette eau dans presque tous les pays. Ainsi elle pénètre jusque dans les Indes. Chaque année on en expédie plus de deux cent millions de cruches.

Quand on n'a pas visité le village de Seltz, on a peine à concevoir qu'une seule source puisse fournir de quoi remplir une telle quantité de récipients, d'autant plus qu'on n'y puise que pendant cinq mois de l'année, depuis le commencement de mars jusqu'à la fin de juillet ; mais il est bon de savoir que cette source est assez large pour pouvoir remplir d'un seul coup de vingt-cinq à cinquante cruches, que l'on place immédiatement dans des paniers à compartiments, semblables à ceux des marchands de vin. Ce sont des femmes qui puisent cette eau de Seltz ; elles sont occupées à ce travail depuis le matin jusqu'à onze heures, et depuis une heure de l'après-midi jusqu'au soir. La source donne vingt litres par minute, et une heure suffit ordinairement pour remplir, boucher et cacheter mille cruches.

L'eau de Seltz, coupée avec du lait d'ânesse, est un des meilleurs remèdes que l'on connaisse contre la phthysie pulmonaire.

Mais partout on ne la boit guère que par goût et pour se désaltérer.

Pour boire de l'eau de Seltz à la source même, dans toute sa pureté, il faut attendre un dimanche ou un jour de fête. Quoiqu'elle soit beaucoup meilleure bue immédiatement en sortant de la source que lorsqu'elle a séjourné dans les cruches, les mouvements occasionnés par le remplissage la tourmentent tellement qu'elle finit, surtout vers le soir, par perdre un peu de sa force spiritueuse. Le dimanche, au contraire, lorsque le repos lui a rendu toutes ses qualités, elle est vraiment délicieuse ; impossible de voir une eau plus pure, plus claire, plus perlée.

Malgré leur supériorité et leur influence salutaire sur les systèmes respiratoire, urinaire et vasculaire, les eaux de Seltz sont très peu fréquentées. On n'y trouve ordinairement que cinq ou six familles, la plupart prussiennes, qui habitent la petite ville de Niederseltors, tout près de la source.

Quittons maintenant la plaine de Limbourg, pour nous enfoncer davantage dans le Taunus et les montagnes de la rive droite du Rhin.

A six lieues de Seltz, au fond d'une vallée longue et étroite, se trouve la petite ville de Schwalbach, nom qui signifie Rivière des Hirondelles, et en effet c'est une station et le séjour d'innombrables oiseaux de cette famille.

Les sources minérales de Schwalbach sont fameuses, et leur renommée y attire un nombreux concours d'étrangers. La plus recherchée est celle qui a nom Weinbrunnen. Son eau a le goût du vin et enivre en effet autant que le champagne, tant elle contient de gaz acide carbonique. Puis vient l'autre source, la Stahlbrunnen, dont le savant Tabernœ Moretanus a parlé le premier, en 1568, pour en vanter les qualités. Après l'eau de Seltz, c'est l'eau de Schwalbach que l'on envoie le plus loin. Chaque année, il s'en expédie plus de cinq cent mille cruches, du Weinbrunnen, et deux cent mille de Stahlbrunnen. Ces eaux, mêlées avec du vin du Rhin, sont excellentes contre les engorgements, maladie si fort à la mode de nos jours.

Schwalbach doit peu de chose à l'art ; mais la nature l'a singulièrement favorisé. On n'y rencontre pas de ces figures tristes, blêmes, allongées par la maigreur, et qui semblent plutôt appartenir à des ombres qu'à des créatures vivantes : tout, au contraire, y respire la joie et la santé. Là, tous les plaisirs sont en commun. C'est ce qui distingue les bains du midi de l'Allemagne de ceux du nord, où l'on observe un peu trop son quant à soi. A Schwalbach tout le monde a l'air de se connaître, grands et petits, nobles et bourgeois. On dirait que les baigneurs ne forment qu'une seule et même famille.

Dans la grande salle des bals et concerts se réunit, chaque soir, une société nombreuse et brillante. Cette salle est séparée de la ville par des promenades charmantes, où à toute heure vous êtes assuré de rencontrer du monde. Certes, lorsque l'on s'en retourne tard dans son logis, on peut avoir besoin de quelque repos; mais le moyen de rentrer déjà ! l'air est si embaumé, la nuit si pure et si belle ! En effet, le clair de lune dans la vallée a quelque chose de si gracieux et de si mélancolique à la fois ! Le passage subit du bruit au silence profond de la nature vous frappe : ce murmure doux et monotone des sources, les longues ombres que les arbres projettent devant eux, le parfum des fleurs, que sais-je ? tout cela vous retient malgré vous. Les petites-maîtresses, les dandys, les vieillards eux-mêmes renvoient leurs équipages, et on veut retourner à pied à la ville.

Depuis plusieurs années les promenades à âne sont à la mode dans les bains du Taunus. Vous ne pouvez sortir sans tomber à tous moments au milieu de nombreuses compagnies chevauchant à qui mieux mieux sur des aliborons plus ou moins rétifs. Les femmes les plus capricieuses et les plus timides ne craignent pas de s'aventurer sur les quadrupèdes à longues oreilles, et rien ne les amuse comme ces braiements dont ils font retentir les échos d'alentour. Chaque jour ils transportent ainsi de nombreuses et joyeuses caravanes, à travers les rochers et les sentiers étroits, soit aux ruines de Hohenstein, soit à celles d'Adolphseck.

Il existe sur ces vieux manoirs bien des légendes. Sur quelles vieilles ruines n'en existe-t-il pas ?

Je me rendais, un jour, en nombreuse société, aux ruines du château d'Adolphseck. Nous étions tous, comme c'est l'usage, montés sur des ânes. Une jeune fille, assez rieuse, mais inconséquente, s'adressant à un homme d'un certain âge, dont les habits et les cheveux étaient de la même couleur que le poil de sa monture, et qui, en outre, aimait à faire parade de son érudition, lui dit :

— Monsieur, ne seriez-vous pas, par hasard, un peu parent de la bête qui vous porte?

Le propos était offensant, je l'avoue, même dans la bouche d'une jeune personne ; mais le bon touriste ne s'en effaroucha point. Il trouva, au contraire, en homme d'esprit qu'il était, le moyen de faire passer pour un hommage rendu à son propre mérite le sot compliment de la jeune fille.

— Mademoiselle, répondit-il en souriant, il y eut à Rome l'illustre famille des *Asini*, qui jouissait d'une très grande considération. Autrefois les grands hommes étaient très flattés de s'entendre comparer à des ânes, tout comme ils le sont aujourd'hui de s'entendre comparer à des aigles. L'histoire nous rapporte que les membres de la tribu d'Issachar ne se crurent pas outragés parce que le patriarche Jacob, leur père, leur avait appliqué l'épithète d'ânes. Samson était plus fier de sa mâchoire d'âne que nos généraux ne le sont de leurs épées d'honneur. Les Indiens croient que les âmes de leurs chefs vont, après la mort de ceux-là, habiter les corps des beaux ânes de Madura. Et l'âne de Balaam, qui, frappé par son maître, lui dit : « Comment ! je t'ai porté si longtemps, et tu me bats ?... » n'a-t-il pas résumé dans ce peu de mots toute l'histoire des peuples et des gouvernants? On prétend que l'âne a peur quand il voit l'ombre de ses grandes oreilles : cela prouve qu'il sait reconnaître ses propres défauts. Il y a tant de gens qui ont de longues oreilles et qui, par malheur pour eux, ne s'en doutent pas !

Cette apologie de l'âne menaçait de se prolonger indéfiniment, et nous souffrions tous pour l'imprudente jeune fille qui, de plus en plus confuse, n'osait lever les yeux sur son interlocuteur. Mais, par fortune pour son triste état et pour nous-mêmes, la caravane venait de faire halte ; et, une fois descendus de nos ânes, nous les oubliâmes tous, voire même notre vieil érudit, pour ne plus nous occuper que des ruines d'Adolphseck.

Je ne vous ferai point la description de cette antique demeure que fit construire le comte Adolphe de Nassau pour son épouse, qu'il sut prendre dans un monastère où on avait dû le panser et le guérir de nombreuses blessures. Nous y arrivions par un chemin bordé de hautes parois de rochers dans lesquels il est creusé, et à travers une étroite et ombreuse vallée. Il est entouré de fossés également creusés dans le roc vif. L'empereur Albert d'Autriche, ennemi d'Adolphe de Nassau, le fit démolir en 1302, mais plus tard il fut reconstruit. En 1695, le nouveau château était encore habitable, mais actuellement ce n'est plus qu'un monceau de ruines fort pittoresques. On y voit encore un jardin nommé Milchsat, qui offre aux visiteurs un repos tranquille et riant. Donc, je ne vous ferai point la description d'Adolphseck, mais je vous en raconterai la légende, qui me fut dite, sous un chêne millénaire, par la voix chevrotante d'une vieille femme qui en habite la seule tour debout.

L'empereur Adolphe de Nassau étant en guerre avec le roi de France, qui cherchait à mettre la division dans l'empire d'Allemagne pour profiter de ses dépouilles, et marchant contre l'Alsace à la tête d'une armée pour attaquer l'évêque de Strasbourg, qui tenait pour la France, fut blessé dans une escarmouche et porté dans un monastère. Les saintes filles lui prodiguèrent les soins les plus charitables, mais aucune ne le fit avec plus de zèle qu'une jeune étrangère, laissée dans ce couvent par des voyageurs, et qui souvent passa les nuits à veiller sur le moribond.

Cette jeune fille se nommait Imagine ; elle disait appartenir à une famille des Vosges, mais n'avoir connu ni son père ni sa mère. Elle se rappelait seulement qu'elle était née dans un palais, et que, petite enfant, on la promenait souvent dans des jardins somptueux.

Adolphe échappa à la mort, et une fois guéri, pour récompenser sa garde-malade, qu'il avait prise en affection, saisissant un jour sa main blanche et fluette, il lui dit :

— Ma belle enfant, vous m'avez rendu la vie, je vous la dois désormais et je veux vous la consacrer. Vous serez bientôt ma femme, et alors vous deviendrez impératrice, car je suis Adolphe de Nassau, empereur d'Allemagne.

La jeune fille rougit et se retira sans mot dire.

L'empereur s'attendait à la revoir, le soir même, comme à l'ordinaire ; mais il vint une autre garde-malade à sa place, et le prince fut instruit qu'Imagine était indisposée. Il devint alors sombre et triste. Trois jours entiers, Adolphe fut plongé dans les plus sinistres réflexions, et certainement sa guérison n'allait plus s'achever lorsque, le soir du quatrième jour, alors que tout reposait dans le monastère, la porte de sa cellule s'ouvrit lentement et sans bruit, et il vit paraître la belle Imagine, un flambeau dans la main.

— Sire, lui dit-elle, l'évêque de Strasbourg vous tend des embûches et prétend vous faire enlever de ce couvent, cette nuit même. Mais je veux vous soustraire à sa colère, et je viens pour vous guider par un chemin sûr, afin de favoriser votre évasion. La petite porte de l'extrémité du jardin de ce monastère ouvre sur un bois d'où un sentier mène jusqu'au Rhin, que vous pouvez gagner en une demi-heure. Un bateau de pêcheur vous transportera sur la rive opposée. Voici la clef de cette porte isolée....

Adolphe remercie Imagine, et il accepte l'offre qu'elle lui fait. Il envoie son unique valet, porteur d'ordres secrets, à Pfirt et à Bergheim, deux de ses officiers commandant ses troupes, et alors, seul avec une fidèle levrette qui ne l'a point quitté depuis qu'il est malade, il suit Imagine jusqu'à la porte qui ouvre sur la forêt.

Là Imagine veut se retirer et rentrer dans le monastère, mais Adolphe, qui a pris la main de la jeune fille pour être mieux guidé dans les ténèbres, exige qu'elle l'accompagne jusqu'aux bords du Rhin. Ils y trouvent bientôt en effet la hutte d'un pêcheur, et, à l'aide de sa barque, ils traversent le fleuve, le prince n'ayant pas consenti à laisser Imagine reprendre le chemin du cloître.

Quelque temps après, le château d'Adolphseck était construit par les ordres de l'empereur au sommet des montagnes rocheuses qui bordent l'Aar, près de Schwalbach. Le nouveau manoir devient la résidence d'Imagine, en attendant le jour du mariage qui doit faire une impératrice de la belle jeune fille.

Mais en ce temps-là Albert d'Autriche aspirait à l'empire, et, à l'aide des intrigues d'Eppstein, de Mayence, cousin germain d'Adolphe de Nassau mais son ennemi déclaré, il se mit en guerre contre le futur époux d'Imagine et lui disputa la couronne.

Imagine ne peut consentir à se séparer de l'empereur : elle le suit à la guerre, sous les vêtements d'un chevalier. Mais après les premiers faits d'armes, Adolphe exige que sa jeune femme s'enferme dans le couvent de Rosenthal, près de Worms. Là elle attend dans les larmes l'issue d'un combat terrible qui qui va s'engager, dans les environs, entre les armées des deux compétiteurs.

Hélas! le vaillant empereur d'Allemagne, Adolphe de Nassau, emporté par sa bouillante valeur, tombe percé de coups, et laisse ainsi la victoire couronner l'audace de son fougueux rival. C'était en 1298.

Imagine inquiète, agitée de noirs pressentiments, a passé tout le jour à pleurer, à prier, prosternée dans la partie la plus sombre de l'église la plus proche. La nuit tombe déjà qu'elle n'a pas encore reçu de nouvelles qui puissent la rassurer sur le sort de son époux. Bientôt la lune chasse les premières ténèbres; le calme se fait grand et profond, et le silence règne au loin. Tout-à-coup arrive la levrette, compagne inséparable du brave Adolphe de Nassau. Le bel animal pousse des gémissements à la porte du sanctuaire, elle pénètre, elle tire la robe de la triste Imagine, pour appeler son attention, et par un manége intelligent cherche à lui faire comprendre de la suivre. A cette vue Imagine s'effraie davantage encore. Cependant faisant un effort surhumain, elle suit la levrette qui la devance et la conduit sur le champ de bataille.... Là, bientôt hélas! elle est en présence des restes inanimés du malheureux empereur.... Les feux mal éteints du bivouac laissent entrevoir et reconnaître les traits pâles et doux encore du monarque endormi dans la mort ; on reconnaît les boucles flottantes de ses longs cheveux ; on distingue les blessures de sa poitrine ; on voit le sang dont est couvert le cadavre royal.

En présence de cette horrible vision, Imagine se roule, dans son désespoir, au pied de celui qui fut son mari, et pendant un long temps elle est prête à rendre l'âme sur le sein de son bien-aimé, afin d'aller le rejoindre dans un monde meilleur.

Enfin, arrachée aux sinistres embrassements du trépas, la veuve affligée fait inhumer son époux à Rosenthal. Puis, ne pouvant plus ni boire ni manger pour prolonger sa vie, un matin on la trouve couchée sur le tombeau d'Adolphe de Nassau. Elle y était morte de douleur.

Albert d'Autriche poursuivit ses avantages. On raconte qu'il ne fut pas encore apaisé par la mort de son adversaire. Il ruina jusqu'au château d'Adolphseck, sur les décombres duquel le voyageur ne porte pas ses regards sans une très vive émotion.

En suivant la vallée de Schwalbach, après une heure de marche, on arrive à Schalangenbach, mot qui signifie Bains des serpents. On y rencontre en effet un grand nombre de ces reptiles. Heureusement ils ne sont dangereux en aucune façon.

Schalangenbach se compose de trois grands bâtiments qu'on prendrait volontiers pour une vieille abbaye, et où chaque pas que l'on fait produit un écho. La vallée est étroite et très sombre ; les hautes montagnes dont elle est ceinte, et la petite rivière qui la traverse, y entretiennent une fraîcheur continuelle. Les eaux de Schalangenbach, comme celles de notre Plombières, ont la propriété d'adoucir la peau.

De Schalangenbach on n'a plus que deux lieues et demie pour être à Wiesbade, dont le nom veut dire Bains de la prairie. Le chemin s'élève sur le dos du Hohe-Wurzel. Au pied de cette montagne s'étend une belle et fertile vallée, où le Rhin, après être sorti de la Forêt-Noire, vient recevoir les eaux du Mein. En face de vous est Mayence, avec ses fortes murailles et ses nombreux clochers. Devant la ville, sur le fleuve, se balance une forêt de mâts. Plus loin, le Donnersberg va perdre sa tête dans les nues. A votre droite, vous apercevez une foule de jolis villages, tous célèbres par leur vin. A gauche, la vallée du Mein, qui longe le Taunus. Enfin, tout au fond du tableau, se dessine, comme un nuage fantastique, la ville de Francfort. Au pied de la montagne, dans une charmante prairie apparaît Wiesbade, qui semble se cacher sous les monticules, pour surprendre tout-à-coup le voyageur qui la cherche.

La ville de Wiesbade, dont les eaux sont si renommées, fut fondée, un siècle avant l'ère chrétienne, par les Mattiaques, petit peuple de la Germanie. Sous la domination romaine,

Drusus y fit construire des bains et un fort dont on voit encore aujourd'hui quelques ruines. Ces bains, parfaitement conservés, sont en pierres de taille et en briques. On y lit le nom de la xxiie légion romaine. Ils ont neuf pieds de long sur dix de large, et cinq de profondeur. Presque tous les ans, on découvre de nouvelles traces du séjour des Romains dans cette contrée. Ce sont des monnaies, des urnes, des tombeaux, etc.

On compte à Wiesbade quatorze sources d'eau chaude et deux d'eau froide. Elles donnent par minute cinquante-huit pieds cubes d'eau, dont quarante-quatre seulement sont employés. Le Kochbrunnen, la plus abondante des sources chaudes, monte à 52 degrés Réaumur. Les éléments principaux qui composent les eaux de Wiesbade sont : le carbonate de chaux, la magnésie, le muriate de natron, l'hydrochlorate de chaux et de magnésie, le sulfate de natron, un peu d'alumine et un peu de fer dissous dans le carbonate de natron. Ces substances, au reste, varient selon les sources. Ainsi que le dit Pline le naturaliste, l'eau, après qu'on l'a retirée de la source, reste encore chaude pendant trois jours. Quand elle se refroidit, il se forme à la surface une pellicule blanche et mince, composée de chaux pure. De l'avis des médecins les plus célèbres, les eaux de Wiesbade conviennent beaucoup aux personnes atteintes de la goutte, de rhumatismes chroniques, de contractions, de paralysie. C'est surtout un remède souverain contre les maladies cutanées.

Un peu avant d'entrer dans la ville, on rencontre l'abbaye de Clarenthal, dont les vieux murs, noircis par le temps, forment un contraste piquant avec le vert gazon de la prairie. Ce monastère fut fondé en 1296 par l'empereur Adolphe de Nassau. Sainte Richarde, sa sœur, en était l'abbesse.

Malheur à ceux qui n'arrivent pas à Wiesbade à l'ouverture même de la saison ! Aux Quatre-Saisons, à l'Aigle, au Schutzenhof, à l'Englishof, tout est pris. Il est vrai que ne va pas loger là qui veut. Encore, si le retardataire trouvait un petit coin à la Rose, à l'Ours, au Bouc-Noir ! Mais non : il lui faut, bon gré mal gré, aller frapper à la porte du Miroir ou du Soleil, ou de quelque auberge aussi chétive, et se contenter, pour tout ameublement, d'un lit plus propre que bon, d'une ou deux chaises boiteuses, d'une vieille table aussi branlante que Philémon et Baucis, et enfin d'un fragment de miroir, qui bientôt, grâce à la disparition successive du mercure, ne sera plus qu'un simple morceau de verre.

A Wiesbade, on se lève presque avec le soleil. De grand matin déjà une société nombreuse assiége le Kochbrunnen. On se presse autour du gardien qui, de l'air le plus aimable, distribue de l'eau de la source dans des verres élégants. C'est un spectacle curieux et réjouissant que toute cette foule, hommes et femmes, et enfants et vieillards, se promenant le verre à la main. Il est amusant de voir ces déshabillés galants, ces longues robes de chambre à ramages qui passent et qui repassent devant vous ; ces saluts, ces bonjours, ces sourires, ces poignées de main incessamment échangés. Rien de plus animé, de plus pittoresque, de plus original. Mais ce qui fait surtout le charme de cette promenade du matin, c'est le sans-gêne, le laisser-aller que chacun y apporte ; c'est la gaîté douce et franche qui brille sur tous les visages. N'oublions pas d'ajouter que, sous l'élégante colonnade du pré, se trouve disposé un orchestre assez nombreux, qui exécute les meilleurs morceaux des grands maîtres. Tout en marchant, en vidant son verre d'eau minérale, en causant, on éprouve la satisfaction d'applaudir les compositeurs favoris. Les Italiens retrouvent là Cimarosa, Bellini et le cygne de Pezzaro, Rossini ; les Français saluent les gracieux motifs d'Auber et de Boïeldieu ; enfin, tout ce qui a un cœur s'arrête et bat des mains en prêtant l'oreille aux airs délicieux d'*Obéron*, *Fidélio*, et de la *Flûte enchantée*, de Mozart.

Vers neuf heures, tout le monde rentre. C'est le moment de la toilette, et les dames ont hâte de quitter leur négligé du matin pour mettre quelque jolie robe fraîchement arrivée de Paris, complétée par une délicieuse coiffure et un charmant chapeau. Les hommes imitent leur exemple. Mais en changeant de costume, personne ne change de dispositions, et le déjeuner se fait aussi gaîment qu'a eu lieu la promenade. De longues tables sont dressées dans les principaux hôtels de la ville et servies avec un luxe digne d'une manse royale. Les vins les plus généreux circulent, et bientôt, avec eux, les joyeux propos, les spirituelles saillies, les anecdotes finement racontées, quelquefois aussi les couplets malins. Car, aux eaux, la chanson a ses droits d'entrée, pourvu qu'elle se comporte bien. On lui laisse alors volontiers prendre place à ces repas d'où la froide étiquette est exclue, et où chacun semble dire à tous :

— Amusons-nous!

A deux heures, on se rend au Kursaal, et là, jusqu'au moment de dîner, se font entendre de délicieux morceaux de musique appelés kurgastes. Le Kursaal est le plus bel édifice de la ville. Il se trouve sur une vaste place plantée de tilleuls, et entourée de galeries qui, par leur longueur et les riches magasins dont elles sont pourvues, rappellent assez celles du Palais-Royal de Paris. La façade de l'édifice est formée par une colonnade de deux cent vingt pieds de long. Au-dessus de la grande porte, on lit cette inscription, en lettres d'or:

FONTIBUS MATTIARIS. M D CCC X.

La grande salle où se donnent les bals et les concerts rivalise par son étendue, et la manière dont elle est ornée, avec les plus belles salles de Paris et de Londres. Elle a cent trente pieds de long, soixante de large et cinquante d'élévation. De chaque côté règne une galerie supportée par vingt-huit colonnes en marbre, d'ordre corinthien. Entre ces colonnes sont les statues, en marbre blanc, des héros et des dieux de l'antiquité. Franchement, on aurait pu mieux choisir, et il y avait d'autres personnages *vrais* à mettre en honneur dans une salle moderne des temps modernes. Tout le reste de l'enceinte est orné de glaces. Aussi, le soir, quand la salle est éclairée, on se croirait dans un palais magique emprunté aux *Mille et une Nuit*.

Wiesbade possède les ruines d'un palais carolingien, qui fut habité par Charlemagne, l'immortel empereur. Car Charlemagne fit sa résidence à Mayence assez souvent, puisque ce fut dans cette ville que mourut sa femme Fastrade, qu'elle y fut enterrée et que l'on voit son tombeau dans l'église. Et puis tout chacun sait que le pont de Mayence, qui unit cette ville au Kassel ou Cassel, un des anciens châteaux ou forts de Drusus, fut construit dans le but de faire passer plus facilement ce monarque de Mayence aux thermes de Wiesbade. Les débris de ce pont fameux qui eut la gloire de porter le grand roi à Wiesbade pour y prendre les loisirs des bains chauds, et qui consistent en des piles énormes, se voient encore au fond du Rhin, près du quai dit de Dusseldorf, où ils servent d'amarres à dix-sept moulins à eau : ridicule emploi d'un débris si grandiose. Mais ce palais carolingien de Wiesbade, entretenu naguère par l'empereur Adolphe de Nassau, n'est plus qu'une ruine très imparfaite. Il faut tout le précieux souvenir que rappelle Charlemagne, pour attacher du prestige à un édifice qui, encore complet au xiiie siècle, fut entièrement détruit par le feu en 1820.

Un autre souvenir plane sur Wiesbade à mes yeux de touriste amateur des choses du passé, quand je rends visite aux vingt-six bains différents de cette ville thermale. Il me semble toujours voir fuyant sur la vapeur humide des sources chaudes la biche qui apparut aux soldats du grand empereur, quand il fut mis en déroute par Witikind, et leur montra, en passant la première, le gué providentiel du Main, qui leur permit d'échapper à l'ennemi.

L'histoire d'Eginhart et de la belle Emma ne correspond-elle pas, non plus, au point où je vous ai conduit, cher lecteur ?

Eginhart, secrétaire de Charlemagne, s'était attiré, par ses bons et loyaux services à la cour, l'attention de tout le monde, et, de plus, l'affection d'Emma, fille de l'empereur. Cette belle jeune fille avait été promise à un prince de l'Orient : mais plus le temps de son départ approchait, plus la secrète et mutuelle inclination d'Eginhart et d'Emma se fortifiait dans leur cœur. Tous les deux étaient retenus par la crainte que Charlemagne ne vînt à se douter de leur intelligence. A la fin cependant le jeune homme résolut de mettre fin à cette position périlleuse. Il s'arma de courage, et ne voulant ou ne pouvant communiquer avec la princesse par intermédiaire, il alla un soir frapper à la porte de son appartement. On le crut envoyé par le roi, la porte fut ouverte, et Eginhart entra. Là, les deux jeunes gens firent leurs conventions et s'entendirent pour arriver honnêtement à leurs fins.

Mais, hélas ! quand le secrétaire du prince se trouva dans la cour qui précédait l'appartement de la belle Emma, il vit avec stupéfaction qu'il était tombé beaucoup de neige, et que les traces de son passage trahiraient sa présence et pourraient compromettre la fille du roi. Dans cette perplexité, ce fut la jeune princesse qui trouva un expédient. Elle prit Eginhart sur ses épaules et le porta ainsi de l'autre côté de la cour, dans la partie du palais qu'il habitait, et l'y déposa heureusement à la faveur des ténèbres, puis revint prudemment sur ses propres traces.

Or, ce soir-là, comme c'était souvent son habitude, Charlemagne avait différé de se coucher, afin de se livrer au travail, et, averti par la froidure que la neige tombait, il s'était mis à sa fenêtre pour contempler le phénomène caractéristique du Rhingau, à savoir que la neige y fond beaucoup plus vite que sur les autres bords montueux du fleuve, et il vit passer Emma, qui pliait sous son fardeau, et qui, après l'avoir déposé, s'élança rapidement sur ses premiers pas. Le roi étonné s'assura bien qu'il ne se trompait pas, et il se sentit touché en même temps de douleur et d'admiration. Toutefois il se tut.

Alors Eginhart pressentant bien que, dans la vie de la cour, la chose viendrait tôt ou tard aux oreilles du maître, prit bravement son parti. Il se présenta chez le monarque, se prosterna à ses pieds, et lui demanda son congé, alléguant que son salaire n'était pas en proportion de ses travaux. L'empereur garda le silence d'abord ; puis il promit au jeune secrétaire de lui faire une prompte réponse. Dans ce but, Charlemagne assembla ses conseillers les plus intimes et leur apprit que la majesté royale avait reçu un outrage par le fait d'Eginhart ; et, pendant que tous étaient dans la plus grande surprise à la nouvelle que leur donnait le roi, celui-ci leur expliqua comment il avait de ses propres yeux vu ce qui s'était passé. Enfin il demanda son avis à chacun.

Le plus grand nombre des conseillers, gens sages et portés par caractère à la douceur, avisèrent que l'empereur devait lui-même prononcer en cette circonstance. Donc, Charlemagne, après avoir mûrement réfléchi, aperçut dans l'événement le doigt de la Providence, et résolut de marier les deux coupables. Tout le monde applaudit à cette modération de l'empereur, qui fit venir alors son secrétaire, bien ému assurément, et lui dit :

« Depuis longtemps tes services auraient reçu meilleur salaire dans le cas où j'eusse été instruit de tes prétentions. Aujourd'hui, je reconnais la justice de ta demande, et, en réponse, et pour récompense de tes travaux, je te donne pour femme ma fille Emma, qui a bien voulu, rehaussant sa ceinture, te porter sur ses épaules. »

En même temps, le roi fit appeler la princesse, qui vint en rougissant, et qui, en présence de la cour, fut mariée à Eginhart.

Charlemagne dota richement les deux époux, et après la mort de l'empereur, Louis-le-Débonnaire leur fit présent d'une grande terre, entre Wiesbade et Francfort, à deux petites lieues du Rhin.

Après leur mort, Eginhart et Emma furent inhumés dans l'église de Seeligenstadt.

La tradition du pays conserve encore leur souvenir. Ainsi, dit-on, la forêt voisine de Wiesbaden ne s'est appelée Odenwald qu'en souvenir de la belle princesse qui, un jour, en regardant les beaux arbres du bois, s'écria :

— *O du wald*, ô toi, forêt ! je te prends à témoin de mes serments !

En quittant Wiesbade, on retrouve le Rhin qui s'achemine à travers sa vallée, et en le voyant, si l'on se souvient de tous les peuples qui ont sillonné ses eaux, on ne peut manquer de se rappeler qu'il ressemble à une de ces rues de certaines grandes cités, où se heurtent toutes les sociétés, où fourmillent toutes les nations, où retentissent tous les idiomes, où de si grandes choses et de si grands hommes se sont rencontrés des deux bouts du monde, que le passant reste confondu, solitaire, inconnu.

Aussi Attila y a laissé ses souvenirs comme Louis XIV, Napoléon comme Charlemagne ; Jean Hus y apparaît aux côtés de Luther. Turenne en face de César, Charles-Quint en regard de Barberousse. C'est un grand chemin où les peuples riverains se présentent tout à la fois de l'Allemagne rêveuse et de l'industrieuse Hollande, de la Suisse et de la France. Il n'est pas jusqu'aux brigands fameux qui n'aient rendu le Rhin fameux.

D'ailleurs, quel est le grand fleuve qui n'ait été illustré par un brigand renommé ?

Zisca, dont la peau fut employée à faire un tambour avec lequel ils prétendaient mettre en fuite leurs ennemis, tant le drôle avait été redouté pendant sa vie, Zisca poétise encore les bords du Danube et de la Moldau. Les Phanségars se tiennent constamment à l'affût sur les deux rives du Gange; José Maria, le bandit formidable de la péninsule hispanique, fait encore retentir de sa renommée les rives du Tage et de l'Ebre. Les bords du Tibre et ceux du Garighliano, de l'Arno même, ne sont-ils pas maintes fois infestés par les brigands? Citerai-je le Jourdain ou le Borysthène, c'est rappeler le Bédouin ou le terrible Tartare foulant sous leurs chevaux la garantie du passeport et la religion de la caravane.

Le Rhin ne pouvait donc rester au-dessous de tant de glorieux forfaits. Il eût manqué d'ailleurs au caractère de son destin, qui est de circuler autour de tout ce qui retentit en Europe, depuis les cris déchirants de l'assassinat, jusqu'aux chansons bachiques de la vendange.

C'est l'histoire du brigand du Rhin que je vais vous raconter, cher lecteur. Le brigand du Rhin a nom Shinderhannes.

Il avait une figure noble, élégante, les yeux vifs et doux, les cheveux épais et blonds, les galantes manières d'un gentilhomme, et il était généreux au point de faire d'abondantes aumônes aux pauvres qui s'adressaient à lui.

Comment ce jeune Allemand était-il devenu chef de brigands? Le voici:

A la suite des guerres entreprises par les Français pour occuper la Hollande, la Belgique et les États qui forment aujourd'hui les grands-duchés du Bas-Rhin et de Hesse, il se forma, à la fin du siècle dernier, une vaste association de brigands.

Ses premiers fondateurs furent les membres d'une famille israélite de Windschoot, près de Groningue, en Hollande, et la bande compta successivement parmi ses plus illustres chefs Moïse, Abraham, Picard, Jik-Jak, Bosbek, Mersen, Crevelt, Laghetto, Jetzer, et Pierre Lenoir. Vous voyez que l'association ne manquait pas de personnages.

Mais le dernier de tous, et le plus fameux, fut le héros susnommé, Shinderhannes.

Cette bande de voleurs comptait en apparence moins de sujets qu'elle n'en pouvait réellement jeter en campagne. Mais ce qui était fort mystérieux, c'était de savoir où se tenaient les nombreux bandits répandant au loin la terreur dans toutes les contrées rhénanes, ouvrant contre les villes même un feu si bien nourri qu'on l'entendait d'une moitié de la province, enlevant d'assaut et contraignant les habitants à livrer rançon ou à perdre la vie. Ils étaient habilement disséminés sur la surface du pays, et ils s'étalaient dans leurs expéditions, non pas un à un, mais par masses imposantes, envahissant des fermes isolées, s'emparant de mauvaises hôtelleries, occupant jusqu'à des faubourgs, et ne redoutant pas de se placer jusque sous le feu du canon des forteresses.

Les chefs, qui étaient l'âme de l'association, en étaient aussi le bras, en apparence : mais, en réalité, l'armée de ces chefs se composait de gens cantonnés dans des domiciles bourgeois, travaillant à leurs métiers d'honnête homme, mais prêts à quitter, sur un signal convenu, leurs femmes et leurs enfants, pour suivre leurs capitaines, où il leur plairait de les conduire; ceux-là étaient les apprentis, liés à la bande par les plus terribles serments, prévenus qu'un poignard invisible était suspendu sur leur tête parjure.

Un de ces apprentis tombé au pouvoir de la police, et plongé dans un cachot, dans les angoisses de la peur, fit connaître le lieu du rendez-vous de son chef, qui était alors Picard. La nuit suivante, il entend prononcer son nom, à demi-voix, dans les ténèbres de sa prison. L'apprenti se lève, s'approche du soupirail du cachot et entrevoit un bras passé entre les barreaux.

— Qui es-tu? demande le captif.

— Ton maître, Picard lui-même... répond la voix. J'ai hasardé ma vie comme c'était mon devoir, pour te rendre la liberté.

En quelques minutes les fers du prisonnier sont limés, et il tombe un des barreaux du soupirail, scié par une main habile. Le prisonnier suit son guide, le voilà sauvé. La bande les attendait tous les deux dans la forêt, rangée en demi-cercle, silencieuse et sous les armes.

— Traître, dit le chef en se retournant tout-à-coup vers le brigand qu'il ramenait; traître, crois-tu donc qu'on ignore tes révélations perfides? Maintenant, prépare-toi à subir ton châtiment, car tu vas mourir.....

— Grâce! grâce! s'écrie l'infortuné, en sentant le canon d'un pistolet qu'on approche de son oreille... Je veux bien mourir, mais que ce soit devant l'ennemi....

— Non, non, répond Picard avec plus de calme; tu ne mérites pas la mort des braves, mais celle des traîtres... Qu'en dites-vous? ajoute-t-il, en prenant l'avis de la bande.

— Non! fit le lieutenant d'une voix sourde.

Et le misérable apprenti tombe soudain, foudroyé par le coup de pistolet, qui retentit répété cent fois par les échos de la forêt.

Les apprentis ne pouvaient se réunir plus de quatre ensemble, dans la vie ordinaire. En cas d'infraction à cette règle, un coup d'œil sévère du chef les renvoyait chez eux. Par un même manége politique, on employait généralement les membres de la confrérie dans les pays éloignés de leur domicile.

Ainsi, ce n'était pas chose rare pour les habitants de Nassau d'être visités par les bandits de la Meuse-Inférieure, ou par ceux du Weser et de l'Elbe, et de faire connaissance avec les voleurs du Rhin.

Une expédition importante n'avait jamais lieu sans l'avis des espions juifs, que, dans leur langue, ces bandits nommaient baldovers. Ces baldovers imposaient toujours des conditions aux chefs avant de signaler une bonne proie; et comme les juifs, pour justifier leurs conditions parfois exorbitantes, se laissaient entraîner au mensonge par cupidité, il n'était pas rare que leur sang payât la mauvaise humeur du capitaine désappointé. Le baldover jouait aussi la plupart du temps le rôle de recéleur. Le caractère et l'importance des expéditions justifiait ces personnages accessoires.

Les divers membres de l'association étaient le plus ordinairement convoqués par un messager, souvent aussi par le chef en personne. Alors ils partaient pour le rendez-vous, soit isolément, quelquefois deux à deux, jamais plus de trois. Chacun voyageait à sa fantaisie : ceux-ci à cheval, ceux-là en voiture, beaucoup à pied. Il y en avait aussi qui conduisaient les charrettes destinées au transport du butin. Comme la route était ordinairement longue et coupée de ravins et de forêts, une première halte se trouvait désignée aux voyageurs dans un endroit suffisamment connu de tous. Là, chaque groupe successif cherchait des yeux les signes indicateurs préparés par les chefs. Ces signes, placés à l'embranchement des routes, consistaient le plus souvent en une ligne tracée sur le chemin qu'il fallait prendre, et chacun, en passant, la coupait par une ligne plus courte, de sorte que tous les voleurs non-seulement recevaient la direction définitive du rendez-vous, mais encore apprenaient ainsi le nombre des amis qui les avaient déjà précédés. Quand plus de précautions semblaient nécessaires, on jetait comme par hasard, sur le chemin, une branche d'arbre, dont l'extrémité la plus fournie en feuillage était tournée du côté du sentier à suivre.

Fréquemment le voyage se faisait de nuit. On avait alors besoin d'un signe de reconnaissance qui ne s'adressât pas à la vue. Le sifflet était remplacé par un cri aigu et prolongé, que le voyageur pouvait prendre pour la voix des hiboux ou pour celle des esprits.

Quand enfin les membres de l'association étaient tous parvenus au lieu du ralliement, le chef passait l'inspection des armes. On chargeait les pistolets : les mots d'ordre étaient donnés pour l'attaque comme pour la retraite. Des torches, qui ne devaient être allumées que toutes à la fois, passaient de main en main, et la colonne s'avançait dans un profond silence.

Le capitaine général marchait en tête, armé d'un levier, son bâton de commandement. Après lui, on traînait le bélier. C'était une poutre de douze pieds de longueur, machine de guerre classique, dont on se servait pour enfoncer les portes ou pour faire tomber les murailles. Venaient ensuite les officiers subalternes, portant les autres outils du métier, et enfin les simples soldats de la bande, armés jusqu'aux dents, comme tout le monde. Ils avaient le visage noirci, soit pour n'être pas reconnus, soit plutôt pour persuader qu'ils étaient du pays, quoique réellement ils ne fussent peut-être jamais venus dans l'endroit où le vol devait se commettre.

Parvenus à l'extrémité du village dans lequel, par exemple, une maison ou une villa était le but de l'attaque, ceux qui connaissaient la localité s'assuraient d'abord des sonnettes et des chiens de garde. On entourait ensuite la maison d'un cordon militaire; puis, sans aucune notification de siège, sans aucune invitation de se rendre, une clameur épouvantable révélait soudain la présence et les intentions de l'ennemi. Les torches, subitement allumées, brillaient comme des météores dans les ténèbres, le bélier était lancé contre la porte principale au bruit d'une décharge de mousqueterie dirigée contre les fenêtres.

Ce début jetait tout-à-coup l'épouvante et le désordre chez les propriétaires de la maison condamnée, et tandis que les habitants des autres maisons du village, voire même de la ville, barricadaient leurs portes, éteignaient leurs lumières, et se cachaient dans leurs caves sans qu'on pût trop incriminer leur faiblesse, attendu que les bords du Rhin, presque toujours désolés par la guerre de cette époque, étaient parfois subitement le théâtre d'escarmouches militaires entre des partis en campagne, dont la maraude restait ou semblait ignorée par tactique même. Aussi la porte de l'habitation attaquée n'étant aucunement défendue, cédait-elle bientôt sous la pression et les coups du bélier.

A ce moment, tout bandit qui hésitait à franchir le seuil était impitoyablement massacré par le chef.

La maison prise, hommes, femmes et enfants étaient garrottés et enveloppés dans des draps ou des tapis; et aussitôt on illuminait tous les appartements ou les chambres, depuis le grenier jusqu'à la cave. Alors le pillage commençait.

Malheur aux vaincus si le butin était au-dessous des promesses du baldover! Ni serments ni protestations ne pouvaient convaincre les bandits que le prétendu trésor n'existait que dans la malice du juif.

Le butin une fois rassemblé, le capitaine rassemblait ses hommes. On tuait ceux d'entre eux qui étaient blessés, quand survenait une alarme, sous le prétexte que les morts ne parlent plus. Si, par aventure, des forces supérieures devaient ou pouvaient inquiéter la retraite, on l'opérait militairement, avec succès même, sous la fusillade des troupes régulières. Si la victoire ne courait aucun danger, les brigands allumaient un feu de joie, et se remettaient en marche en secouant leurs torches en l'air, avec des cris épouvantables. Mais à peine revenus au lieu du rendez-vous, ils éteignaient toutes leurs lumières en même temps, reprenaient un silence de mort, et, se divisant par petites bandes, disparaissaient dans les ténèbres de la nuit.

La bande de Jean Bosbek pénétra une nuit dans le bourg de Mulheim, sur le Rhin, non loin de Hesse-Darmstadt. Leur visite était si peu attendue que la femme du maître de la maison, qui se trouvait être un pasteur luthérien, au premier bruit du bélier battant la porte en brèche, réveilla son mari, en lui disant qu'on venait sans doute le chercher pour un malade. Pithahen, tel était le nom du ministre. Le Révérend Pithahen met aussitôt le nez à la fenêtre, mais il reçoit alors une volée de balles, qui, fort heureusement pour lui, sifflent autour de sa tête sans l'atteindre. Le brave Pithahen prend son fusil sans retard et riposte hardiment. Mais l'assaut n'en continue pas moins, et le bélier ayant mis à jour un des panneaux de la porte, en un clin d'œil toute la troupe envahit la demeure du pasteur. On garrotte les domestiques, on les enferme dans une écurie. Quant à Pithahen et sa tremblante épouse, on les laisse seuls dans leur chambre.

Le courageux ministre n'ignorait pas le danger assurément, mais comme il se battait pour sa femme, il voulait et espérait triompher. La porte de l'escalier étant encore intacte, il ne cesse, par une petite ouverture supérieure, de fusiller les bandits, que ses munitions ne soient épuisées.

— A la porte de derrière ! s'écrie-t-il alors. Fuis, ma chère femme, appelle nos voisins, crie au secours !

Madame Pithahen suit les conseils de son mari. Elle court et s'empresse, elle crie, elle appelle ; elle crie et appelle longtemps, même : mais, hélas ! ses hurlements d'alarmes ne font qu'épouvanter davantage ses voisins, et aucun ne bouge.

Enfin la porte de l'escalier cède à son tour.

— Que vous faut-il ? demande le vaillant pasteur.

— Ton sang !.. répondent audacieusement les bandits.

— Eh bien ! il ne coulera pas seul, alors... clame Pithahen.

L'infortuné pasteur, cependant, est acculé dans sa chambre. Déjà pénètrent les voleurs. Ils se trouvent en face du maître du logis, ils s'avancent le doigt sur la détente de leurs pistolets, et ils le couchent en joue.

— Sauve-toi par la porte, derrière le lit, dit Pithahen à sa femme échevelée, pleurant et criant, je vais te gagner une ou deux minutes.

Après un moment d'incertitude, la pauvre femme se rend aux désirs de son mari, et disparait.

— En avant! en avant! se disent les voleurs les uns aux autres.

Toutefois aucun n'ose s'approcher davantage.

Aussitôt le pasteur fait feu, et s'élançant par la petite porte, il la referme sur lui, et disparait à son tour.

Il trouve sa femme évanouie dans le grenier ; il la prend dans ses bras, descend avec son précieux fardeau, à l'aide d'une échelle heureusement oubliée là depuis le matin, et le dépose de l'autre côté du mur d'une cour extérieure. Mais au moment où il va mettre pied à terre, un brigand le retient, et, en se débattant, le pasteur est terrassé par une vedette, dont les cris attirent toute la bande de ce côté.

— Parle, avant de mourir, lui dit-on. Où sont tes clefs? Où est ton argenterie, ton argent?.. Allons, parle, chien!

Un homme le frappe au visage ; son sang coule.

— Est-ce loyal? demande Pithahen au capitaine, qui se montre.

Jean Bosbek, tout brutal qu'il est, demeure surpris.

— Non, répondit-il.

Et sans attendre davantage, il renverse le voleur d'un coup de bâton, en lui disant :

— Hersen, voilà pour t'apprendre à frapper sans avoir les ordres de ton chef.

Pithahen donne alors les renseignements demandés, puis il ajoute :

— Maintenant, soyez hommes de cœur et ne me faites pas languir.

Mais le chef, au lieu d'égorger le pasteur, donne soudain l'ordre de la retraite. Un murmure de colère se fait entendre. Qu'importe à Bosbek? Suspendant son bâton à son épaule, il met son poignard entre ses dents, prend un pistolet dans chaque main et promène sur sa bande des regards féroces.

Les voleurs défilent alors lentement et en silence : Bosbek sort le dernier.

Fetzer, non moins célèbre que Bosbek, et qui commandait la bande de Neuss, usait d'une tactique différente. Un voyageur égaré frappait à la porte au milieu de la nuit, ou une pauvre fille, à la voix douce et argentine, suppliait, par le trou de la serrure, quelque publicain endormi de lui vendre un peu de vin pour sa mère malade. Si la porte s'ouvrait au voyageur ou à la jeune fille, la maison était au même instant remplie d'hommes armés qui bientôt l'avaient dévalisée de fond en comble. Point de bruit, point de péril. Fetzer même était si bon vivant qu'il força maintes fois ses victimes à se mettre à table avec lui jusqu'à l'aurore.

Ce doucereux brigand fut exécuté à Cologne. Au moment de mourir, il s'écria, en regardant le prêtre qui l'accompagnait au supplice :

— Ah ! si j'étais libre pour deux heures seulement !

— Que feriez-vous, mon fils? lui dit l'homme de Dieu.

— Je commettrais le plus beau vol dont on ait encore ouï parler... répondit le bandit; et, avec son produit, j'aurais de quoi payer la pension de ma fille aux Ursulines de Cologne...

Je vous laisse à penser si le pauvre prêtre fit une grimace de douleur, en entendant un pareil langage.

Shinderhannes, ce dernier brigand que je vous ai représenté jeune et blond, figure noble, élégante chevelure, aux yeux vifs et doux, aux manières de gentilhomme, et que l'on surnommait à l'exclusion des autres le brigand du Rhin, Shinderhannes est le seul de ces bandits dont le type rappelle l'idéal que Schiller a rêvé dans son drame. Il lui arrivait souvent, par des calculs d'une stratégie horrible, de choisir les croix qu'on place sur les tombes des cimetières pour battre en brèche la porte des maisons. Ce bélier d'un nouveau genre plaisait à l'imagination des protestants qui étaient enrôlés dans sa bande, ou charmait les impies qui lui appartenaient, et étaient bien dignes en effet de lui appartenir.

José Maria, le redoutable brigand du Portugal, après d'inimaginables méfaits, fut acheté par le roi Ferdinand VII, qui lui fit une pension pour qu'il n'exerçât plus son horrible métier : célibataire et impie, lui aussi, ce José Maria escorta longtemps, sur le chemin de Sarragosse à Barcelone, les voitures publiques, avec autorisation de la police. Mais Shinderhannes, légalement marié avec la jeune et belle Julie Blasius, qu'il rencontra un jour dans un défilé sombre et sous les sapins du Mont-Tonnerre, mourut décapité à l'âge de vingt-cinq ans.

Ces deux héros du genre escaladaient en vrais chats les murs perpendiculaires des forteresses ; ils arrachaient les barres de fer en un tour de main ; ils couraient aussi vite que les meilleurs chevaux ; ils nageaient dans l'eau froide sans gagner le plus petit rhume, et tombaient d'un clocher sur le glacis de leur prison sans se faire le moindre mal.

José Maria a tout obtenu de la police ; Shinderhannes, lui, a pillé des diplomates, moulu les os des postillons, dévalisé des seigneurs, attaqué des princes, mais pendant six années il a été pris quatre fois, et quatre fois il fut délivré par les siens : il a battu des corps d'armée, turlupiné les gendarmes, octroyé des sauf-conduits à tous les plus fameux voyageurs du continent, et il est mort guillotiné.

Quand il eut épousé Julie Blasius, qui prit des habits d'homme, galopa à ses côtés dans les forêts, fit assaut d'armes avec les alguasils ; quand, dis-je, Shinderhannes fut une fois en ménage au lieu de camper dans les ruines d'un burg, de détrousser les passants lui-même et de s'endormir à la lueur des torches que des sentinelles allumaient en demi-cercle devant son chevet, Shinderhannes nomma des lieutenants. Il en vint même jusqu'à tenir maison. Ainsi, parcourant à sa fantaisie les innombrables châteaux qui hérissent les bords du fleuve, depuis le Taunus jusqu'à Cologne, il y jouissait de la vie en véritable paladin avec sa femme, qui se donnait le titre et les manières d'une comtesse, et avec ses intimes, qui affectaient les grands airs de burgraves, tantôt déclamant Werther, tantôt vidant de ces grands verres que l'on nomme vidercomes, remplis de vin du Rudesheim, ou bien accordant contre ses gens des sauf-conduits qu'on lui payait dix florins la pièce. Il se donnait même la satisfaction d'aller prendre les eaux de Wiesbaden, où lui et la belle Julie donnaient le ton aux habitués : là, sa main généreuse jetait l'argent par les fenêtres. Alors il passait pour un baron suédois. Quant à madame Schinderhannes, tantôt coiffée de la toque à la hussarde et la carabine sur l'épaule, elle gravissait hardiment les hauteurs du Soneck, tantôt elle s'enfonçait dans les bois, jonchant sa route de ces branches d'arbres qui étaient le doigt indicateur et les bornes milliaires de la troupe de son noble époux.

Shinderhannes était né à Nastatten, dans la Belgique, en 1799, d'une famille obscure et misérable. Pour je ne sais quel méfait, on dut le fouetter, alors qu'il n'était encore qu'un enfant. Mais cette correction, qui ramène au bien certains petits êtres heureusement doués, ne fit que le plonger dans le bourbier du vice. Il fut tellement exaspéré de l'humiliation qu'il avait subie dans son village, qu'il résolut de se venger par une guerre implacable contre les honnêtes gens.

Je ne vais pas redire ici tous les faits monstrueux qu'il accomplit et le suivre pas à pas dans la carrière du crime. Je raconte l'histoire du Rhin, et non celle des brigands. Mais je dirai cependant que comme le vice conduit toujours l'homme à sa perte, Shinderhannes trouva bientôt la sienne.

Les circonstances de son arrestation sont assez curieuses pour que je les relate ici.

La falsification des billets de la banque de Vienne, entreprise sur une grande échelle par une société de juifs et de négociants de Hambourg, de Francfort et d'Altona, venait de jeter l'épouvante dans le commerce du nord de l'Allemagne. Dans ce temps, on découvrait aussi à Gênes une association fameuse de faux monnayeurs qui, profitant des événements politiques de l'Italie, exploitaient les coffres-forts du midi de l'Europe, depuis la Suisse jusqu'à Florence.

Le bruit se répandit dans Francfort, un matin, que le maître d'une maison envahie par les brigands avait remarqué que son chien mordait au poing le chef de ces coquins. Aussitôt il fut prescrit, par un avis secret, à tous les chirurgiens de la ville, de livrer aux magistrats tout homme mordu au poing, qui réclamerait les secours de leur art. Un homme s'étant présenté dans la demeure d'un chirurgien pour y faire panser son poing mordu par un chien de garde, cet homme fut aussitôt arrêté et mis en prison. C'était Shinderhannes.

Sa prise eut pour résultat l'arrestation de 163 hommes de la bande. Mais les plus déterminés remontèrent en hâte le cours du Rhin, se grossirent dans leur retraite d'une foule de déserteurs de l'armée autrichienne, et allèrent s'enrôler dans les bandes des brigands de la Murg, qui ont, eux aussi, rendu si célèbres jusqu'à nos jours les montagnes de la Forêt-Noire.

On était en automne, au mois de novembre 1803, lorsque, un jour, une foule innombrable des habitants de Mayence, accourue des deux rives du fleuve, depuis Francfort jusqu'à Coblentz, vit traverser la ville au brigand du Rhin, Shinderhannes, si redouté du Hundsrück. Enfin mis aux mains de la justice et chargé de fers, Shinderhannes se rendait de la prison où il avait été enfermé au Palais électoral, dont la grande salle allait être le théâtre du dénoûment de la vie si accidentée de ce terrible bandit.

Shinderhannes, la tête haute, le regard fier, marchait à côté de son père, et avec une bonhomie patriarcale donnait le bras à sa femme, Julie Blasius, aussi déterminée que lui. La jeune mère donnait la main à un enfant, leur enfant à eux, pauvre petit être qui ne comprenait rien encore à la tragédie qui se jouait. C'était presque un tableau de famille. Ce premier groupe précédait une escorte de gendarmes, l'arme au poing et le regard vigilant. L'audacieux brigand, sans honte dans la fange de son ignominie, souriait aux dames qui pleuraient sur son sort en agitant leurs mouchoirs.

Quatre-vingts malfaiteurs de sa bande le suivaient au tribunal improvisé dans la résidence de l'électeur.

Dans le courant des débats, Shinderhannes montra une extrême anxiété pour le sort de Julie Blasius et de son enfant. Quant à lui, nul souci apparent de la fortune qui l'attendait : et quant à ses gens, rien que du dédain et du mépris. Aussi l'amour dont ce grand coupable entourait les deux complices involontaires de sa vie criminelle émut le tribunal et la foule, qui avait témoigné pour le bandit une pitié singulière, depuis son arrestation et son emprisonnement.

En effet, Julie Blasius fut condamnée à une simple réclusion de deux années, d'une part.

De l'autre, un cordonnier de Mayence demanda et obtint qu'on lui permît de confondre l'enfant du brigand du Rhin avec les siens.

Mais pour Shinderhannes, il dut mourir de la main du bourreau.

Il subit sa peine, comme il avait répondu à ses juges, en prenant une énorme quantité de tabac.

L'exécution eut lieu sous les murs de la ville de Mayence, en dehors de la Porte-Neuve, au bout de Hundsgasse.

Dix-neuf bandits passèrent par la main de l'exécuteur des hautes-œuvres, avant leur chef, qui parut ne plus regretter que ses beaux cheveux blonds.

Ainsi fut terminée l'association des bandits du Rhin !

Je passe actuellement au récit de ce qui se passa jadis sur l'une des Sept-Montagnes, qui bordent le Rhin, celle qui a reçu le nom de Drachenfelds.

Une ancienne tradition nous apprend que la caverne que l'on y trouve servit jadis de retraite à un monstrueux dragon, auquel les habitants du voisinage rendaient des honneurs divins, tant ils le redoutaient, et auquel ils offraient même des victimes humaines. On choisissait à cet effet des prisonniers dont la guerre avait forgé les chaînes.

Un jour, il se trouva parmi les captifs une jeune fille des meilleures maisons du pays, élevée dans le christianisme. Elle était d'une rare beauté, et on la nommait Olinde. Les anciens décidèrent qu'elle serait offerte au dragon. Alors, vêtue de blanc, couronnée de fleurs, l'infortunée captive fut conduite au sommet de la montagne, où se tenait d'ordinaire le terrible monstre, et on la lia à un arbre auprès duquel se trouvait une énorme pierre, qui tenait lieu d'autel. Une foule immense s'était réunie pour assister à cet odieux spectacle : mais il se trouvait là fort peu de cœurs insensibles à la pitié, et presque tous les curieux plaignaient le sort de la pauvre jeune fille. Quant à elle, elle demeurait calme, et portait vers le ciel de pieux regards.

Cependant le soleil lançait ses premiers rayons de derrière les cimes des montagnes du levant, et ces avant-coureurs d'un beau jour perçaient à travers l'obscure entrée de la caverne. Bientôt, les ailes déployées, le dragon se montre rampant hors de sa tanière, et amoncelle ses replis en se portant vers le lieu où il était accoutumé d'assouvir sa sanguinaire voracité.

La jeune Olinde n'est point émue. Elle tire de son sein une

croix du Sauveur, l'unique objet de sa confiance, et oppose le crucifix aux premières approches de l'horrible reptile. En effet le dragon recule épouvanté, et poussant d'inimaginables sifflements, il se précipite dans l'abîme profond des bois voisins, et jamais plus depuis nul ne le revit.

En admiration de cette miraculeuse délivrance, le peuple s'empresse de rompre les liens de la jeune chrétienne. C'est alors qu'on s'aperçoit qu'elle est armée du pieux étendard de la croix. Aussi la jeune captive s'empresse-t-elle d'instruire ceux qui l'entourent de la vertu de cette croix, et des grandeurs de la religion dont cette croix est le symbole. Alors ces naïfs adeptes du Christ se prosternent à ses pieds. On supplie avec larmes Olinde de retourner chez les siens. On la conjure d'envoyer un ministre du Dieu qu'elle adore, afin qu'il leur explique cette religion qui opère de pareils prodiges, et qu'il les baptise au nom de ce Dieu tout-puissant.

C'est ainsi que le Drachenfelds devint le berceau de la foi dans les Sept-Montagnes, qui bordent le Rhin. Aussi voit-on encore la chapelle qui fut érigée, au sommet de la montagne au lieu même où d'ordinaire la grosse pierre servait d'aute pour les sacrifices offerts au dragon.

Je termine cet ouvrage en vous racontant, cher lecteur, une dernière légende, dont la scène se passe précisément sur les Sept-Montagnes dont je viens de parler, et qu'admire tout voyageur qui vogue sur notre vieux Rhin.

Non loin des Sept-Montagnes, et dans une de leurs plus sauvages vallées, on voit quelques vieux débris de manoir couverts de mousse. Sur un pan de ces vénérables ruines, on trouve une inscription où le mot Liba est encore fort lisible. Ce lieu a nom Treuenfels.

Il y avait dans le voisinage un vieux chevalier appelé Balther, qui était ennemi de l'archevêque de Cologne, et qui, aidé de plusieurs seigneurs, lui ôta la vie. Parmi ces jeunes seigneurs, on comptait Schott de Grunstein, qui était le fiancé de la belle Liba, fille de Balther.

L'empereur d'Allemagne fit saisir et décapiter les malheureux coupables, puis il ordonna de livrer aux flammes le manoir de Balther. Celui-ci, qui avait échappé à la mort en se tenant bien caché, était au lit quand le feu se répandait déjà dans ses appartements et y exerçait ses affreux ravages. Il saisit d'une main tremblante sa lourde épée et veut se donner la mort. Mais Liba, qui accourt échevelée, le prend dans ses bras :

— Fuyons par le souterrain... dit-elle.

Les flammes les atteignent à chaque pas, et déjà les cheveux, la barbe et les sourcils de Balther sont brûlés. Quant à Liba, elle semble à l'épreuve de l'incendie. Le souterrain les conduit dans une fondrière inextricable, où d'épais buissons les mettent à l'abri de toutes les recherches. Là, épuisés de fatigue, ils se livrent l'un et l'autre à un profond sommeil. Ils en sont tirés au point du jour par le gazouillement des oiseaux.

Alors Liba cueille quelques fruits sauvages, et les porte à son père. Mais, hélas ! le vieillard a perdu la vue, ses yeux ont été brûlés par les flammes.. Quelle n'est pas la douleur de la pauvre enfant !

— Que deviendrons-nous ? soupire Balther.
— Ce que Dieu voudra... répond Liba.

En effet, sous les douces paroles de sa fille, le rude chevalier, devenu aveugle, sent s'adoucir sa colère : il reconnaît son crime et le déplore. Leur solitude semble s'embellir, tant la piété filiale de l'aimable enfant donne de douceurs à l'âme du vieillard, pour lequel, chaque jour, en parcourant les bois, elle va cueillir fraises et framboises, et dont elle baise les mains, en le reconfortant par de saintes paroles de résignation.

Un jour, dans une de ses courses, Liba aperçoit Schott de Grunstein, son fiancé des beaux jours. Elle va l'appeler à leur secours, lorsque la réflexion lui fait comprendre qu'il est préférable qu'il ignore leur sort.

Elle revient donc à la caverne qui leur sert d'abri, à son père et à elle, et alors son père lui dit :

— Je me trouve mieux aujourd'hui : si seulement je pouvais voir le ciel ! Il est pur, n'est-ce pas, Liba ?
— Il n'est caché que par un seul nuage noir... dit-elle
— Mène-moi donc au soleil... reprend Balther.

Hélas ! il n'y a pas de soleil ; tout est noir, et c'est une pieuse adresse qui a fait répondre à Liba qu'il n'y a qu'un nuage.

Toutefois elle conduit son père sur un tapis de mousse.

— Liba, s'écrie le vieillard, je vois le soleil, je vois le ciel ! C'est en moi-même que je vois le soleil, que je vois le ciel ! quel ciel ! quel soleil !

Liba tombe à genoux, croyant que son père devient fou.

Mais soudain les éclairs brillent, le tonnerre tombe, le vieillard et sa fille sont atteints par le feu du ciel ; le premier tombe, réduit en cendres. Seule, Liba, demeure intacte, mais chez elle c'est le repos du sommeil, la paix de l'innocence...

Cependant Schott a entendu les éclats de la foudre ; il a vu le feu du ciel tomber sur le tapis de mousse. La curiosité le porte à considérer les traces du phénomène. Il s'avance, il approche. O douleur ! il trouve le corps désormais sans vie de celle qui devait être sa femme, et les cendres de ce qui fut Balther.

Il pleure, l'infortuné, il se tourmente ; puis, reconnaissant aussi sa faute, après avoir admiré la piété filiale de Liba, il élève une chapelle à Notre-Dame des Douleurs, et y consacre sa vie à expier son crime, près du tombeau de ceux qu'il avait aimés.

Le rocher voisin du tapis de mousse a reçu le surnom de Treuenfels, Roche de fidélité, et tous les habitants de la contrée vénèrent les ruines de la chapelle, en répétant au fond du cœur le doux nom de Liba.

PROMENADE

EN HOLLANDE ET EN BELGIQUE.

Puisque nous sommes à la porte de la Hollande et de la Belgique, des Pays-Bas, en un mot, contrées que le grand fleuve arrose comme celles que nous venons de parcourir, pourquoi ne la franchirions-nous pas, afin de nous donner les jouissances d'une promenade dans ces régions nouvelles?

Donc, reprenons nos places sur l'un des nombreux bateaux à vapeur qui sillonnent les eaux du Rhin, et observons les paysages qui se déroulent sous nos yeux étonnés.

D'abord, sur la rive gauche, voici la grande plaine de Tolbiac, entre Neuss et Trèves, Tolbiac, d'où notre roi franc Clovis Ier fit entendre sa voix tonnante pour promettre sa conversion au Dieu de Clotilde, s'il lui accordait la victoire sur les Germains. Ce nom de Tolbiac a été converti en celui de Zulpic.

Maintenant le théâtre change, et dans cette brume des montagnes, sur notre droite, contemplez cette belle chaîne couverte de magnifiques forêts, qui a des sommets de six cents mètres d'altitude et qui traverse le pays qu'occupaient autrefois les Chérusques, une des tribus germaniques. C'est dans les défilés de ces montagnes de Tentbourg, entre l'Ems et la Lippe, qu'eut lieu la célèbre bataille livrée par le Germain Arminius ou Hermann aux légions romaines commandées par Varus, l'an 10 de notre ère.

Nous arrivons à Dusseldorf, très-jolie ville, divisée en trois parties : Vieille-Ville, Ville-Neuve et Karlstadt, fièrement campée sur le Rhin et le Dussel, et étageant sur de légères éminences de fort beaux édifices, l'Hôtel du Gouvernement, l'Eglise des Jésuites, l'Observatoire, le Musée, le tout gracieusement mélangé de verdure.

Un électeur palatin, Charles-Théodore, qui a fait construire le tonneau gigantesque de Heidelberg que vous connaissez maintenant, a élevé avec magnificence, dans Dusseldorf, le quartier de Karlstadt, dont les maisons ressemblent à des palais et dont les larges rues sont bordées de tilleuls.

L'électeur Jean-Guillaume a édifié, de son côté, la Ville-Neuve, et on lui a élevé, au centre de la place du Marché, une statue en bronze, qui est l'œuvre de *Grupello*.

Dusseldorf est certainement la plus coquette des cités du Rhin. C'était, naguère encore, la capitale du duché de Berg, dont Joachim Murat fut le titulaire, avant de devenir roi de Naples. En 1794, les Français bombardèrent et prirent cette ville, qui n'a pas trop souffert du siége.

Dusseldorf reçoit, chaque année, plus de deux mille vaisseaux, qui lui viennent d'Amsterdam, de Rotterdam et d'ailleurs. C'est dire qu'elle fait un immense commerce en châles, en soieries, en tissus de laine, en acier, fonte, teinture et moutarde. En outre, dans les environs, on vend de telles quantités de fleurs, que le chiffre des affaires va bien à un million par an. Aussi l'air du voisinage de la ville est-il embaumé de parfums.

La musique est en grand honneur à Dusseldorf, et les sociétés chorales de la contrée s'y donnent rendez-vous pour y exécuter des concerts grandioses fort renommés.

Mais la peinture a aussi large place dans le goût très-prononcé des habitants pour les beaux-arts. Le musée renferme les plus admirables tableaux des grands peintres de toutes les écoles.

Reprenons notre *Dampfschiff-Colnstadt*, c'est le nom de notre vapeur, venant de Cologne.

Nous voici maintenant sur ces bords fameux et en présence de ce Wesel terrassé en deux jours, d'après les épîtres de notre Boileau.

Le Rhin conserve bien encore la barbe limoneuse que lui donne le poète français, mais il n'a plus la figure poudreuse, ni l'aspect d'un guerrier. Oui, nous sillonnons les flots du grand fleuve, à l'endroit précis où Condé, Enghien, Vivonne, Nantouillet, et Salart, et Coislin, passaient à gué, pour refouler les Hollandais, dans la célèbre guerre de 1692.

Voici Lobish, une petite bourgade qui a sa grande importance, car c'est la frontière de la Hollande, et on y visite les bagages. Mais les douaniers de S. M. néerlandaise sont trop bien appris pour être exigents.

Cette fois, nous foulons le sol de la Hollande, et nous ne remontons plus en bateau. Une diligence qui fait le service d'Arnheim nous permet de voyager sur une route magnifique et au milieu de délicieuses perspectives.

Les contrées que nous parcourons ne nous offrent plus, comme précédemment, cet incomparable panorama de sites pittoresques, de cimes de montagnes bleuâtres, de rochers couronnés de ruines et de vieux castels, de splendides et romantiques vallées, mais nous y avisons les paysages les plus calmes, de larges et belles prairies, de verdoyantes collines, et d'innombrables troupeaux qui paissent en liberté. Partout de gracieuses villas, des jardins émaillés de fleurs éblouissantes; partout un ordre, une propreté, une fraîcheur ravissantes. Aussi je ne puis ne pas être en extase devant la force vitale et l'activité de ce bon peuple hollandais. Gêné par une nature fort ingrate, souvent surpris par les envahissements de la mer, il sait conquérir le sol par de patients et pénibles travaux, et le conserver et l'utiliser pour se donner toutes les jouissances de la vie.

Arnheim est la première ville de Hollande qu'il nous est donné de voir et de parcourir. Assis sur une colline fleurie, ce chef-lieu de la province de Gueldre est coquet et élégant.

Placée sur la rive droite du Rhin; qui, avant de l'atteindre, se divise en deux branches, dont l'une, sous le nom de Wahal, va rejoindre la Meuse à Nimègue, et l'autre, appelée Bas-Rhin, arrive à Arnheim, elle couvre la colline de ses jolies maisons et de ses rues droites très-animées. Son église produit aussi un très-bel effet dans le tableau; mais ce qui le décore merveilleusement, c'est le château de Hjartesberg ou

Sansberg, qui la domine, et dont le parc et ses hauts arbres centenaires couronnent toute la hauteur.

De notre belle ville d'Arnheim à Nimègue, où nous voulons coucher, il n'y a qu'une bonne course de calèche à deux chevaux.

Nous arrivons à Nimègue par les plaines de la Gueldre, et les yeux fixés sur le Brabant septentrional. Cette ville est le Castellum-Noviomagum de Jules-César. Mais avoir appartenu aux Romains n'est pas son seul titre. Elle fut aussi à notre Charlemagne, qui y bâtit le château de Falkenhof, maladroitement détruit par les Français. Néanmoins, des ruines nous permettent encore de voir un débris de jubé, ainsi que les fonts baptismaux d'une église, auxquels la tradition attribue une origine païenne.

Nimègue est catholique, presque seule de ce culte, car la Hollande se partage en grande partie entre luthériens et calvinistes.

L'Hôtel-de-Ville appartient au style renaissance. Le fronton de l'édifice est couronné des statues des rois et empereurs de l'Allemagne, qui ont été les bienfaiteurs du pays, ce qui parle en faveur de sa reconnaissance. Nous y voyons l'épée à deux mains qui servit à décapiter les célèbres comtes de Horn et d'Egmont, à Bruxelles, en 1558.

Le lendemain, en quittant l'hôtel où j'ai dormi du meilleur sommeil, celui que donne la fatigue, je suis témoin d'un spectacle qui a son intérêt.

Le Rhin n'est pas seulement un fleuve, c'est une voie, une voie grandiose, s'il en fut jamais ! Sous les Romains et les Francs, il fut voie militaire, toujours couverte de légions, se rendant d'une forteresse à une autre forteresse, d'un camp à un autre camp. Aux siècles nébuleux du moyen-âge, ce fut le chemin des saints ; saint Gaar, saint Castor, saint Crescentius, et bien d'autres transformèrent ses rivages, et d'idolâtres les firent chrétiens. Alors, Constance eut son prince-évêque ; Bâle, son prince-évêque ; Strasbourg, son prince-évêque, ainsi que Spire, Worms, Mayence, Cologne.

A Arnheim, nous avons laissé les bateaux à vapeur du Rhin, et nous avons roulé sur la terre ferme. De Nimègue à Utrecht, où je vous conduis, prenons le chemin de fer.

Du wagon, il est possible de contempler les horizons vaporeux de l'Yssel, qui rejoint le Zuyderzée à Kampen. Cette vue nous rappelle que ce fut là, jadis, que nos ancêtres les Francs-Saliens placèrent leurs premières habitations et commencèrent à repousser les Romains de la Gaule, dont ils firent leur patrie.

Nous sommes de bonne heure à Utrecht, dont la haute tour de la cathédrale nous émerveille de loin, et nous charme ensuite de près.

Utrecht est l'ancien *Trajectus ad Rhenum* des Romains, et le *Wiltrecht* des Francs-Saliens. Le roi Dagobert y fonda la première église, et saint Wilsibrod en fut l'évêque. Les empereurs d'Allemagne firent souvent leur résidence dans cette ville, et Charlemagne y construisit le château de Wreeburg, sorte de forteresse qui fut démolie par les bourgeois, lors de la guerre de l'Indépendance, en 1577.

Mais Utrecht n'ayant de curieux que ses velours, nous y dînons, nous y achevons la soirée par une promenade à travers ses rues paisibles, et, le lendemain, nous nous acheminons à toute vapeur vers Amsterdam.

Quelle ville curieuse, admirable, Amsterdam!

C'est la Venise de la mer du Nord!

J'ai fait mon entrée dans cette capitale de la Hollande septentrionale par un soleil magnifique, ruisselant sur les dômes, les coupoles, les clochers, les palais, les édifices somptueux, les canaux qui occupent le beau milieu de ses larges rues, les mille navires qui vont et viennent sur ces canaux, les interminables quais qui les bordent, et les arbres énormes qui mêlent leur opulent feuillage à ces splendeurs. Une vie incomparable, un mouvement, une agitation incessante donnent à Amsterdam un cachet qui rappelle nos grandes cités maritimes. Aussi, j'ai le besoin de la parcourir avant même de prendre une heure de repos et le plus léger repas.

Ce fut au Xe siècle, après une lutte de mille ans contre la mer du Nord, ses lagunes, ses marécages et la nature entière, que les Bataves parvinrent à prendre gîte sur cette terre conquise par leur courage et leur patience.

A cette époque, des cabanes de pêcheurs couvraient encore cette digue de l'Amstel. Peu à peu ces chétives masures se convertirent en une bourgade, et les seigneurs d'Amstel lui donnant des priviléges, elle devint enfin ville. Mais les plus belles entreprises sont bien souvent contrariées par de rudes épreuves. Resserrée dans un site humide, peu fertile, entre le golfe de l'Ye et la mer de Harlem, Amsterdam devint un jour la proie d'un violent incendie. Mais elle se releva promptement, et devint rapidement la plus opulente et la plus belle des villes de la Hollande.

Amsterdam présente la forme d'un arc immense, dont est la corde l'Ye, l'un des bras du Zuyderzée. Ses murailles, enveloppées d'innombrables moulins à vent, sont entourées d'un très-large canal, et, dans l'intérieur de la ville, quatre autres grands canaux parallèles divisent la cité en différents quartiers. Ces grands canaux sont reliés entre eux par une quantité d'autres canaux moindres qui les coupent perpendiculairement pour aboutir à un même centre. Alors, afin de faciliter les communications de ces îlots nombreux, on rencontre une infinité de ponts mobiles, qu'un mécanisme ingénieux fait se dresser pour faire place aux vaisseaux qui passent. Un navire se présente-t-il? le pont se lève, le bâtiment s'avance, et aussitôt le pont retombe.

Partout des églises, partout de riches palais, partout des ponts, partout des quais; et quand vous êtes fatigué de regarder et d'admirer, tout-à-coup les carillons les plus sonores s'élancent des clochers et des tours, et vous font entendre des mélodies aériennes qui ravissent vos oreilles.

Eh bien! toute cette ville magnifique, peuplée, capitonnée de superbes édifices, repose sur un sol qui ne se compose que de sable et de fange. Aussi, dans le but de le consolider, il n'est pas une seule maison qui ne repose sur pilotis, absolument comme à Venise.

J'ai pris un appartement dans un hôtel sis sur un quai, le plus étendu de tous, et de mes fenêtres je jouis du spectacle le plus mouvementé qu'il soit possible de se figurer. Là, je suis tout à la fois sur terre et sur mer, en présence d'une ville incomparable et des scènes les plus agrestes, les plus originales.

Je tiens à visiter Amsterdam au lever du jour. A pareille heure, on surprend tous les secrets des habitants d'une ville; on est initié immédiatement aux mœurs, aux habitudes d'un peuple. Donc, le lendemain de mon installation dans mon hôtel du Doëlen, me voici sur le quai, dans les rues, dès huit heures.

Les magasins s'ouvrent de toutes parts. Les navires sont en mouvement : les matelots déchargent les marchandises ici et là, à la porte même de leurs destinataires; reprenant tout après, ailleurs, de nouvelles cargaisons pour un départ prochain. Les mille ponts des canaux se lèvent et s'abaissent sans relâche.

Les paysans de Harlem, les paysannes de la Gueldre, de charmantes jeunes Frisonnes, ou des femmes de Saardam et de Broek, arrivent, vêtus de costumes pittoresques et apportant des provisions destinées au marché. De nombreuses marchandes de lait circulent avec leurs seaux peints en blanc ou en bleu, et ornés de cercles de cuivre brillant.

On lave le devant des maisons, jusqu'au troisième étage, à l'aide de pompes. Ici, on enfonce des pilotis dans la vase, pour placer les fondations de nouvelles constructions. Là, des soldats partent, tambour et musique en tête, pour aller manœuvrer au-dehors. Sur plusieurs points, des sergents de ville stationnent auprès de certains appareils et distribuent de l'eau à tout venant. J'interroge l'un d'eux à ce sujet : mais il ne me comprend pas. Mais, en rentrant à l'hôtel, j'apprends que, nonobstant sa situation au milieu des eaux, Amsterdam manque d'eau potable. L'eau bonne à boire est fournie par Utrecht, qui l'envoie dans des cruches de terre. C'est cette eau que j'ai vu distribuer. Aussi ne la donne-t-on que moyennant finances.

Dans cette course matinale, j'avise une foule de petits bateaux disséminés sur les canaux les moins fréquentés. Rien ne semble curieux comme les petites cahutes qui les surmontent. Ces maisonnettes flottantes sont pourvues de tout ce qui constitue un ménage de terre ferme : jardin, basse-cour, animaux domestiques, etc. Un passant m'explique qu'un grand nombre de familles pauvres vivent ainsi à moindres frais, dans ces misérables réduits, errant à l'aventure.

Se présente la place du Marché, vaste, assez régulière, et que décore un château fort construit en briques, avec tourelles et donjon, travail tout moderne. Ce qu'on y étale de victuailles est indescriptible : on y vend surtout du poisson frais et du poisson séché : mais quelle odeur! Je me sauve en courant.

J'entrevois deux tours blanches, carrées, entre lesquelles se dresse le signe de notre salut. La statue de Moïse d'un côté, et celle d'Aaron de l'autre, décorent sa façade, et me font croire un moment que je suis en face d'une synagogue. Mais non : c'est bien une église catholique, et j'y entends la messe.

En quittant le sanctuaire sacré, je veux retourner à l'hôtel, car l'heure du déjeuner approche. Mais je dirige mal ma course, et je me trouve inopinément en face de la mer, c'est-à-dire du Zuyderzée, qui, certes, est bien une mer! Le spectacle vaut le déplaisir de m'être égaré...

Voici le port, qui a nom Buitenkaut. A la vue de ces milliers de vaisseaux dont les pavillons s'agitent dans l'espace, lutinés par la brise, et dont les couleurs variées évoquent le souvenir de tous les peuples du monde, on reconnaît bien vite l'une des reines du commerce de l'univers entier. Deux splendides bassins, assez larges pour donner asile à plus de deux mille navires, sont là, protégés par de puissantes digues, qui offrent aussi l'avantage de mettre la partie de la ville la plus rapprochée de l'Ye à l'abri des redoutables envahissements de la mer.

Tout près d'une halle où se tient la bourse de vente du hareng, en traversant un pont jeté sur le port, on est à l'hôtel des bateaux à vapeur. Je suis admis, moyennant un demi-florin (un franc), à monter dans la salle supérieure. Je m'applaudis bientôt de cette courte ascension, car on y jouit d'une vue magnifique sur l'Ye et le Zuyderzée. Et puis, j'aime la mer. Or, l'aspect des navires qui partent ou qui arrivent, ceux que l'on charge ou que l'on dépouille de leur fret, ces banderolles de toutes couleurs qui flottent au vent, les barques et les canots qui se croisent en tout sens, les chants des marins, leurs costumes, l'odeur du goudron, la mer qui s'agite, l'horizon sans limites, la terre qui fleurit à côté des vagues et des lames qui la menacent, les contrastes de ces deux vies de l'homme de mer et de l'homme de terre, tout ce qu'il y a de curieux et d'émouvant dans ce spectacle grandiose éveille si fort mon imagination, que je ne puis que méditer et rêver en présence de ces grandes œuvres de Dieu. Venise est devant moi.

Je ne vais pas raconter ici, jour par jour, ce qui m'arrive à Amsterdam. J'y reste un mois, et certes ce n'est pas trop pour bien connaître la ville et ses environs, églises, synagogues, édifices de tout genre, musées, musées surtout, car dans les musées de la Hollande il y a de ces rares magnificences que l'on ne trouve nulle part ailleurs.

Le palais seul, ce qu'on nomme « le palais, » demeure royale, qui fut l'Hôtel-de-Ville, mériterait une description que je ne vous donnerai pas. Qu'il vous suffise de savoir que, construit sur une place superbe, en 1648, pour en asseoir les fondations il ne fallut pas moins de treize mille six cent cinquante-neuf pilotis. Ses frontons sont décorés de bas-reliefs et sa coupole compte vingt-deux mètres d'élévation. Le carillon, à lui seul, est un chef-d'œuvre.

La salle du Trône est la plus belle qui existe en Europe, et on est en admiration quand on pénètre dans la grande salle des Fêtes.

Il n'est pas rare de rencontrer, dans Amsterdam, un singulier équipage dans lequel se prélasse avec béatitude quelque antique douairière. Figurez-vous une de nos plus vieilles berlines jaunes, repoussée de toutes les remises de France à cause de son affreux gros ventre et de son atroce lourdeur. Otez-lui ses roues et posez-la à terre, comme un traîneau. Donnez-lui pour cheval une étique haquenée, et sur le siége faites asseoir comme cocher un vieux Pipelet en chapeau tromblon, et vous aurez la vision du susdit équipage. On appelle cela aller en *tuchesck*. Nombre de dames, et des plus élégantes, font ainsi leurs visites.

Les protestants possèdent, tout près du palais, où je venais de voir entrer un *tuchesck*, un édifice admirable que l'on nomme la Nouvelle-Eglise. Non, rien n'est beau comme ce temple. En 1500, cette église comptait trente-quatre autels. En 1578, les calvinistes les brisèrent sans pitié. Les charmantes peintures des vitraux me retiennent deux heures, à eux seuls. Mais que dirai-je de la chaire? C'est une sculpture en bois, dont toutes les moindres parties sont des merveilles, un vrai poème, et surtout la pyramide fouillée à jour qui monte jusqu'à la voûte et sert d'abat-voix. Les panneaux offrent dans leurs profondeurs d'admirable perspectives, des paysages, des scènes de mœurs. Ce chef-d'œuvre est le don d'un bourgmestre de la ville.

La Vieille-Eglise, que je visite en sortant de la Bourse, quelques jours après, est un superbe monument du xive siècle. Elle a de nombreux pignons sur les bas-côtés extérieurs, et, à l'intérieur, des vitraux splendides. Elle renferme de remarquables tombeaux de personnages illustres.

Je ne vous dirai rien de l'église de l'ouest, malgré la beauté des proportions de son hardi clocher, qui jaillit vers le ciel comme la prière du cœur;

Ni du parc, fort bien planté, richement orné, où je me fais l'auditeur assidu des concerts qui s'y donnent chaque soir;

Ni du Jardin Zoologique, qui efface, par ses curiosités de nature, et notre Jardin des Plantes et même notre Jardin d'Acclimatation, les relations maritimes d'Amsterdam lui permettant de réunir de très-nombreux échantillons empruntés à toutes les contrées du globe.

Je passe sous silence les cérémonies des synagogues, où je suis admis, à la condition de garder mon chapeau sur la tête, ce que je ne voulais faire, par respect. Mais il me faut ou sortir, ou me couvrir le chef, etc.

Mais du musée d'Amsterdam, du musée de peinture, un mot, un seul! Je passe des heures, et des heures d'extase, devant l'*Etude d'Animaux*, de Paul Potter; *la Chasse à l'Ours*, de Rubens; *la Garde de Nuit*, de Rembrandt; *l'Ecole du Soir*, de Gérard Dow; *le Paysage*, par Ruysdael; *l'Annonciation*, par Murillo; *les Enfants de Charles I*^{er}, par Van-Dyck, et bien d'autres.

La Garde de Nuit! oh! depuis que je l'ai vue, j'ai rêvé bien des fois de Rembrandt!...

Et de Saardam, où me conduit le *Stoomboot-Mercurius*, sur le Zuyderzée, pour y voir la maison que construisit de ses propres mains le charpentier qui devait être Pierre Ier, Pierre-le-Grand, empereur de toutes les Russies!

Et du délicieux village de Saardam lui-même, si coquet, si propre qu'il faut mettre des chaussures pour en visiter les chaumières!

Et de l'autre village, Broeck, aux maisons en bois peintes de toutes les couleurs, que pourrai-je vous dire, si ce n'est que, du sein des eaux qui les entourent, je vois l'île de Texel, sur la mer du Nord qui nous entoure!

Il n'est pas de jouissance qui dure toujours : Je fais mes adieux à Amsterdam, et me voici déjà en pleine mer de Harlem.

Ne vous effrayez pas, lecteur! La mer de Harlem est, à cette heure, une plaine verdoyante, toute capitonnée de bouquets d'aulnes et de frênes; tout émaillée de fleurs, parsemée de gros troupeaux et comptant déjà de nombreuses et belles métairies.

En quittant Amsterdam, le chemin de fer nous fait passer tout d'abord près du vieux manoir de Schwanenburg. Là, nous trouvons d'énormes digues qui arrêtent les eaux bien effrayantes de la mer, de la vraie mer. Or, le chemin de fer est placé sur des terres beaucoup plus basses, qui jadis étaient aussi la mer, et dont on a épuisé les eaux, à l'aide de quatre machines à vapeur qui ont achevé leur œuvre. La mer de Harlem a enfin livré ses terrains, maintenant couverts de superbes et opulentes cultures.

Harlem est le nom d'une fort jolie ville qui se trouve placée sur le rivage de l'ancienne mer. Elle est assise sur la rivière de Spaaren, et possède de fort belles rues, de gracieuses maisons et une église splendide, dont la tour est admirable.

Sur une place de la petite cité, j'avise la statue de Jean

Koster, qui aspire à l'honneur d'avoir inventé l'imprimerie.

Quelles fleurs éblouissantes, à Harlem! Les tulipes surtout! Mais l'espace me manque pour vous en peindre les ravissantes couleurs.

Le rail-way me descend, le lendemain seulement, à Leyde, où je retrouve volontiers le Rhin. Le Rhin, c'est un vieil ami, maintenant.

Leyde est entrecoupée de nombreux canaux, sur lesquels on a édifié cent cinquante ponts en pierre. C'est une grande et riche cité, murée, bien percée, bien bâtie. Elle possède un ancien château fort, un Hôtel-de-Ville gothique, et dans cet hôtel une salle dont on a fait un musée. J'y trouve la *Crucifixion*, par Cornelius Engelbruhtsen; *le Jugement dernier*, de Lucas de Leyde, etc.

C'est ici que l'on inventa la bouteille de Leyde, dont les physiciens font un usage qui démontre l'utilité de cette découverte.

En prenant le chemin de fer de La Haye, le train nous a fait traverser d'abord l'étroite branche du Rhin, et nous avons touché à Woorburg, jadis le *Forum-Hadrianum* des Romains; aussi n'est-il pas rare d'y exhumer des habitations antiques.

Décidément rien n'est admirable et poétique comme les soirées d'automne des contrées du Nord. Je conçois que les bardes, les trouvères, les imitateurs d'Ossian nous chantent les aspects nébuleux de la verte Erin et les brumes de la Calédonie. Pour moi, je suis ravi des clairs-obscurs du soir, des ténèbres lumineuses des crépuscules, depuis quelques jours. C'est dans un de ces sites romantiques, à demi teintés d'ombres et de lumière, que La Haye fait son apparition à mes yeux.

La Haye, ou Graven-Haye, comme on dit en hollandais, vue ainsi à la tombée de la nuit, avec ses mille canaux, ses longs rideaux de peupliers, ses bois du côté de la mer, ses clochers, ses belles maisons, ses palais, ses larges places, ses statues, ses colonnades, et sa population affairée, devient pour moi une vision des *Mille et une Nuits*.

Si Paris a son bois de Boulogne et ses lacs, qu'il n'en soit pas si fier! La Haye a son Scheveningen, charmant village de pêcheurs assis sur le rivage de la mer du Nord, à une demi-heure de la ville, et quand on a vu Scheveningen, on est dans le ravissement. Nous y sommes allés le soir de la grande revue.

C'était un admirable spectacle que celui de la mer, ce soir-là. Ses lames s'agitent sous la pression d'un vent violent, le soleil se couche dans des nuages de pourpre et de saphir, en teignant les flots de ses rayons sanglants, et une tempête semble menacer la côte.

Je ne puis vous décrire le Kursaal et les bains, car on prend là des bains de mer. Mais je ne saurais trop vanter les beautés de la plage et la distinction des promeneurs.

Nous avons aussi, un autre jour, visité la ville de Delft, sur la Schie, fort triste résidence, et cependant gracieuse et élégante. Delft a le privilége de confectionner de superbes poteries. Nous y voyons le lieu fatal où Guillaume-le-Taciturne tomba sous le coup de pistolet de son farouche assassin.

Nous sommes venus à Delft en *trekschnite*, c'est-à-dire par un petit bateau qui suit un canal faisant communiquer Delft avec La Haye. La trekschnite est une galiote formant un salon pour le beau monde, et une seconde salle pour les gens du peuple.

Enfin j'ai quitté La Haye pour Rotterdam, au grand déplaisir de mes deux Français.

Rotterdam renouvelle l'impression que j'avais subie à Amsterdam. Mêmes navires, pavillons de toutes les nations, quais, rues, places, statue d'Erasme et quartier des Juifs, rien ne manque à l'appel. La population est aussi affairée que celle de Paris. Et le cadre dans lequel elle s'agite est magnifique, car on voit partout de superbes maisons et de somptueux hôtels, au moins dans la partie de la ville qui se nomme Bintenstadt. Binnenstadt, ou le quartier du faubourg, fait un contraste frappant avec le précédent.

Je visite à Rotterdam tout ce qui est à visiter, même son quartier des Juifs, qui efface encore en misères celui d'Amsterdam.

Puis je quitte aussi Dordrecht, et, en m'endormant dans le wagon sur la terre de Hollande, je ne me réveillerai plus qu'en Belgique.

———

En Belgique, on est presque en France.

Notre Clodion, après avoir passé le Rhin, s'établit à Tournai.

Childéric Ier résida, mourut et fut enterré à Tournai, où l'on trouva dans son tombeau, il y a quelques années, son squelette, ses armes, des abeilles d'or et un petit globe de cristal.

Clovis, le grand Clovis Ier, naquit à Tournai et y régna.

Chilpéric et Frédégonde y furent assiégés par Sigebert et Brunehaut, et enfin Mérovée y fut tenu en prison.

C'était en Belgique, comme en Hollande, qu'habitèrent nos ancêtres les Francs-Saliens.

Le pays belge est généralement plat, excepté dans le Hainaut et la province de Namur, où les Ardennes étendent leurs ramifications. On y voit beaucoup de marais, et les côtes y sont également au-dessous du niveau de la mer. Un grand nombre de rivières arrosent cette contrée, et on y a ouvert de nombreux canaux. Le sol est maigre dans les environs de Liége et le Limbourg, mais il est très-fertile dans les Flandres. On ne parle que le français dans la haute société belge : le flamand est la langue du peuple. La population tout entière, et elle est très-nombreuse, est catholique.

Il est nuit encore, lorsque je suis réveillé en sursaut par ces mots dix fois répétés :

— Anvers! Anvers!

En un clin d'œil je suis installé dans un fiacre qui me conduit, sur ma demande, à l'Hôtel du Parc, sur la place Verte, en me faisant franchir des remparts, des bastions, des portes, toutes choses qui, de nuit, semblent effrayantes, et que j'ai trouvées fort belles, au grand soleil. L'une de ces portes est relevée de trophées, d'armoiries, et me fait engager dans une rue longue et spacieuse, qui va s'élargissant jusqu'à ce qu'elle atteigne les proportions d'une grande place. C'est la rue de Meer. Une chose me frappe tout d'abord dans cette course nocturne : à chaque coin de rue, des lampes ou lanternes qui brûlent en présence d'images de la Vierge ou de Christ blêmes et sanglants. Poésie pieuse, qui fait du bien au cœur, car où la foi brille, brûle aussi l'amour sacré.

L'hôtel du Parc ne laisse rien à désirer. Quant à la place Verte, elle est parfaitement nommée, car elle est plantée d'arbres millénaires, au centre desquels se dresse une superbe statue en bronze, avec piédestal en marbre, portant ce seul mot : RVBENS!

Anvers a raison d'être fière de son Rubens : Pierre-Paul Rubens est un si grand artiste, que son nom seul est un éloge.

Ce nom d'Anvers vient de *Antwerpen*, et signifie *main coupée*, allusion aux méfaits d'un certain géant qui, habitant jadis les rives de l'Escaut, prélevait un droit, qu'il s'attribuait, sur toutes les marchandises passant sur le fleuve. Un Brabançon, petit, mais brave, s'impatienta de ce manége et coupa la main trop avide du géant, qui en mourut.

Anvers compte cent mille habitants, trente églises, vingt-deux places, beaucoup de belles rues larges et régulières, de superbes faubourgs, de belles promenades, une Académie des beaux-arts dont les Anversois sont très-friands; et puis un athénée, un collége, un musée, une bibliothèque, un palais impérial ou royal; des quais fort pittoresques sur l'Escaut, une citadelle, un jardin zoologique, etc.

Mais elle a aussi une merveilleuse cathédrale, une flèche admirable au-dessus de cette cathédrale, et, dans la cathédrale, des tableaux de Rubens, sans compter les peintures d'autres artistes illustres, etc.

Où aller tout d'abord, sinon dans cette cathédrale, où je trouverai Dieu, et, après Dieu, les œuvres de Rubens.

Donc je vais droit à Notre-Dame, les yeux fixés sur la flèche espagnole qui s'élance comme un mât gigantesque dominant toute une flotte.

Notre-Dame me présente un édifice admirable, du XIIe siècle, mais achevée seulement sous Charles-Quint. Tout y était en or, jadis : vases sacrés, flambeaux, ostensoirs, crédences, encensoirs. Mais je suis arrêté à chaque pas, ici par des confessionnaux sculptés comme on ne sculpte plus ; là, par une chaire découpée, fouillée à jour, œuvrée comme on ne voit plus d'œuvre. Elle représente tout l'Eden, et l'Eden à sa sortie de la main de Dieu : animaux, oiseaux, arbres du paradis terrestre, et jusqu'à un singe qui fait la grimace sur le haut de l'escalier. Les quatre parties du monde, Asie, Europe, Afrique et Amérique personnifiées, se prêtent un mutuel secours pour supporter la tribune. Ce merveilleux travail est de Verbruggen.

J'ai hâte d'arriver à la *Descente de la Croix* et à la *Crucifixion*, de Rubens. Je sais à l'avance que, en Belgique, les magnificences de l'art sont voilées par de vastes rideaux de serge qu'on ne peut contempler sans faire jouer une certaine clé d'or. J'ai la clé d'or à la main. Mais point ! Au moment où je me présente, les deux chefs-d'œuvre sont visibles.

Je reste ému en me trouvant en face de ces admirables peintures, et ne saurais dire mes impressions en les contemplant. Tout le drame sanglant de la Passion du Sauveur est là, en telle vérité que l'on croit voir s'agiter les personnages. Je m'abstiens d'en dire plus : il est de ces choses qui défient toute description : on ne peut que se taire, et je me tais.

L'Assomption de la Vierge, par Rubens ; *la Résurrection*, de Rubens ; *la Noce de Cana*, par Martin Voos ; une *Tête de saint François*, par Murillo ; un *Jésus dans le Temple*, par Frankle-Vieux, etc., me passent ensuite sous les yeux : mais je reviens par trois fois à la *Crucifixion* et à la *Descente de Croix*.

Rubens, dans Anvers, n'a pas que des peintures : il a aussi la maison qu'il a habitée, proche de la rue de Meer, et dont la façade est illustrée par le portrait sculpté du chien favori de l'artiste, chien déjà reproduit dans le tableau de la *Crucifixion*, et le péristyle, par un Silène et une bacchante.

J'arrive à l'un des joyaux d'Anvers, l'église Saint-Jacques.

Là, quoique les murailles soient émaillées de merveilles en peintures, en sculptures, en statuaire, je passe outre et me rends à la chapelle du fond de l'église, où se trouve la sépulture de Rubens et de toute sa famille.

Autel de marbre. Au-dessus, statue de la Vierge, par Duquesnoy, rapportée d'Italie par Rubens. Au-dessous, pierre tumulaire au niveau du parvis. Sous cette pierre, *Rubens!*

Les églises d'Anvers, les églises de la Belgique en général, les monuments de cette terre classique des arts en un mot, sont de véritables musées.

Dans cette église Saint-Jacques, par exemple : *Résurrection du Sauveur,* d'un effet saisissant, par H. Van-Raelen; *Tentation de saint Antoine,* par Corneille de Voss; *Mort de saint Roch,* par Quellyn; *la fille de Jaïr,* par Otto-Venius; *un Christ,* par Van-Dyck; le *Jugement dernier,* par Van-Orley; notez que j'en omets.

Je passe maintenant à la sculpture : *Table de Communion,* par Kerkx, d'après les dessins de Quellyn; *une Chaire,* de Willemsens; *une statue de l'Eternité,* sous les traits d'une jeune femme, par Vervoort; et des stalles, et un maître-autel, etc.

On aime passionnément les arts, en Belgique : la musique, après la peinture.

D'une église à l'autre, c'est changement de musée, et partout des chants, des accords de pianos, des concerts, etc. Au-dehors même des sanctuaires, on se trouve inopinément en présence de curiosités religieuses.

Je ne puis redire ici les admirables peintures qui me captivent dans cette église Saint-Paul, à Saint-Augustin, dans l'église de Saint-Charles-Borromée, etc. Je convertirais cet ouvrage en un musée, et j'ai à parler d'autres choses.

Vous comprenez quel besoin d'air on éprouve, à la sortie des monuments de la ville, ainsi pavoisés de magnificences. Aussi, après le dîner, vers le soir, alors que le ciel bleu rayonne des derniers feux du jour, et que l'air est tiède encore, je prends une calèche et je parcours la ville. Ma plus délicieuse promenade est celle qui me fait sortir des murs par la porte de l'Escaut, qui ouvre sur ce fleuve. C'est un monument de 1624. On voit sur son fronton les traits d'un vieillard, costumé en divinité marine, avec une corne d'abondance, sur laquelle il s'incline et d'où ruisselle l'or. A cette heure avancée du jour, la nappe de cette superbe rivière se change en miroir, reflétant la terre et les cieux. Je longe ainsi le port, les docks et leurs bassins, créés par notre Napoléon Ier, au prix de plus de vingt millions, et qui font la fortune commerciale des Anversois.

Après huit jours passés à Anvers, un matin je traverse l'Escaut, et vais à la Tête de Flandre, c'est-à-dire à une fortification de ce nom dépendant de la citadelle, dont s'empara notre armée française, qui fit de la lunette Saint-Laurent le théâtre de son plus beau fait d'armes, en 1832, sous les ordres du maréchal Gérard et des jeunes ducs d'Orléans et de Nemours, et j'y prends le chemin de fer de Gand.

La Belgique appartient tout entière aux bassins de la Meuse et de l'Escaut. J'ai dit que c'est un pays plat, excepté dans le sud-est, où les Ardennes étendent leurs ramifications. Je laisse le bassin de la Meuse, pour entrer dans celui de l'Escaut, en traversant, au sud-ouest, le canton qui a nom la Campine, où l'on ne trouve que de vastes landes et des plaines sablonneuses.

Gand! voici enfin Gand!

Le cœur me bat. De mes lectures il m'est resté tant de souvenirs de cette capitale des Flandres, qui faisait trembler ses maîtres et leur dictait des lois, que j'aspire au moment de voir ces rues, ces palais, ces places qui ont été témoins de tant de scènes sanglantes et ont vu passer Artewelde, ce farouche brasseur et son fils Philippe, non moins redoutable, soufflant sur les passions populaires afin de les mettre en fermentation et de les porter à la révolte.

Oui, voici Gand, dont le beffroi entendit Charles-Quint répondre au duc d'Albe, qui lui conseillait de raser la ville pour punir les Gantois :

— Ce serait dommage, car Paris ne tiendrait pas dans mon Gand.

Je fais mon entrée à pied, humblement, dans l'enceinte de cette ville si encline aux rébellions. Je tiens à voir pas à pas et la physionomie de la cité, et la physionomie des si terribles Gantois.

Eh bien! vrai, rien de plus pacifique, de plus doucereux, de plus casanier que ces bons visages calmes, bouffis par la bière dont ils gonflent sans fin leur grosse bedaine, et je me demande si ces révolutionnaires d'autrefois n'ont pas été changés en moutons, par la baguette de quelque fée.

J'arrive *subito* en face de l'Hôtel-de-Ville, et j'avoue que Malines, Valenciennes et Bruxelles n'offriront jamais plus magnifique dentelle que la façade principale et l'angle de cet admirable édifice. Et, comme je veux rectifier mon jugement premier, par trop précipité, je dirai que, en face de ses clochetons, de ses ravenelles, de ses balcons, de ses poternes, sculptés, brodés, fouillés, historiés comme le plus beau point d'Alençon, je ne suis plus de notre époque, mais me voici un bourgeois de 1345; j'entends les Gantois d'alors hurler sous ces opulentes fenêtres, je vois apparaître sur ces perrons la belle Marie de Bourgogne, ou la figure atrabilaire de Charles-Quint. Les gens de métier du temps se présentent, la corde au cou, venant lui demander grâce, et consentent à laisser pendre ou tomber les têtes de leurs plus rétifs rebelles, sur cette place même, pour racheter leurs révoltes.

Saint Bavon est le saint titulaire de la cathédrale de Gand.

Admirable chaire, marbre blanc et chêne noir, ayant à sa base un saint Jérôme qui écoute sonner la redoutable trompette du Jugement final; sur son couronnement des anges portant l'étendard de la croix, et à l'adossoir l'arbre du Paradis terrestre. C'est une merveille.

Mais il y a tant de merveilles dans cette basilique!

C'est un samedi soir que je fais mon entrée dans Bruges, et que je vais m'enfermer dans l'hôtel de Flandre, délicieuse maison que je vous recommande. Le dimanche, il fait à peine jour et voici cloches, carillons et sonneries de toutes sortes qui me réveillent et m'appellent au-dehors. Qu'y a-t-il donc? Les rues sont jonchées de fleurs, et sur les places, à toutes les fenêtres, des pavillons, des étendards, des drapeaux, des guidons, des flammes, des oriflammes, flottent au vent, lutinés par le souffle d'automne, en même temps que des mélodies aériennes passent par bouffées au-dessus de ma tête...

Une procession va passer. Je me rappelle que nous sommes au 8 septembre, une fête de Marie!

Et dire que Bruges, comme Gand, a compté tout une ère de rébellion, de luttes sanglantes, de révolutions, d'hostilités contre ses tyrans! On ne s'en douterait certes pas, à la voir flegmatique comme je la trouve dans la vie privée, et catholique ardente comme elle se montre au grand soleil du jour.

Rubens est le héros d'Anvers, Van-Eyck le héros de Gand. Hemmeling est le héros de Bruges, sans préjudice aucun pour Van-Eyck, qui a des peintures admirables à ce point que, ici, on l'appelle *Jean de Bruges*.

Qu'était Hemmeling? Un peintre, un artiste hors ligne.

Où est-il né? Nul ne le sait.

Ce qu'on peut dire, c'est que, un jour, un soldat blessé vint, à Bruges, demander des secours à l'hôpital Saint-Jean. On l'accueillit; on le guérit. Il est reconnaissant, le bon soldat, et il prouve sa gratitude en laissant, dans Bruges, — mais nulle part ailleurs, — des peintures exquises, sublimes, que l'univers vient y admirer. Ce soldat, c'est **Hemmeling**, que l'on nomme aussi *Mémelinck*.

Je ne vais pas vous promener d'église en église, lecteur. A Anvers, à Gand, à Bruges, dans toute la Belgique, les églises sont splendides, moins à cause de la beauté de leur architecture que pour les trésors artistiques qu'elles renferment. Mais quand je vous mettrai sans fin en présence de chaires, de jubés, de stalles, de statues, de peintures, ce sera toujours un éblouissement, le même éblouissement qui se reproduira.

Ce que je puis signaler de la cathédrale, puis de l'église Notre-Dame, et d'autres encore, c'est la piété, l'admirable piété, la ferveur des assistants, voire même des hommes, qui prient comme prient les anges.

Je sors de la cathédrale quand j'entends retentir des carillons. Je me hâte d'arriver sur la grande place d'où vient l'harmonieuse sonnerie, et je me trouve en présence du beffroi dit Beffroi de Bruges. C'est une tour prodigieusement haute, dentelée, svelte, élégante, carrée jusqu'à la troisième travée, et ensuite octogone, jusqu'à ce qu'elle se perde dans l'infini. Elle domine les halles, qui forment au-dessous un vaste quadrilatère avec galeries.

L'ancien palais de l'empereur Maximilien est presque en face. Il présente un admirable spécimen des splendides demeures du xve siècle.

Du palais de Maximilien, par une petite rue qui ouvre sur la place des Halles, je gagne l'Hôtel-de-Ville.

Je m'arrête, stupéfait... Je me trouve en présence de trois merveilles que l'on devrait envelopper dans un écrin de velours et d'or. Ce sont :

La magnifique chapelle du Saint-Sang; la maison du Franc, et l'Hôtel-de-Ville, fixés l'un à l'autre comme les grains d'un chapelet.

Bruges possède du sang de notre Sauveur dans un flacon superbe ; ce flacon est contenu dans un admirable reliquaire, et le reliquaire est renfermé dans une chapelle de toute splendeur, au-dedans et au-dehors : c'est la chapelle du Saint-Sang.

Un escalier de toute beauté m'y conduit. Médaillons exquis ; vitraux délicieux ; châsse de trois millions de francs, du poids de quarante-six livres, avec armoiries de Charles-le-Téméraire ; tabernacle tout en argent ; vitrines de Malines sur l'autel ; peintures murales, comme dans notre Sainte-Chapelle de Paris ; chaire unique au monde, représentant le globe terrestre ; autel portatif gothique, avec escalier double, pour l'exposition du Saint-Sang, chaque vendredi ; tableaux de Crayer, et deux triptyques d'Hemmeling...

Telle est la chapelle du Saint-Sang.

Palais indescriptible, tout ajouré, tout hérissé de statuettes, de clochetons, de fleurons, de fenêtres ogivales...

Tel est l'Hôtel-de-Ville.

Enfin, autre palais à tourelles, plongeant leur pied dans l'eau, du côté du nord ; palais à pignons dentelés, à salles de toute magnificence.

Telle est la maison du Franc.

Mais si la maison du Franc est une merveille, dans cette merveille s'en trouve une autre d'un plus grand mérite artistique encore. C'est la cheminée du Franc. Elle existe, en plâtre, à notre Louvre, où vous pouvez la voir, lecteur : mais ce n'est que la copie, ce n'est que l'effigie de celle de Bruges, qui est en bois sculpté. Quelle sculpture!

Cette cheminée, dit-on, est l'œuvre d'un prisonnier français???

Hôpital Saint-Jean. Oh! si jamais vous allez à Bruges, allez demander, à l'hôpital Saint-Jean, à voir la *châsse de sainte Ursule.*

Chapeau bas devant cette perle rare, unique! C'est l'œuvre d'Hemmeling que vous avez sous les yeux. Que faut-il admirer le plus, dans ce précieux fini d'une peinture sans rivale, dans cette prodigieuse conservation d'un coloris merveilleux, dans cette expression saisissante de onze mille vierges qui suivent sainte Ursule débarquant à Cologne : dans ce fleuve, ces barques, ces nacelles, ces soldats qui s'agitent sous vos yeux avec l'expression de la vérité, à l'aide de cette touche fine, large, chaude, unique, magistrale, qui fixe les moindres détails et les rend saillants?

Or, savez-vous ceci, c'est que Hemmeling ne peignit, comme on le faisait alors, — 1479, — qu'avec un mélange de couleurs, d'œufs et de colle?

Et de cette *Adoration des Mages*, par Hemmeling;

Et de ce *Mariage mystique de sainte Catherine*, par Hemmeling, que pourrais-je donc dire?

C'est à s'incliner devant l'inimaginable talent qui a inspiré le peintre de la châsse, et les tableaux à *trois compartiments* que l'on nomme *triptyques*, du même artiste...

Pour me plaire, à Ostende, où je suis depuis deux jours, si je n'avais que les rues de la ville tirées au cordeau, ses places scrupuleusement alignées, les maisons vertes, jaunes, bleues, café au lait, etc., je m'ennuirais à en avoir le spleen. Mais je suis à Ostende pour sa mer du Nord, pour sa plage, pour sa grève, pour ses digues, pour ses bains, pour ses incomparables horizons!

J'ai déjà vu cette mer du Nord, à Scheveningen, près de La Haye, par un temps d'orage et de tourmente. A Ostende, je la revois par le plus beau temps du monde. Les soirées sont douces, tièdes, parfumées. Si le vent souffle, c'est en brise. La vague bat mollement la grève. L'Océan brille sous les feux du soleil qui va s'éteindre tout-à-l'heure dans les flots. La lame baise le sable et ne le tourmente pas. On entend à peine la respiration de la masse des eaux qui se soulève lourdement.

Les bateaux à vapeur vont et viennent, arrivant ou partant. Leur noire ou blanche aigrette tache l'azur du ciel et se balance comme un panache de géant. La musique sonne, murmure, bondit et soupire devant l'élégant Kursaal qui se pavane sur la digue : les promeneurs et les promeneuses, dans toutes les toilettes de l'Europe, bourdonnent et coquettent sur les talus, en les sillonnant ; l'*Angelus* sonne au loin dans la ville, et les étoiles s'allument au firmament.

Quand est venu le crépuscule, les mille logettes montées sur des roues et qui servent à descendre les baigneurs dans la mer, isolées ou groupées sur la grève, semblent des fantômes qui se glissent dans les ténèbres ; le vent de la mer se fait sentir plus salin et plus âcre : la foule diminue ; les sociétés se partagent, se séparent. Le Casino, le Kursaal et les restaurants flamboient, et la vague, dans le silence du soir, devient plus mesurée.

Telle est la plage d'Ostende, le soir. Ce qu'elle est le matin, au lever du soleil, m'entraînerait trop loin, tant les tableaux divers sont multiples.

Au départ, je prends la patache Van-Geen et Cie, et je traverse d'abord Furmes, petite ville fort coquette, qui a un Hôtel-de-Ville et un beffroi du XVIe siècle, dignes d'être mis en parallèle avec les monuments gothiques de Bruges.

Puis je traverse Ypres, autre ville qui conserve beaucoup de restes de son flon-flon des temps passés, témoins les halles, que surmonte une tour carrée, flanquée de quatre tourelles, édifice du XIIIe siècle.

Après Ypres, vient Courtrai, assise sur la rivière de Lys : Hôtel-de-Ville qui doit sa beauté à deux superbes cheminées ; charmantes halles, avec cinq tourelles ; pont sur la Lys, avec deux grosses tours ; Saint-Martin, église sans goût, mais possédant un magnifique tabernacle ; et enfin, Notre-Dame, fière de son Van-Dyck.

Hélas! c'est sous les murs de Courtrai que se livra notre sinistre bataille qui a nom *Journée des Eperons*.

Succède Tournai, ancienne résidence de nos rois francs, et berceau de la monarchie française. Philippe-Auguste l'entoura de fortifications, en 890.

La cathédrale de Tournai est le plus ancien édifice, le plus grand et le plus beau du Hainaut et de toute la Belgique. Elle est de style byzantin. Cinq admirables clochers la décorent. Un portail du plus pur gothique fait sa gloire, et les deux magnifiques absides du transept sont du plus merveilleux effet. Je ne parle pas du jubé, qui est d'une rare élégance. Le sculpteur Lecreux, né à Tournai, a illustré son nom en ornant ce sanctuaire d'un *saint Michel terrassant le dragon*, en bronze, qui est de toute beauté.

Charleroi se présente à son tour.

Après Charleroi, je visite Namur, au confluent de la Meuse et de la Sambre, ville fort commerçante, et qui possède d'assez beaux monuments.

Liége, ville antique et fameuse, a le privilége de m'arrêter plus longtemps que Namur. Il y a tant de souvenirs à évoquer à Liége, et les croupes verdoyantes de la montagne Sainte-Walleruge, qui ceint la ville, ont été témoins de tant d'événements, qu'il est bon de s'arrêter un peu en présence de ce théâtre de grands faits historiques.

Le nom de Liége vient à la ville du ruisseau le *Legia*, qui la traverse et va se jeter dans la Meuse. Le Legia a changé son nom en celui de Ri de Coq-Fontaine.

Le palais antique des princes-évèques fait la gloire de Liége. Charles-Quint disait de ce palais que c'était le plus beau de la chrétienté. Le fait est que sa vieille façade ne déplait pas : au contraire, elle a quelque chose de majestueux qui frappe, qui saisit. Sa cour intérieure, carrée comme celle d'un cloître, est soutenue par une infinité de colonnes gothiques, sveltes, élégantes, d'une belle pierre finement sculptée.

Ce fut Erard de la Mark, un des aïeux du *Sanglier des Ardennes*, qui le construisit en trente-deux années. Là, sous ces voûtes, Charles-Quint, Jean-sans-Peur, Philippe-le-Bon, Charles-le-Téméraire, Marie de Bourgogne, tous les princes-évêques, si puissants et si forts, et combien de paladins, entrèrent et passèrent, courbés sous le poids de leur gloire, mais aussi de leurs vengeances et de leurs colères, comme aussi de leur honte, témoin Louis XI...

C'est dans l'enceinte de ce palais que Guillaume de la Marck mérita le nom de *Sanglier des Ardennes*, en égorgeant l'évêque de la cité.

Que n'ai-je le temps de vous raconter ces drames terribles ?

J'ai vu le fameux Perron, le palladium de Liége.

— Qu'est-ce que cela, le Perron ? allez-vous me dire.

Une fontaine : mais une fontaine qui a eu son odyssée. Cherchez-la dans l'histoire de Liége.

Et le Pont des Arches, magnifique ouvrage gothique, fondé par Ogier de Danemark, compagnon de Charlemagne ?

Et l'église Saint-Jacques ? Et la statue du compositeur Grétry, né à Liége, l'auteur de *Richard-Cœur-de-Lion*, de *l'Epreuve villageoise* ?

Que de choses je pourrais dire, si l'espace ne me faisait défaut !

En Belgique, il faut voir encore, et je l'ai visitée, Aix-la-Chapelle ou *Aachen*, ou *Ville-sur-l'Eau*, la grande cité de Charlemagne, la capitale de son empire.

C'est là que Charlemagne est né, c'est là qu'il a vécu, c'est là qu'il est mort.

Aix-la-Chapelle ne possède plus de lui que sa gloire et son tombeau. Sa gloire est bien un peu partout, mais dans son tombeau l'on voit encore la tête du grand homme, son bras ; tête qui fut incomparable, bras qui fut si puissant !

Cette chapelle, qui donne son nom à Aix, est octogone : elle a quarante-huit pieds de diamètre. Deux galeries supérieures en font le tour. Les arcades qui les supportent sont à égale distance. C'est sous la coupole de ce sanctuaire que repose celui qui remua le monde...

Du palais de l'empereur, rien que des ruines insignifiantes...

J'ai salué Maëstricht, Louvain, Malines, Vilvorde et le château de Laeken, à mon passage, en route pour Bruxelles.

Tout près d'Hasselt, j'ai vu le camp des Francs, où la tradition rapporte que Pharamond, notre premier roi, fut élevé sur le pavois.

Bruxelles est la capitale de la Belgique, je n'ai pas la prétention de vous l'apprendre, mais j'ai la satisfaction de vous dire que c'est une fort agréable ville, qui le dispute à Paris sur bien des points.

Pendant que nous nous glorifions de notre Seine, Bruxelles, elle aussi, est fière de la Senne : si nous avons notre cité, elle a, elle, sa montagne de la cour; à Notre-Dame, elle oppose Sainte-Gudule; et lorsque nos dandys se promènent sur le boulevard des Italiens, ses élégants se pavanent dans les allées du parc. Et son théâtre de la Monnaie, donc!

Mais ce que nous n'avons pas, ce dont elle est orgueilleuse, c'est de son Hôtel-de-Ville, qui date de 1402; c'est de sa flèche, qui est de 1444.

C'est de sa Maison du Roi ou Maison au Pain, où les comtes de Horne et d'Egmont passèrent leur dernière nuit, dans une chambre du rez-de-chaussée, pendant que l'on dressait l'échafaud au centre de la place de l'Hôtel-de-Ville. Puis, à neuf heures sonnant, le bourreau vêtu de rouge parut et fit passer devant lui les deux accusés, qu'accompagnaient des pénitents blancs. Une plate-forme en planches conduisait de la Maison du Roi à l'échafaud. Quand les infortunés y furent arrivés, ils s'agenouillèrent, et baissant la tête, la présentèrent à l'exécuteur. Celui-ci saisit son épée à deux mains, et... vous comprenez le reste...

C'est de sa Maison de la Louve, dont le fronton, par Voos, représente Romulus et Rémus allaités par la louve que vous savez.

C'est la Maison des Bateliers, dont une conque de Neptune décore le sommet.

Et du palais du roi, et du réellement beau Jardin Zoologique, et de sa splendide cathédrale de Sainte-Gudule, et de la place des Martyrs, creusée à son milieu et y cachant des cryptes qui renferment les restes des héros morts pour la patrie, que n'aurais-je pas à vous dire?

Mais maintenant Paris est si près de Bruxelles, qu'il n'est

plus de Parisiens, que dis-je? il n'est plus de Français qui n'aient visité la splendide capitale de la Belgique.

A Bruxelles on ne peut être longtemps sans entendre parler de kermesses. Une kermesse est tout simplement une de nos fêtes villageoises. Vous pouvez dire que vous avez assisté à la kermesse des Loges, pour peu que vous soyez allé à la fête annuelle des Loges, dans la forêt de Saint-Germain. Entre nos fêtes foraines et les kermesses belges, nulle différence que le nom.

Si jamais vous allez à Bruxelles, vous verrez, chaque matin, circuler dans la ville une chaise de poste anglaise, ayant une impériale chargée de gentlemane, de lords, de misses, de ladies, et, à côté du cocher, un conducteur faisant un horrible vacarme avec un cornet à piston qu'il porte en bandoulière.

Sur le flanc du véhicule, vous lirez : Waterloo!...

Cet équipage conduit les curieux sur le champ de bataille où fut éclipsée la gloire de Napoléon Ier et perdu son empire. Allez visiter ce théâtre grandiose d'une lutte de géants. Et, pour vous consoler de notre sinistre défaite, rappelez-vous les grands noms de Marengo, d'Austerlitz, d'Iéna, d'Eylau, de Friedland, de Wagram!

La balance des défaites est loin d'égaler la balance des victoires.

Quant aux Anglais, si fiers de leur Waterloo, qu'ils n'oublient donc pas que le héros *Washington était... vaincu honteusement par Napoléon, à cette bataille de Waterloo*, jusqu'au moment où arrivèrent inopinément trente mille Prussiens conduits par Bulow, frais et dispos, et non moins frais et dispos trente-six mille autres Prussiens, amenés par Blucher. Dès lors la fortune nous quittait, la partie n'étant plus égale.

Adieu à Bruxelles et à Waterloo, adieu à la Belgique. Demain je serai rentré à Paris, demain je serai en France!

FIN.

TABLE.

PREMIÈRE PARTIE.

PÉRÉGRINATIONS EN SUISSE ET EN SAVOIE.

Beautés de la Suisse et de la Savoie.	5
Genève et le lac de Genève.	7
Coppet, Morges, Ouchy, Lausanne, Vevey, le château de Chillon, etc.	9
La vallée du Rhône. — Lavey. — Chute du Tauretunum. — Abbaye Saint-Maurice. — Dent de Morcles et Dent du Midi.	18
Bex et ses mines. — Les Diablerets. — La cascade de Pissevache ou chute de la Salence. — Le Trient. — Martigny.	33
Ascension de la Forclaz. — Le col de Balme. — Vallée de Chamouny. — Aspects féeriques. — Mont-Blanc. — Montanvert. — La Mer de Glace. — Les Bossons. — Glaciers.	38
Ascensions du Mont-Blanc. — La Croix de Flégère. — La neige rouge du Brévent. — Le Buet. — Tête-Noire.	49
Encore la vallée du Rhône. — La ville de Sion. — Excursions au Mont-Rose. — Le val de Saas. — Chalets de Destal. — Physionomie du Mont-Rose.	66
Le Mont-Cervin. — Ses glaciers. — La catastrophe dont il fut le témoin le 12 juillet 1865.	72
Albinen et ses échelles. — Le passage de la Gemmi. — L'auberge de Schwarembach. — Vallée de Kandersteg. — La Kander et le Niésen. — Frutigern. — Ville de Thunn. — Le lac et ses bords.	80
L'Oberland. — Unterseen et Interlaken. — La vallée de Lauterbrunne. — Ruines d'Unspunnen. — Chute de la Staubach. — La Jung-Frau. — Une avalanche. — Glaciers du Grindelwald. — Ascension du Faulhorn. Rosenlaui. — Grande-Scheideck.	86
Vallée de Meirengen. — Chutes du Reichembach. — Le lac de Brientz. — Les cascades de Giesbach. — Passage du Brunig. — Canton d'Unterwalde. — Sachselen. — Saarnem et Landenberg. — Stanz et Stanstadt.	9
Le lac des Quatre-Cantons. — Le Mont-Pilato. — Traversée sur le steamer *Guillaume Tell*. — La ville de Lucerne. — Histoire d'un brave défenseur de la Suisse. — Ascension du Righi. — Un réveil par la trompe des Alpes. — Lever du soleil sur le Mont-Righi.	10
Le monastère de Notre-Dame des Neiges. — La vallée de Goldau. — Le drame de l'éboulement d'une montagne. — Le lac de Lowertz. — La ville de Schwitz. — Altorf et ses souvenirs. — Le Pont-du-Diable. — Le Trou d'Uri. — Fluenlen. — Seconde chapelle de Guillaume Tell. — La prairie du Grutli. — Bâle. — Schaffouse. — Le Rhin. — Les chutes du Rhin. — A Schaffouse. — Rentrée en France.	120

TABLE.

DEUXIÈME PARTIE.

EXCURSIONS SUR LES BORDS DU RHIN.

Utilité des voyages. — Moisson de connaissances. — Origine du Rhin. — Lac de Toma. — La vallée de Rheinwald. — La Via mala. — Vallée de Domlesch. — Vallée de Rheinthal. — Lac de Constance. — Ville et souvenirs de Constance. — Schaffouse. — Chute du Rhin. — Les autres cataractes du fleuve. — Ses affluents. — Celtes ou Gaulois. — Les Francs. — Bâle. — La Forêt-Noire. 1

Colmar. — Fribourg en Brisgau. — Où se montre mieux la Forêt-Noire. — Strasbourg. — Un souvenir de Turenne. — Bade. — Ruines du Burg. — Légendes. — Lichtenthall. — Rastadt. — Panorama merveilleux. 12

Vallée de la Murg. — Où l'on fait un peu d'histoire. — Carlsruhe. — Curiosités allemandes. — Le palais ducal. — Un dôme de plomb. — Durlach. 25

Arrivée à Heidelberg. — La vallée du Neckar. — Splendeur des ruines du château. — Histoire. — Les palatins et le palatinat. — Merveilles de l'intérieur du manoir des palatins. — Heidelberg vu de jour et Heidelberg vu de nuit. 35

La Fontaine-au-Loup. — La ville de Spire. — Manheim. — Worms. — Impressions. — Darmstadt. — Paysages. — Montagnes. — Arrivée à Francfort-sur-le-Mein. — Aspect général de la ville. — Quartier des Juifs. — Ce qu'est une ville libre. — Le Rœmer. — Monuments et légendes. — La Bulle d'or. 54

Hombourg et ses jeux. — Le Taunus. — Mayence. — Ses monuments. — Wiesbaden. — La chapelle russe. — Les popes. — Le Mélibocus. — Voyage sur le Rhin. — Défilé des cités riveraines du Rhin. — Riberich. — Eberbach. — Ingelheim. — Winkel. — Le Johannisberg. — Rudesheim. — Bingen. — Creuzenach. 75

La Tour des Souris. — Ehrenfels. — Rheinstein. — Sooneck. — Sthaleck. — Bacharach. — Pfalz ou le Castel des Eaux. — Oberwesel. — La Tour des Bœufs. — Les Sept-Sœurs. — Lurlexberg. — Le Katz et le manoir de Thuremberg. — Saint-Goar. — Rheinfels. — Boppart. — Le Kœnigsthul ou Siége des Rois. — Stolzenfels. 90

Coblentz, promenade de jour, promenade de nuit. — Ems et ses bains. — L'île de Niedewertz. — Weissenthurm. — Newied. — Andernach. — Remagen. — Rolandsek. — Les Sept-Montagnes. — Cologne et Dentz. — Curiosités de Cologne, etc., etc., etc. 99

Promenade en Hollande. 144

Promenade en Belgique. 157

FIN DE LA TABLE.

Limoges. — Imp. Eugène Ardant et Cⁱᵉ

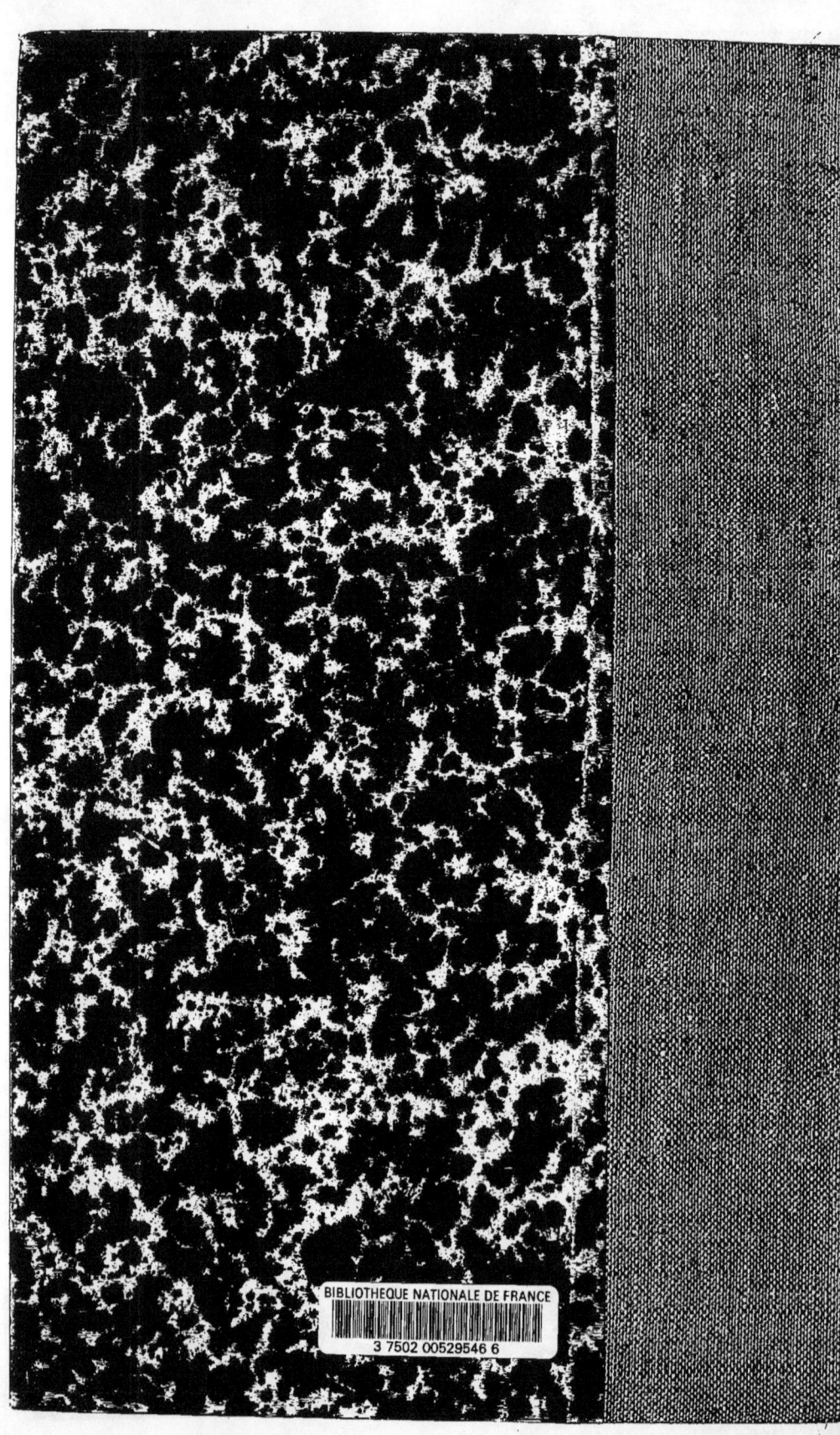

www.ingramcontent.com/pod-product-compliance
Lightning Source LLC
Chambersburg PA
CBHW071335150426
43191CB00007B/734